ゼロからはじめる

# 建築の［インテリア］入門

原口秀昭著

彰国社

# はじめに

大学の製図室で教えることに限界を感じ、8年ほど前に建築、不動産を勉強するためのブログ（http://plaza.rakuten.co.jp/mikao/）を書きはじめました。なるべく学生に読んでもらおうと、イラスト＋マンガを付けてアップしました。最初は学生向けに書いていたブログに、業界や建築オタクのおじさんたち、不動産経営をやっている方々が、多く訪れてくれるようになりました。

そしてあの記述は違うのではないかなどと、教えてくれるようになりました。中には、女の子のムネをもう少し大きく、アシをもう少し色っぽく描いてくださいというありがたい（？）ご要望も受けるようになりました。絵もそういった読者のご意見に合わせて変えていきました。

そんなブログの記事を集めて出版したのが、ゼロからわかるシリーズ6冊です。ありがたいことに重版を重ね、韓国、台湾、中国でも次々と翻訳本が出版されました。次はインテリアという話になりました。

インテリアを学生に教えるのに、石膏ボードがどうのといった技術的な面ばかり教えても、学生達はつまらなそうにして寝てしまいます。そこで歴史上名を残す建築家のインテリアデザインのお話をするようになりました。学生に受けるのはライト、マッキントッシュ、ガウディなどの、素材感があって、しかも装飾が若干残るインテリアデザインです。

コルビュジエやミースが実現した無装飾な空間は、今となっては当たり前で、何ら面白みがないようです。近代建築の無装飾と古典主義、ゴシックなどの様式的な装飾の中間、装飾が消える寸前の20世紀初頭のデザインが輝いて見えます。様式に頼らない抽象的な装飾は、普遍的な輝きを持って、今後も見直されるように思われます。本書では、そのあたりの作品群に焦点を当て、数多く取り上げることにしました。

日本のインテリアでは、宗教建築は、現代インテリアの観点では学べるものが少ないと思われることから、思い切って省き、書院造り、数寄屋造り、民家、茶室などの住宅系の内部意匠のみを扱いました。また明治以降の様式建築、近代建築は、ともに西洋から入ってきたものなので、西洋の側で説明を終わらせて、やはりバッサリと省きました。

インテリアの歴史と銘打った本を読むと、家具の歴史だったり椅子の歴史だったりすることが多々あります。本書では家具に偏らずに、内装、家具、空間を含めたインテリア全体を扱うことを心がけました。結果的に歴史的実例の部分が150頁余りと、インテリアの本では異例の頁数となりました。インテリアデザインの歴史的実例の後は、インテリア材料、納まり、建具、建具の金物、カーテン、ブラインド、設備と、実践で役に立つ知識を解説しました。

本書であまり扱えなかった木造の軸組、木材や家具の寸法などは『ゼロからはじめる［木造建築］入門』をご参照ください。またインテリアコーディネーターの資格を取りたい方には、『[インテリアコーディネーター受験］スーパー記憶術』（彰国社）が参考になると思います。本書がきっかけとなって、さらに先へ奥へと進まれることを望んでおります。

最後に本書を企画してくれて、イラスト描き（かなり大変！）を面倒くさがる筆者を励ましつづけて、出版まで持って行ってくださった彰国社編集部の中神和彦さん、本書を校正するにあたり多くの手間暇をかけていただいた同編集部の尾関恵さん、またさまざまなことをお教えいただいた専門家の方々やブログの読者のみなさまに、この場をお借りしてお礼申し上げます。本当にありがとうございました。

2012年7月　　原口秀昭

# もくじ　CONTENTS

## 8　建具と金物



## 9　カーテンとブラインド



## 10　設備



装丁＝早瀬芳文
装画＝内山良治
本文デザイン＝鈴木陽子

ゼロからはじめる

# 建築の[インテリア]入門

**Q** インテリアとは？

▼

**A** 内部、室内のことです。

イン（in）は内側を示す接頭語で、インテリア（interior）は、内、内部、室内の意です。そこから転じて、内装、カーテン、ブラインド、家具、照明、食器などを広く意味するようになりました。

インテリア
interior
内
エクステリア
exterior
外
洞窟は人類初のインテリア!?
インテリアは内部、室内のことよ！


- 外を表す接頭語エクス（ex）を付けたエクステリア（exterior）は外部の意です。建築でエクステリアとは、テラス、歩道、ガレージ、門、塀、植栽などの外構（がいこう）一般を指すことが多いです。
- 人類の最初のインテリアは洞窟であったようです。風雨や猛獣を避けるシェルターとしての役割のほかに、薄暗くて包まれるような曲線的な空間は、胎内願望と通じるものが感じられます。建築家が洞窟を意識するしないにかかわらず、建築には潜在的かつ根源的なイメージとして洞窟があるように思われます。

**Q** オーダー（order）とは？

▼

**A** ギリシャ、ローマに起源を持つ円柱とその上下の形式で、ドリス式、イオニア式、コリント式などがあります。

**ドリス式**は台座がなく、シンプルで力強い形式、**イオニア式**は柱頭の渦巻きが特徴的な優雅な形式、**コリント式**は複雑な柱頭が特徴です。

［スーパー記憶術］
ドレス（ドリス） の い一女（イオニア） には こりた（コリント）

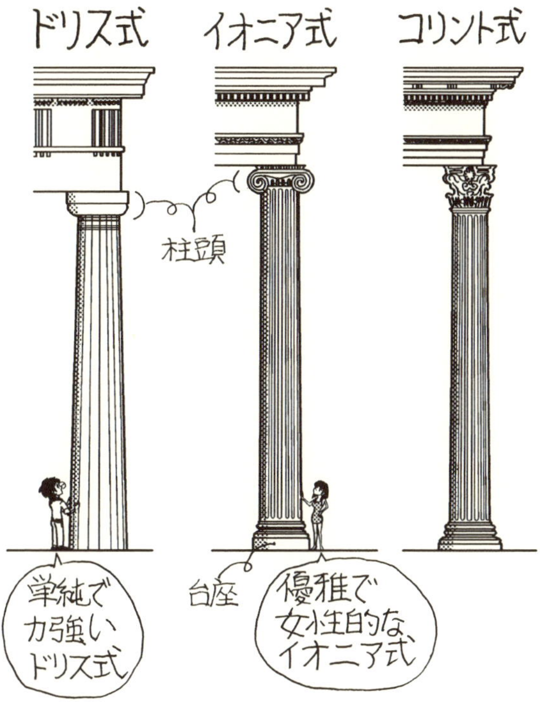


- 上記の3形式のほかに、トスカナ式、コンポジット式などがあります。厳格にオーダーが適用される場合と、それに創意を加える場合があります。
- ギリシャ、ローマに範を求める古典主義の建築では、一般にオーダーが使われます。建築で古典といえば、古代ギリシャ、ローマです。古典主義建築とは、古代ギリシャ、ローマに範を求めた建築で、ルネサンス、バロック、新古典主義などはみな古典主義に含まれます。

**Q** コーニス（cornice）とは？

**A** オーダー最上部の突き出た水平帯のことです。

柱の上に載せる水平材全体を**エンタブレチュア**（entablature）、その一番上の前に突き出た水平な部分をコーニスといいます。壁の最上部に付ける装飾された水平帯も、コーニスと呼ばれます。

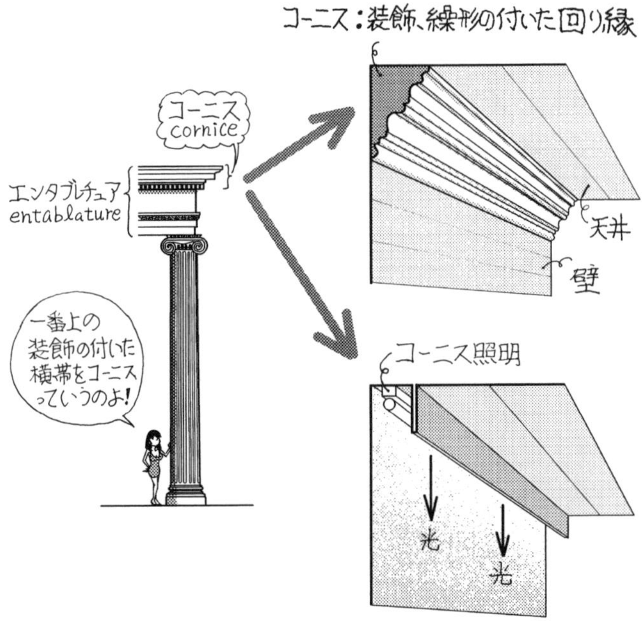


- 内装壁面と天井面の境に入れる材（縁：ふち）は、回り縁（まわりぶち）といいますが、装飾の彫られた回り縁はコーニスと呼ばれることもあります。
- 突出した装飾的な水平帯のことは、モールディング（moulding）といいます。モールディングの中でも壁最上部にあるのがコーニスです。蛇腹装飾（じゃばらそうしょく）と訳されることもあります。
- コーニス照明は、天井と壁が接する付近に照明を隠す板を付け、下向きに光を出す方式です。天井にくぼみを付けて、その中に照明器具を入れることもあります。

**Q** モールディング（moulding）とは？

▼

**A** 壁面から突き出た装飾的な水平帯のことです。

**モールド**（mould）とは型に入れてつくることで、西洋の装飾のつくり方に由来した言葉です。同一断面を連続させて帯状にしたもので、日本では「繰形（くりかた）」ともいいます。繰るとは彫ってへこませることです。壁最上部のモールディングがコーニスとなります。

［スーパー記憶術］
盛るど、グネグネした形に
mould

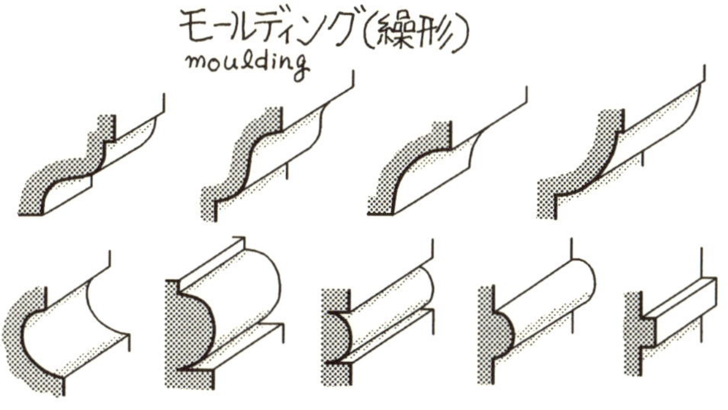

同じ断面を連続させて帯にしたのがモールディングよ


- 壁の最上部の横材は回り縁（まわりぶち）、最下部の横材は幅木（はばき）です。回り縁、幅木で繰形の付いたものはモールディングともいいます。モールディングは回り縁、幅木以外にも壁の途中、柱などの、さまざまな場所に使われます。

## ★ R005 古代のインテリア　その5

**Q** アーチ（arch）、ヴォールト（vault）、ドーム（dome）とは？

**A** 円弧を使って壁に穴をあけたのがアーチ、アーチを一方向につなげてトンネル状にしたのがヴォールト、アーチを回転させておわん状にしたのがドームです。

石やレンガを積んでつくる組積造（そせきぞう）の壁に穴をあけるときの工夫から、アーチは発生しました。隣り合う石どうしには、圧縮力だけ働くからです。

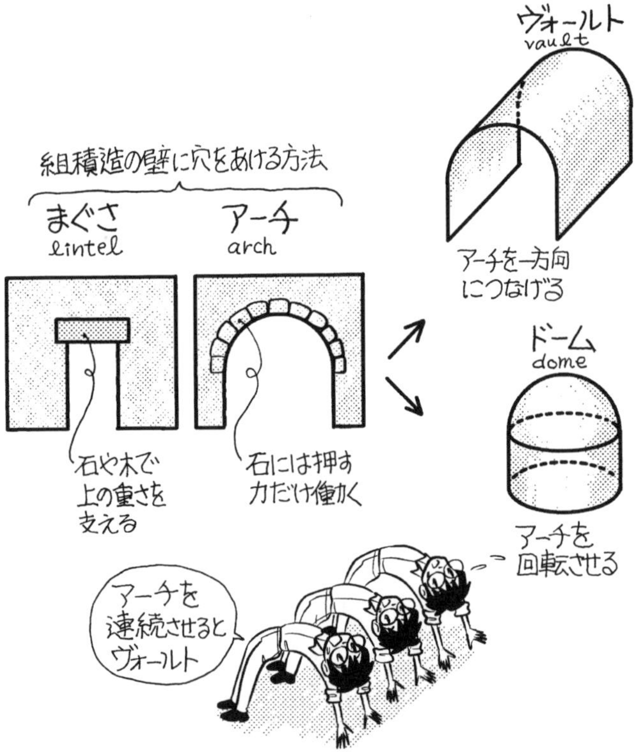

ヴォールト
vault
組積造の壁に穴をあける方法
まぐさ
lintel
アーチ
arch
アーチを一方向につなげる
ドーム
dome
石や木で上の重さを支える
石には押す力だけ働く
アーチを回転させる
アーチを連続させるとヴォールト

- 水平に渡した石や木（まぐさ）で上の重みを支えて開口をつくる方法では、まぐさの大きさなどから限度があります。一方アーチでは、小さな石やレンガを使って大きな穴があけられます。アーチ、ヴォールト、ドームなどの構造技術を大々的に使ったのが、古代ローマの建築物です。近・現代のインテリアデザインにも、その影響は見られます。

**Q** ヴォールト、ドームの内面を格子状にすることはある？

▼

**A** 建築史上、非常に多くの実例があります。

古代ローマの万有神殿パンテオン（128年、ローマ）のドーム内面は、台形の**格間**（ごうま：coffer）で覆われた**格天井**（ごうてんじょう）です。

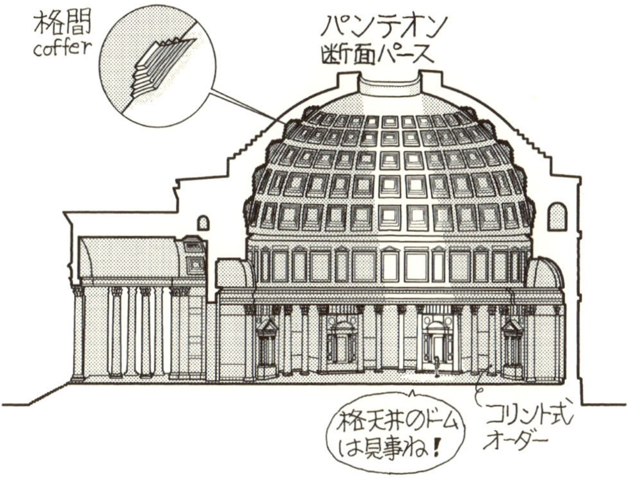


- 各格間は階段状に彫り込まれていますが、その彫り込みも下からよく見えるように、上にずらして彫り込んでいます。重量を軽くするのにも役立っています。このような格子状の天井を持つドームは、多くの古典主義の建物に引用されました。もちろん、多数のヴォールトや平らな天井にも、格天井は採用されています。
- パンテオンのドームの高さと幅は同じで、直径約43mの球が内接するように設計されています。ドームは無筋コンクリートでつくられています。ドームの肉厚が下に行くほど厚くされているのは、外に広がろうとする力でドームが壊れないようにするためです。パンテオンはローマを訪れた際には必見の建物です。

**Q** 古代ギリシャ・ローマからの古典主義の流れは？

▼

**A** ルネサンス（→マニエリスム）→バロック（→ロココ）です。

ルネサンスで復興された古代の様式は、マニエリスム（後期ルネサンス）、バロック、ロココへと進むうちに動的で過剰になります。それに対する反動として、厳格な新古典主義が興ります。そして厳格すぎる新古典主義への反動としてネオ・バロックが続きます。

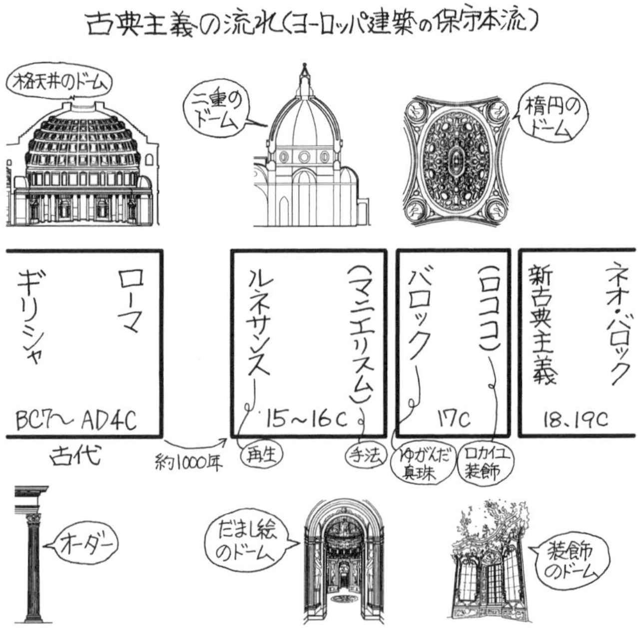


- 古典主義の系統は、ヨーロッパ建築では保守本流に位置づけられます。様式の変遷を見ると、単純vs複雑、静的vs動的という対立軸を行ったり来たりしています。
- ドーム（dome）はラテン語の家（domus）を語源とし、丸い天井、丸い屋根のほかに、家、屋根、天の覆い、大聖堂という意味にも使われています。

**Q** ドームの内側と外側の形が違うことはある？

▼

**A** 外観と内観を考えて二重にする、構造体を隠すために二重にするなどの理由で、ルネサンス以降、多くの実例があります。

フィリッポ・ブルネレスキ（Filippo Brunelleschi、1377～1446年）設計のサンタ・マリア・デル・フィオーレ大聖堂のドーム（1436年、フィレンツェ）は、八角形の尖頭型ドームの内側に8角形のドームが掛けられていて、ドームとドームの間には肋骨（リブ）が隠されています。

［スーパー記憶術］
ブルマ好きは古典的？
ブルネレスキ　古典復興

サンタ・マリア・デル・フィオーレ
大聖堂のドーム断面図
二重のドーム間に
構造体
ドーム内面には
フレスコ画
ゴシックの教会堂
ブルレネレスキ
Brunelleschi
ドームを二重に
するのは、ルネサンス
以降よくやる手よ
私はドーム
だけやった
んだ！
ルネサンス最初
の建築家

- ルネサンス（Renaissance）はフランス語で再生という意味で、東ローマ帝国崩壊後の中世の後、14～16世紀に、イタリアで興りヨーロッパに広まった運動です。建築においては、ギリシャ、ローマの古典・古代の様式をいかに再生、復興するかがテーマでした。
- ブルネレスキはドーム架構のみを担当しましたが、結果的にルネサンス最初の建築家の栄光を得ることになります。
- ドーム内面の絵は、フレスコ画という技法で描かれています。漆喰を壁に塗り、乾かないうちに絵の具で絵を描きます。石灰の層に絵の具が染みて、漆喰は乾燥して硬い透明な皮膜となります。

**Q** 楕円形のドームはある？

▼

**A** 下図のようなバロックの作品などにあります。

フランチェスコ・ボッロミーニ（Francesco Borromini、1599～1667年）によるサン・カルロ・アッレ・クアットロ・フォンターネ聖堂（1668年、ローマ）には、うねる壁面の上に楕円形のドームが載せられています。

［スーパー記憶術］

ゆがんだ真珠のボロを見にいく　3回も

（ボロ＝ボッロミーニ、3回＝サン・カルロ）

サン・カルロ・アッレ・クアットロ・フォンターネのドーム見上げ

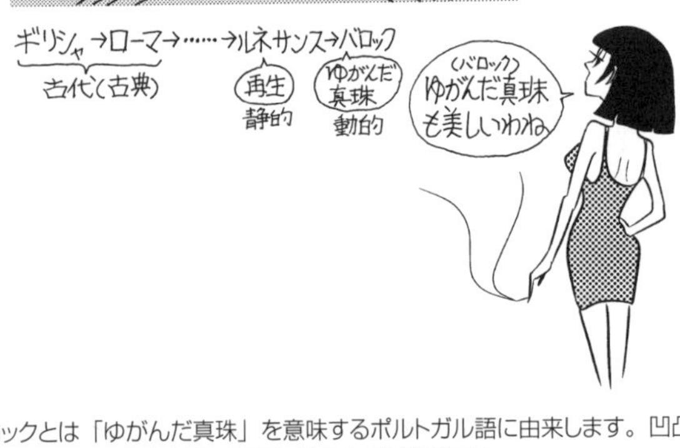


- バロックとは「ゆがんだ真珠」を意味するポルトガル語に由来します。凹凸や波打ちの強調、躍動的な形、過剰な装飾などが特徴です。
- サン・カルロとは聖人の名、クアットロ・フォンターネとは4つの噴水という意味で、この教会が立つ十字路の各角には4つの噴水があります。自然光で浮き上がる幾何模様の浮き彫りの施された楕円ドームは、まさに圧巻です。

**Q** ドーム表面にだまし絵的な絵画を描くことはある？

▼

**A** パラディオの作品などに見られます。

アンドレア・パラディオ（Andrea Palladio、1508～80年）のヴィラ・ロトンダ（1567年、ヴィツェンツァ郊外）では、壁面、天井面に、オーダーの柱やエンタブレチュア、アーチなどのだまし絵的なフレスコ画が、奥行きがあるように見えるように、描かれています。

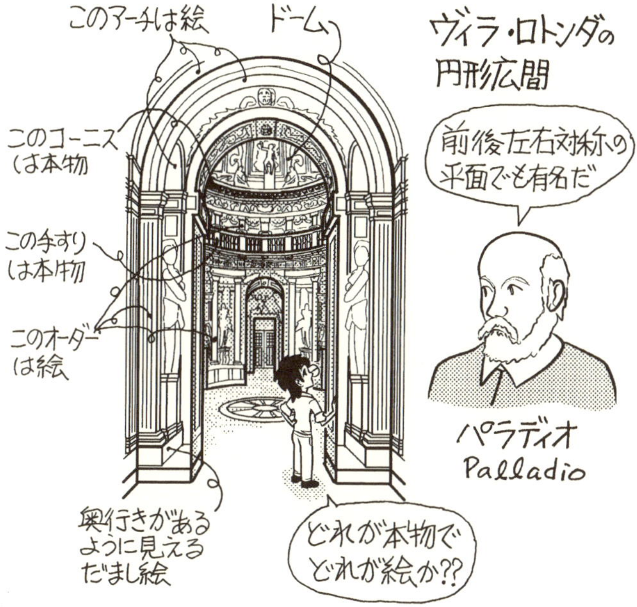
このアーチは絵
ドーム
ヴィラ・ロトンダの円形広間
このコーニスは本物
前後左右対称の平面でも有名だ
この手すりは本物
このオーダーは絵
パラディオ
Palladio
奥行きがあるように見えるだまし絵
どれが本物でどれが絵か??

- 手法を意味するマニエラ（maniera）から、手法を駆使した様式をマニエリスム（Mannerism）と呼びます。ルネサンス盛期にほぼ古典主義が完成してしまって、ルネサンス後期は手法が追求される時代となります。現在ではマンネリズム(mannerism) は、出来合いの手法でつくられていて表現が型にはまっているという悪い意味に使われるようになりました。
- 天井に空や雲、その中に天使などを描くのは、ルネサンス以降多く見られます。天井を空と見立てているわけです。しかし建築要素までだまし絵的に描く事例は多くありません。

**Q** 格間などのない平滑なドームで細かい装飾の付けられた例はある？

▼

**A** 下図のようなロココの室内などで見られます。

フランソワ・キュヴィエ（F. Cuvillies、1695～1768年）によるアマリエンブルク宮の鏡の間（1739年、ミュンヘン）は、天井や壁面に、細かな金色の装飾がちりばめられています。壁にはオーダーを使わず、細い曲線状の額縁で分節しています。

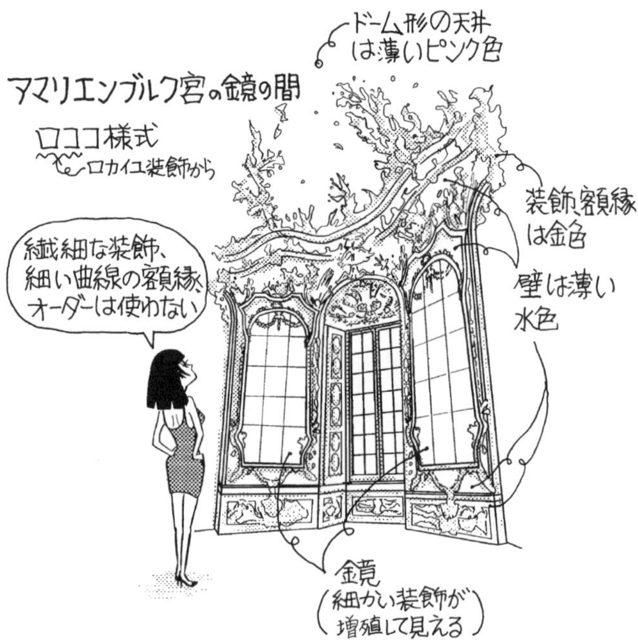
ドーム形の天井
は薄いピンク色
アマリエンブルク宮の鏡の間
ロココ様式
ロカイユ装飾から
装飾、額縁
は金色
纖細な装飾、
細い曲線の額縁、
オーダーは使わない
壁は薄い
水色
鏡
（細かい装飾が
増殖して見える）

- ロココ（Rococo）様式の特徴は古典的様式の忌避、繊細で曲線的な薄彫りの装飾、壁面の分節に柱を使わずに曲線的な額縁を使うなどです。岩、貝殻、植物の葉などをモチーフとした装飾様式、ロカイユがロココの語源といわれています。宮殿本体を堂々たるバロック様式でつくり、その一室や離宮などを繊細なロココ様式としていました。
- 四周に据えられた鏡は、細かい装飾を増殖させる効果を持っています。ドーム型の天井には、非常に細かな装飾が施されています。迫力や威厳は消えて、繊細さが表に出たインテリアデザインです。

## ★ R012　古典主義のインテリア　その6

**Q** 格天井のドーム（coffered dome）はパンテオン以降つくられた？

▼

**A** 古典主義の建物に、非常に多くの実例があります。

カール・フリードリッヒ・シンケル（Karl Friedrich Schinkel、1781～1841年）による新古典主義の代表作、アルテス・ムゼウム（旧美術館、1828年、ベルリン）の円形広間は、パンテオンを思わせる格天井のドームです。格間（ごうま：coffer）は2段に彫り込まれ、その中に彫刻と彩色が施されています。

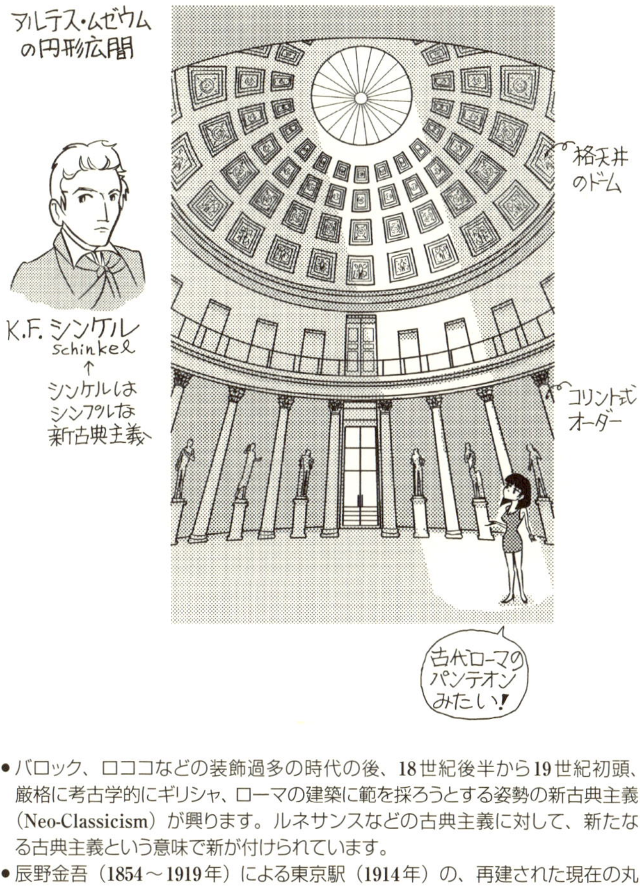


- バロック、ロココなどの装飾過多の時代の後、18世紀後半から19世紀初頭、厳格に考古学的にギリシャ、ローマの建築に範を採ろうとする姿勢の新古典主義（Neo-Classicism）が興ります。ルネサンスなどの古典主義に対して、新たなる古典主義という意味で新が付けられています。
- 辰野金吾（1854～1919年）による東京駅（1914年）の、再建された現在の丸の内口の天井は、格天井のドームです。東京駅で見上げてみてください。

**Q** 美術品展示をメインにした住宅のインテリアデザインはある？

**A** 建築史上、美術愛好家の家に多く見られます。

ジョン・ソーン（Sir John Soane、1753～1837年）の自邸（1813年、ロンドン）の、ドームと命名された部屋には、美術品が3層吹き抜けの天井まで所狭しと展示されています。

よくまあ
こんなに
ゴチャゴチャと
ジョン・ソーン自邸
「ドーム」
ガラス
偏執狂の
インテリアって
とこかな
J.ソーン
Soane
他の作品は
シンプルで厳格な
新古典主義

- 美術館のような並列的な展示ではなく、立体的に重層的に積み重ねられています。偏執狂的とまでいえるような部屋が続きます。ソーンの自邸は既存のタウンハウスを改造したもので、今ではソーン美術館として一般に開放されています。ロンドンに行った際には必ず訪れておきたい建物です。
- ソーンは、18世紀末に興った新古典主義の建築家として活躍しました。新古典主義ではギリシャ、ローマのオーダー（柱の様式）などが使われ、バロック、ロココなどの装飾過多に対するシンプルで厳格な古典主義です。イングランド銀行（1788～1833年）の増改築は有名です。

**Q** 階段を吹き抜けに掛けるインテリアデザインはある？

▼

**A** バロックの時代以降で多く見られます。

シャルル・ガルニエ（Charles Garnier、1825～98年）によるパリのオペラ座（1875年）では、ホワイエに上がる階段が吹き抜け空間に堂々と置かれていて、豪華絢爛なネオ・バロックの代表作となっています。

パリのオペラ座
パリに来たら見るんだぞ！
C.ガルニエ
Garnier
オペラ座の横に銅像がある
オーダーを2本ずつ並べるペアコラム
(pair column)
バロック階段ってやつね！

● オペラ座のホワイエは、上演時以外でも見学が可能で、裏側に見学受付があります。

**Q** 新古典主義（Neo-Classicism）とネオ・バロック（Neo-Baroque）の違いは?

▼

**A** 新古典主義が厳格にシンプルに古典を復興しようとしたのに対して、ネオ・バロックは曲線、楕円、装飾を多様した動的で豊饒な古典を目指しました。

シンケル（Karl Friedrich Schinkel、1781〜1841年）とガルニエ（Charles Garnier、1825〜98年）の作品を比較すると、一目瞭然です。ルネサンス→バロックと進んだように、新古典主義→ネオ・バロックと進展しました。

**Q** ヨーロッパ中世の建築様式は？

▼

**A** ロマネスク、ゴシックです。

ギリシャ、ローマの古代とルネサンス、バロックの近世の間には、ロマネスク、ゴシックの中世があります。

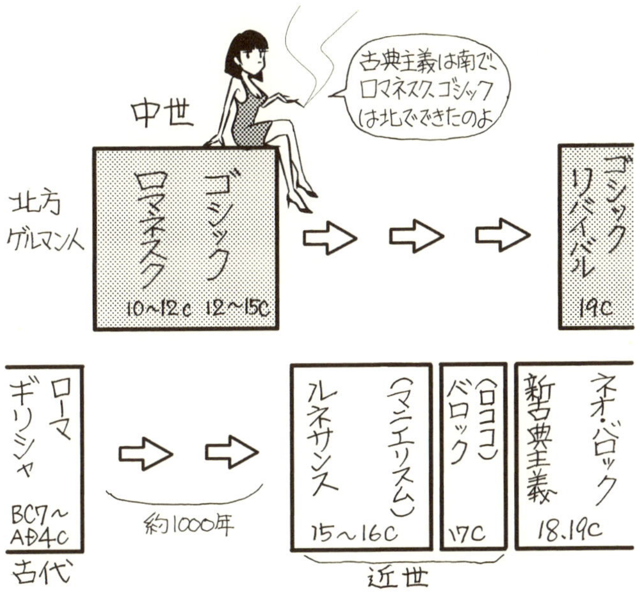


- ロマネスク（Romanesque）とは「ローマ風」という意味で、ローマ後期の初期キリスト教建築に起源を持つ建築様式です。ゴシック（Gothic）とは「ゴート人のように野蛮な」を意味する言葉で、ロマネスクが進化した様式です。ロマネスク、ゴシックは、修道院や教会で発展した様式です。
- 古典主義がアルプス以南、地中海沿岸で発生、進展したのに対して、中世の様式はアルプス以北でつくられました。南の古典主義、北の中世建築です。ゴシックはその後、イギリスのゴシックリバイバルで、国会議事堂（1852年）など、多くの建物がつくられました。

**Q** ロマネスクのアーチの形は？

**A** 半円アーチが多いです。

半円アーチ、それを並べてトンネル状にした**円筒ヴォールト**、円筒ヴォールトを交差させた**交差ヴォールト**が、ロマネスクの教会堂の天井にはよく使われました。交差ヴォールトは落ちやすいので、稜線に**リブ**（肋骨）を付けたものも開発されました。

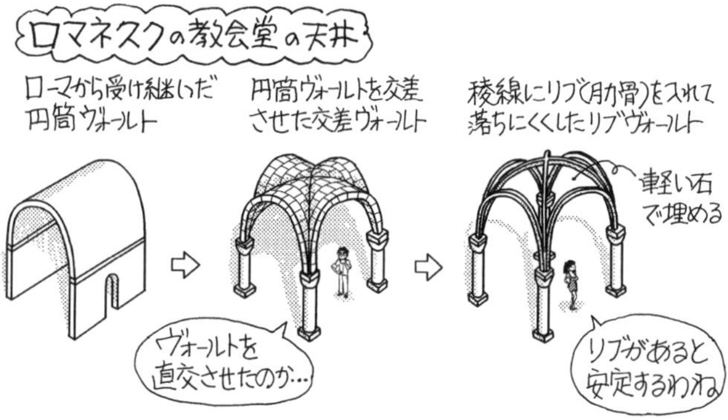
ロマネスクの教会堂の天井
ローマから受け継いだ円筒ヴォールト
円筒ヴォールトを交差させた交差ヴォールト
稜線にリブ(肋骨)を入れて落ちにくくしたリブヴォールト
軽い石で埋める
ヴォールトを直交させたのか…
リブがあると安定するわね

- 半円アーチがロマネスクの基本ですが、後のゴシックで大々的に採用される先のとがった尖頭アーチ（ポインテッドアーチ）も見られます。
- 厚い壁に小さなアーチをあけた開口で、薄暗い室内です。中心市街地のゴシックの大聖堂を見た後で地方のロマネスクを見ると、厚い壁によるシンプルな空間の力強さ、重厚さ、絞られて少ない光のありがたみなどを感じることができます。筆者のお勧めは、イギリス北部のダラムの大聖堂（11～13C）、ドイツ中部のマリアラーハの聖堂（12C）です。

**Q** ゴシックのアーチの形は？

▼

**A** 先のとがった尖頭（せんとう）アーチです。

半円アーチの交差ヴォールトでは、対角線の稜線は半円アーチに高さをそろえると半円にならず、安定しません。対角線の稜線を半円にすると高さが辺のアーチよりも高くなってしまいます。先のとがった尖頭アーチ（ポインテッドアーチ）にすると、高さをそろえるのが楽で、構造的にも安定します。

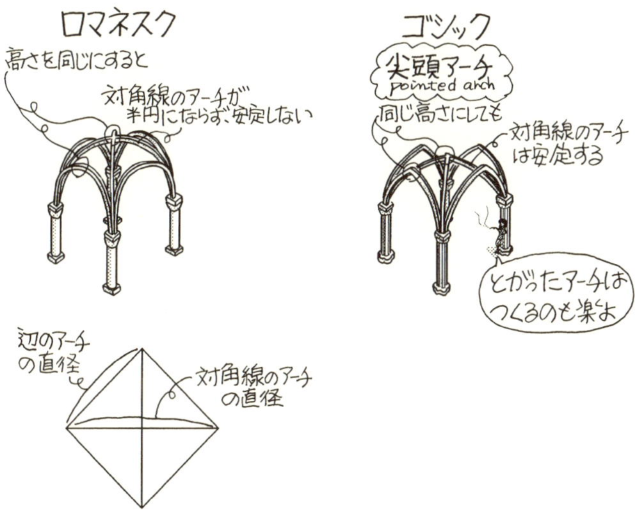


- ゴシックの聖堂は、パリのノートルダム（13C）とサント・シャペル（13C）、アミアン（13C）、シャルトル（13C）など大作が多くありますが、筆者のお勧めは彫りの深いランの聖堂（13C、ランスではありません）です。

**Q** ファンヴォールト（fan vault）とは？

▼

**A** 下図のような扇状のヴォールトです。

イギリスの盛期ゴシックでは、線状の要素を複雑にからませた天井、やしの葉や扇（おうぎ）の形のようなヴォールトが多くつくられました。ファン（fan）とは扇、うちわのことです。

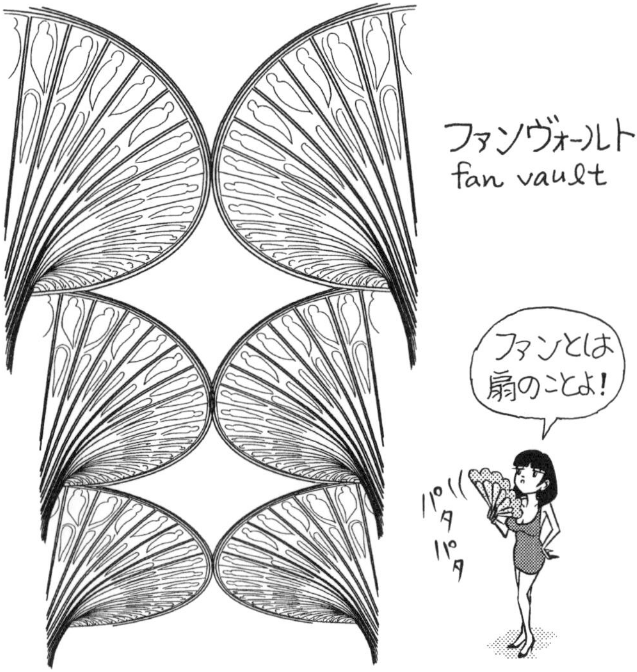


- イギリスのケンブリッジにあるキングス・カレッジ礼拝堂（16C）には、見事なファンヴォールトが掛けられています。
- ゴシックとは「ゴート族のように野蛮な」という意味の悪口が語源です。グロテスク、不気味さを根に持つような造形で、イタリア、フランスなどの明るい所よりも、多湿なイギリスなどに向いているように思われます。ディズニーランドの「ホーンテッドマンション」のようなお化け屋敷は、ゴシックが定番です。中世の暗いイメージも手伝っているのかもしれません。イギリスでは19世紀にゴシックリバイバルが興り、盛んにゴシックが再生されました。プロポーション、造形ともに不気味さ、おどろおどろしさがあり、洗練された古典主義とは異なる魅力に満ちています。

**Q** トレーサリー（tracery）とは？

**A** 下図のような、窓、アーチ、ヴォールトを分割する装飾、分枝状模様のことです。

ゴシックの教会堂で発展したもので、時代とともに繊細、複雑になる傾向にありました。トレーサリーはステンドグラスと相まって、豊穣なゴシック美を形成しています。

- モネが何枚も絵を描いたことで有名なルーアンのノートルダム大聖堂（16C）、その後ろのサン・マクルー聖堂（16C）では、細くて精巧なトレーサリーを見ることができます。

**Q** ハンマービーム（hammer beam）とは？

▼

**A** 下図のような、壁から張り出した水平材を斜め材で補強して屋根を支える架構法です。

イギリス中世の教会やマナハウス（荘園領主の邸宅）で発達した構法です。石をヴォールトに組むのはコストと工期が掛かるので、小さな教会や邸宅では屋根架構を見せるインテリアデザインが盛んに用いられました。

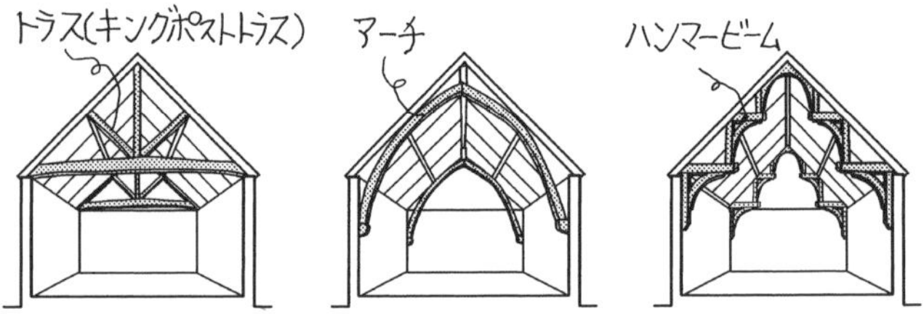

石でヴォールトを組むのは大変だからか
小屋組みを見せるインテリアデザインね！


- トラス（trus）とは三角形を組み合わせる構造方式のことです。石でヴォールトを組んだ大聖堂でも、その上の屋根は木造のトラスで支えています。現在でも体育館の屋根を支える梁などによく使われています。
- 荘園（manor）を管理するマナハウス（manor house）のホール（hall）と呼ばれる大広間に、屋根架構を露出した吹き抜けの空間がつくられました。マナハウスのスクリーン・パッセージ+ホールの空間構成については、拙著『20世紀の住宅　空間構成の比較分析』（鹿島出版会）を参照してください。

## ★ R022　ガウディ　その1



**Q** 洞窟のイメージでインテリアがつくられることはある？

▼

**A** 建築史上、洞窟のイメージにつながる多くの作品があります。

アントニ・ガウディ（Antoni Plàcid Guillem Gaudí i Cornet、1852～1926年）のサグラダ・ファミリア教会（1882年～、バルセロナ）の内部へと続く入り口付近は、薄暗い洞窟や鍾乳洞の入り口のイメージとダブります。同じくガウディのカサ・バトリョ（1906年、同）、カサ・ミラ（1907年、同）の内部も、洞窟、鍾乳洞を連想させます。

サグラダ・ファミリア教会の入り口
洞窟の入り口みたいだな
鍾乳洞ね


- サグラダ・ファミリアの外観は、ゴシックの要素を取り入れながら、それを大きく逸脱するおどろおどろしい造形です。バルセロナ近郊の岩山（モンセラット）からの発想ともいわれています。
- 建築物の外側（凸側）と内側（凹側）は、男性器と女性器の対比として語られることがあります。男性的、女性的といった形の上からばかりでなく、建築よりもインテリアに興味がある女性が多いように思えます。外へと突出する象徴的な形よりも、内部へと取り込む、包み込む空間への興味です。筆者が勤務する女子大を受けに来る女子高生には、「インテリアに興味がある」という子は大勢いますが、「建築に興味がある」という子はかなり少ないです。

**Q** 洞窟的なインテリアはどうやってつくる？

▼

**A** 壁と天井の境界をなくし、不規則な曲面、曲線を多用します。

下図はガウディによるカサ・バトリョ（1906年）のオーナー住宅階（2階）中央サロンです。壁から天井へと継ぎ目のない曲面が連続し、窓や造り付けの家具も曲線を多用、天井面は照明を中心に渦巻いています。

- カサ・バトリョは既存の建物を、内外ともに大改造したものです。海底洞窟を思わせるようなうねる壁面、天井面は、塗り壁でつくられています。壁表面には水面の波紋のようなウロコのような模様がつくられています。
- 壁と天井は、下地の上に消石灰に石粉や粘土粉を混ぜたスタッコ（化粧漆喰）を塗ることで造形され、その上に模様の塗装などが施されています。
- 上図正面の木製建具を開けると隣室へつながります。右側の木製建具を開けると、平面図で十字架が描かれた小部屋、祭室となります。

**Q** 洞窟のような曲面を構造体（躯体）から独立させてつくることはある？

▼

**A** 天井や壁を構造体から離すことで、壁と天井が一体となるような曲面をつくる実例は多くあります。

カサ・バトリョでは既存の建物の改修ということもあり、構造体とは切り離した空間がつくられています。いわゆる「はりぼて」です。

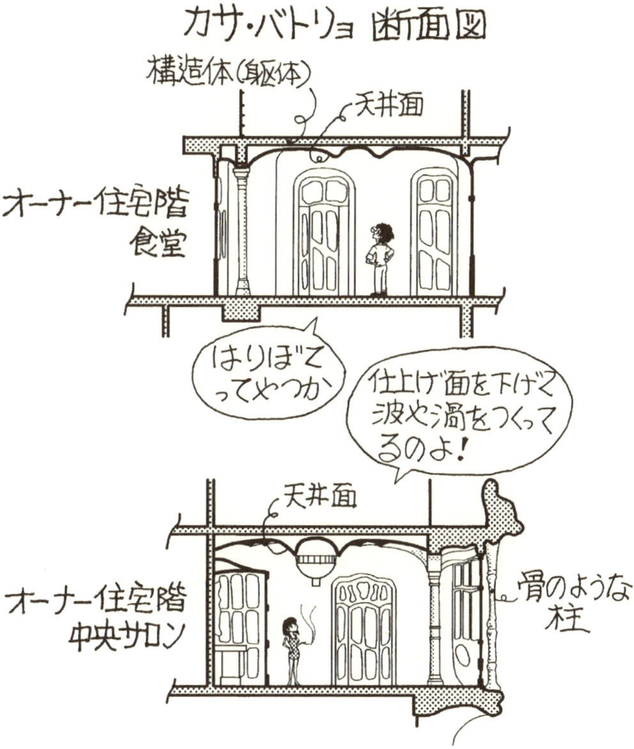


- ガウディの作品には、アーチやヴォールトなどの構造体を露出することで、洞窟的な表現としている例も多く見られます。
- 建築史上、構造から独立させて曲面をつくっている作品は多く見られます。近代建築以降、構造から独立させてはりぼての空間をつくるのは忌避される傾向にあります。全体構成の結果としてのインテリアであって、インテリアだけ独立させるのは邪道という考え方です。

**Q** ドアなどの建具を平面方向（水平方向）にうねらせることはある？

▼

**A** 下図のように、曲面の効果を出すためにうねらせることがあります。

カサ・バトリョの、オーナー階中央サロンの木製建具、稼動間仕切りは、立面で曲線状に施されているばかりでなく、平面方向にもうねらせています。前後に凹凸を付けて、部屋全体で洞窟のような波打つ曲面を強調しています。

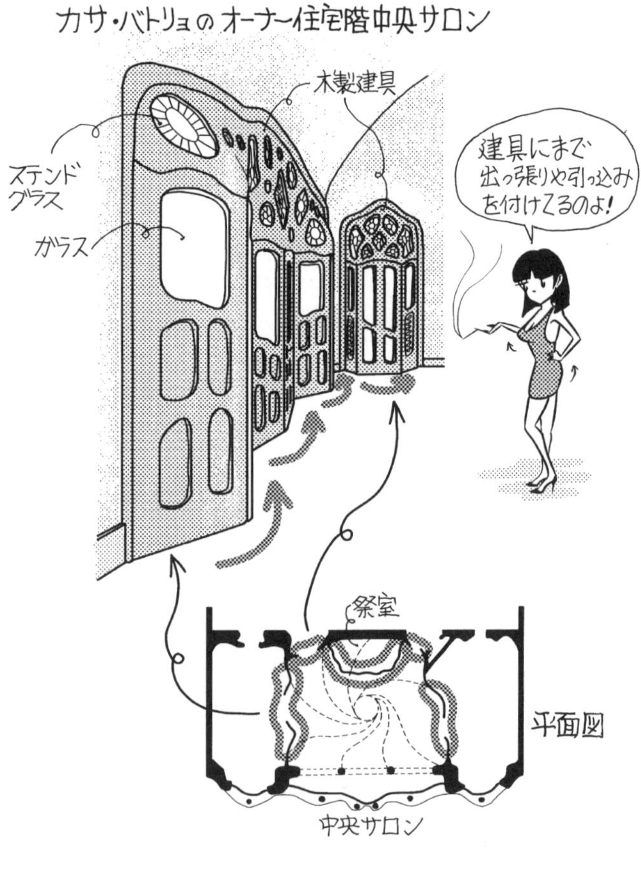


- 中央サロンの左右には隣室、奥には祭室があり、その3面にうねる木製建具を付けることによって、部屋全体でうねる壁が演出されています。

**Q** 鉄格子のドアで曲線的なデザインは可能？

▼

**A** 鉄は加工しやすいので、平面的曲線、立体的曲線ともに可能です。

ガウディによるカサ・ミラ（1907年、バルセロナ）の共用部入り口ドアは、下図のように平面を曲線状に打ち抜いたような形をしています。

カサ・ミラの共用部入り口
シルエットが美しいわね！


- カサ・ミラの入り口は棒状の鉄を溶接して平面状につくったものです。鉄は板を打ち抜いたり曲げたりねじったり、型に鋳込んだり、溶接したりとさまざまな加工が可能なので、装飾的な細部としてガウディの建物にも多用されています。格子は内側から見ると、シルエットになって街が透けて見えるので、非常にきれいです。
- ヨーロッパの建物下層部では、防犯の意味から鉄格子（グリル）がよく使われます。石の外装に対して黒い鉄の格子や格子戸は、デザインの重要な要素となっています。パリのカステル・ベランジュ（エクトール・ギマール作、1898年）の入り口格子戸は、アール・ヌーヴォーの代表作として有名です（R063）。

**Q** 骨を引用したインテリアデザインはある？

▼

**A** ガウディが好んで使いました。

下図はカサ・バトリョのオーナー住宅階への階段です。階段側面には、恐竜の背骨を思わせるような木製の化粧材が付けられています。背骨と同様に、パーツをひとつひとつつくってから、つなげて長い材としています。

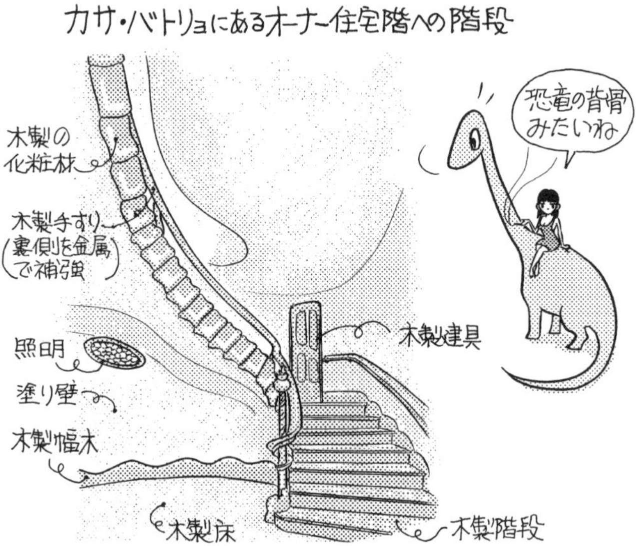


- ガウディの骨のようなデザインは、カサ・バトリョ外側の柱が有名です。ガウディのアトリエには、**50cm**の高さの鉄製の骸骨が壁に掛けられていて、彫像のモデルとして使われていました。彫像のモデル以外にも、建築やインテリアデザインの発想の源となっていたようです。
- 関節のデザインは、現代では鉄骨のピンとしてよく引用されます。その場合は、ロボットの関節のように見えます。

**Q** アルコーブ（alcove）とは？

▼

**A** 壁の一部がくぼんだ部分、小さな部屋のことです。

下図はカサ・バトリョのオーナー住宅階前室にある、暖炉を囲むアルコーブです。タイル、陶器、石などでアルコーブがつくられています。洞窟の中のくぼみ、穴の中の小さな穴です。

- アルコーブは、アラビア語のヴォールトを意味するalqobbanが語源です。元は壁面のアーチ状、ヴォールト状、ドーム状のへこみを意味していました。

**Q** 木製の椅子で曲線、曲面はつくれる？

▼

**A** 木は加工しやすいので、簡単につくれます。

カサ・バトリョの2人掛けの肘掛け椅子は、座面、背もたれ、肘掛け、脚のどれも、輪郭が曲線とされ、面は曲面状に彫られています。背もたれは4枚の板を合わせて、木目が菱形状に見える工夫がされています。

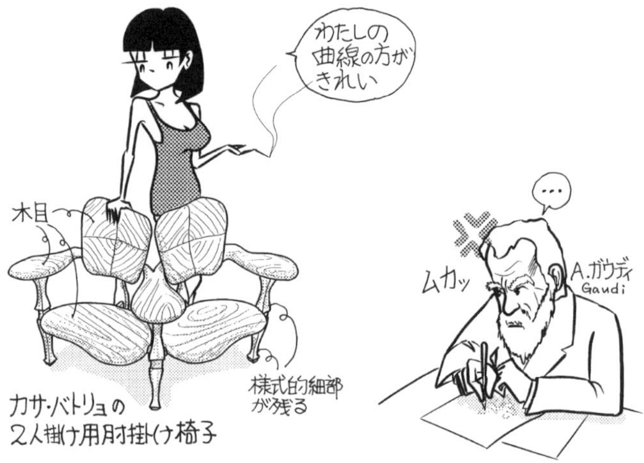


- 脚の部分には様式的な曲線が付けられています。

**Q** タイルで曲面の家具をつくることはある？

▼

**A** 小さなモザイクタイルや破砕タイルを貼ってつくった例は多数あります。

ガウディによるグエル公園（1914年、バルセロナ）では、ベンチに破砕したカラフルなタイル（陶片）が貼られています。

- 破砕タイルのモザイクは、ガウディの弟子ジョゼップ·マリア·ジュジョール（Josep Maria Jujol、1879～1949年）によるものです。
- 現場で並べて、形や色のバランスを調整しながら貼ったものと思われます。破砕した石やタイルを貼るのは、現在では風呂場や店舗の壁面などで行われています。25mm角程度のモザイクタイルで曲面を覆うこともよくあります。

**Q** プレーリーハウス、ユーソニアンハウスとは？

▼

**A** フランク・ロイド・ライト（Frank Lloyd Wright、1867～1959年）が自らデザインした住宅に付けた名称です。

ライトの住宅作品は、大きくは、前期のプレーリーハウス（草原住宅）と後期のユーソニアンハウスに分けられます。前期には残っていたステンドグラスなどの装飾も、後期ではほとんど見られなくなります。

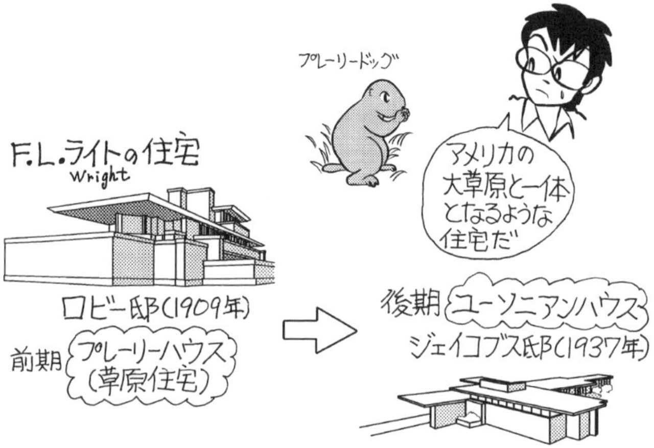


- プレーリー（prairie）は大草原という意味で、ユーソニアンは小説の中に出てくる言葉から取ったものです。前期には大邸宅が多かったのが、後期では一般家庭向けの小住宅を多くつくるようになり、それらをユーソニアン住宅と命名しました。
- ライトは、大地に根を下ろし、自然と一体化するようなデザイン、有機的なデザインを推し進めました。有機的とはライトがよく使った言葉ですが、近代建築の無機的で機械的なデザインに対立するように、自然素材を多く使い、自然と一体となるようなデザインのことです。

**Q** ライトの住宅で平面の中心にあるのは？

▼

**A** 暖炉です。

ウィリッツ邸（1902年、シカゴ）は十字形平面の典型例ですが、中央に暖炉を置き、そのまわりに部屋と部屋を、ドアを介さずに曖昧に連続させています。部屋と部屋が交わる所に縦格子を立て、人をそれに沿って歩かせると同時に、暖炉脇のベンチのスペースを囲っています。ライトの空間が流動的といわれる所以がここにあります。

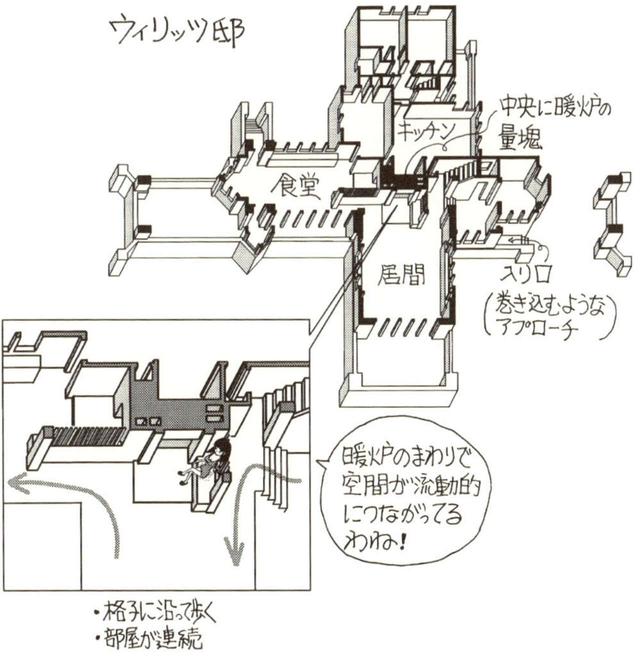


- プレーリーハウス、ユーソニアンハウスはともに、平面の中心に暖炉を置く例が多いです。
- 暖炉を家の中心に置くことは、16～18世紀のアメリカの植民地時代に、木造のシンプルな箱のような建物でも行われていました。レンガや石などの大きくて重い固まりは、一度暖めるとなかなか冷えにくいという環境的配慮からと思われます。

**Q** プレーリーハウスの壁、天井にはどういう装飾がされている？

▼

**A** 木製の縁（化粧縁：trim）や枠を回すなどして装飾されています。

ロビー邸（1909年）には、柱の角に木製枠が付けられ、天井には横断するように木製の縁が等間隔で付けられています。

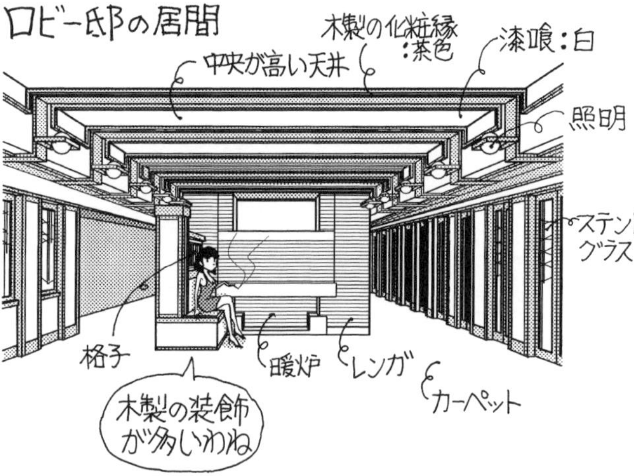


• シカゴ市内にあるロビー邸は保存されていて見学可能なので、シカゴでは必見です。十字形平面のプレーリーハウスは、内部が見学できるものは少ないのですが、筆者はシカゴ南郊、カンカケーでレストランとして使われていたブラッドレー邸（1900年）で中に入ることができました。20年以上前のことなので、現況は不明です。

**Q** ライトは平らでない天井をつくったことがある？

▼

**A** 勾配のある天井やヴォールト天井などを多くつくっています。

ライトの実作は400以上もあり、天井だけ見ても、さまざまな形があります。クーンレイ邸（1908年、イリノイ州リバーサイド）では、屋根の勾配に合わせた天井、日本でいう船底（ふなぞこ）天井としています。ロビー邸と同様に、木製の化粧縁が多く付けられています。

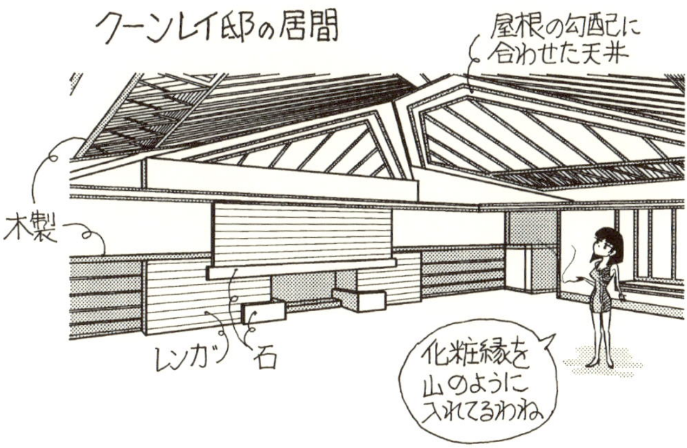


- プレーリーハウスは、1910年にベルリンで開かれた作品展で紹介され、同年、作品集としても出版されています。箱形を壊した十字形などの形態は、ヨーロッパの近代運動に多大な影響を与えました。
- 船底天井は屋根の勾配をそのまま取って空間を高くすることが多いですが、その分、屋根裏がなくなることになります。屋根裏がないと換気が取れなくなり、夏は屋根の熱がそのまま下に伝わって暑くなるというデメリットもあります。船底天井の場合は、より綿密な換気対策、断熱対策が必要となります。

**Q** ライトのデザインしたステンドグラスの特徴は？

▼

**A** 直線、斜線、円形、三角形などの幾何学的、抽象的図形の組み合わせでつくられています。

具象的な植物からの引用はほとんど見られません。ロビー邸の居間のステンドグラスは、鋭角の斜線を組み合わせたもので、線の密の部分と疎の部分が対比されています。色ガラスは、ごく一部にアクセントとしてはめられているだけです。

- ロビー邸の車などが入る裏口の門には、ステンドグラスと似たようなデザインの格子戸が付けられています。
- 前期のプレーリーハウスで使われたステンドグラスも、後期のユーソニアンハウスではほとんど使われなくなります。

**Q** ライトが円形を装飾に使うことはある？

▼

**A** よく使いました。

バーンズドール邸（1921年、ロサンゼルス）の暖炉には、石の浮き彫りで円形や三角形を使った装飾が施されています。円形は中心性が強くて左右対称にしがちですが、ここでは円形を大きく左側にずらすことによって、現代的な装飾パターンをつくっています。

バーンズドール邸の暖炉
石の浮き彫り
今見てもイケてるだろ？
円を非対称に使うのよ
F.L.ライト Wright

- バーンズドール邸は、マヤ建築を思わせる外観をしています。日本の芦屋に立つ山邑（やまむら）邸（1918年、現在はヨドコウ迎賓館）も、同様の外観です。両者とも内部見学可能です。
- 日本のライトの作品では山邑邸のほかに、自由学園（1921年、東京）、帝国ホテル（1923年、東京。1968年本館解体。現在は正面の一部を名古屋の博物館明治村に移築保存）は内部見学可能なので、建築、インテリア関係の人はぜひ訪れてください。

**Q** ライトは自然の岩をインテリアに取り込むことはあった？

▼

**A** 落水荘（1936年、ペンシルバニア州ベアラン）の暖炉まわりには、床に建物が立つ以前からあった岩が突き出ています。

川の岩場に立つ落水荘は、外観が自然と一体となったような建物で、内部にもその岩が出ています。暖炉には横に長い石が積まれ、天井近くの棚板と相まって、水平線を強調しています。

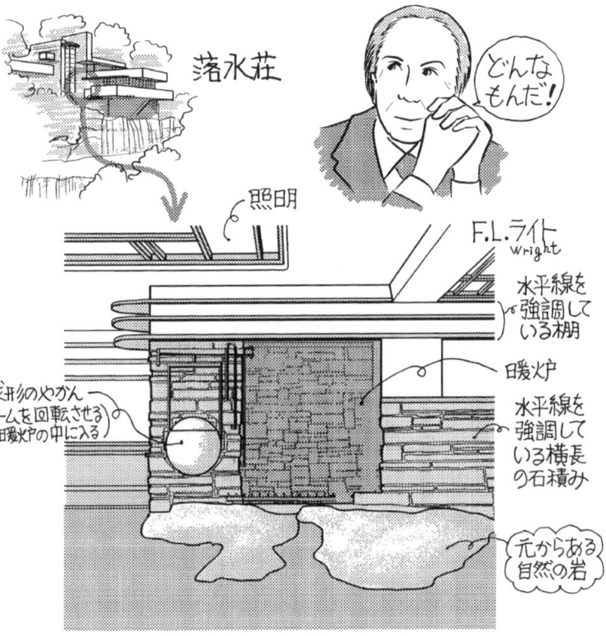


- ライトの数ある住宅の中で、おそらくもっとも有名な住宅が落水荘（Fallingwater）です。ライトは仕事のない不遇の時期をすごし、日本にもやってきましたが、この落水荘で画期的な復活を果たします。以後、ユーソニアンハウスを精力的につくっていきます。
- 落水荘はピッツバーグ郊外、車で2時間ほどの所にあり、内部見学も可能です。筆者は2回訪れていますが、これを見て初めてライトは天才だ！ と実感したことを覚えています。

**Q** ライトの壁とガラスの平面上での使い方は？

▼

**A** 眺望の開ける側、崖側にガラス、その反対側、山側にL字に壁を配置する方法をよく使用しました。

落水荘の裏側にあるゲストハウスでは、山側にL字に囲う壁、L字のコーナーに暖炉、崖側にガラスを配しています。落水荘と同様に、壁には横長の石を積み、棚板とともに水平線を強調しています。

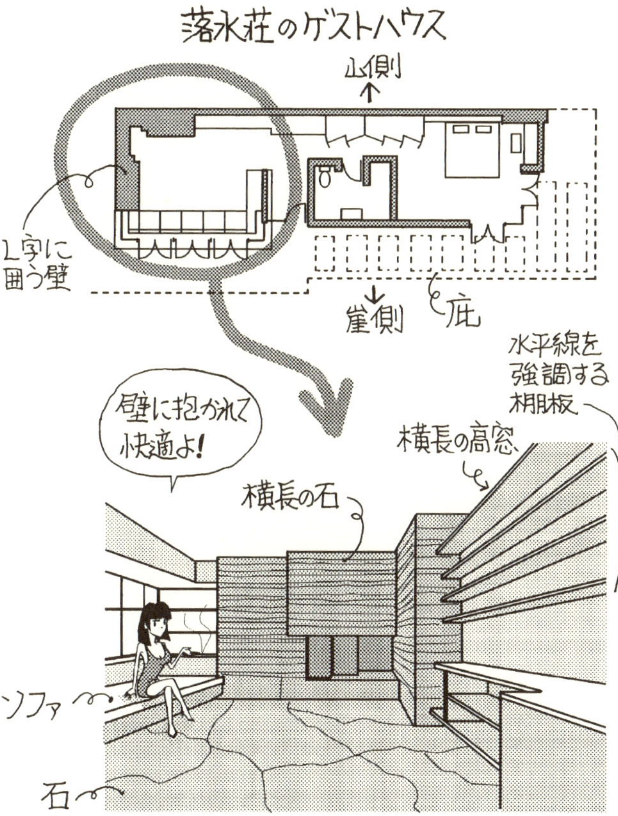


- 建築作品としては落水荘の方が圧倒的に優れていますが、ゲストハウスの方がスケール感や壁に囲まれている心地よさがあって、住んでみたいと思わせるものがありました。

**Q** ライトは六角形、三角形のグリッド（grid：格子）、平行四辺形のグリッドを使った平面構成をしたことがある？

▼

**A** かなり多くの実例があります。

ハナ邸（1936年、カリフォルニア州スタンフォード）は、六角形グリッドによる平面構成、**ハニカムプラン**（honeycomb plan）による美しい住宅です。直角に交わる壁がなく、なめらかに空間が連続します。

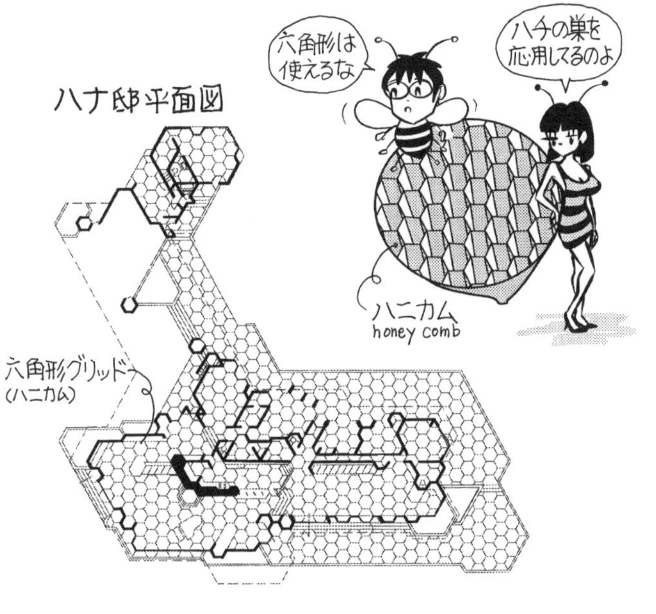


- 前期のプレーリーハウスでは不均等なダブルグリッド、後期のユーソニアンハウスでは均質なグリッドが多く使われました。正方形、平行四辺形、六角形、三角形、円形のグリッドなど、ありとあらゆるパターンが追求されています。
- ハナ邸は、サンフランシスコ郊外、スタンフォード大学の近くにあります。筆者が訪れたときは住居として使われていたので内部見学はできませんでしたが、道路側から外観を見ると、壁と屋根がハニカムで構成されているのがわかりました。水平線が強調された壁や軒天井の木製羽目板を見て、美しく感じたことが印象に残っています。
- ハニカム（honeycomb）とは蜂の巣のことで、紙でできたドアの芯材のハニカムコアなどにもこの構造が使われています。

**Q** ライトは螺旋状の空間をつくったことがある？

▼

**A** グッゲンハイム美術館（1959年、ニューヨーク）がその代表例です。

中央の吹き抜けのまわりにスパイラル状にギャラリーを配して、エレベーターで上に上ってからスロープを下りながら絵を鑑賞する仕組みです。モリス商会（1948年、サンフランシスコ）で部分的に使われた円弧状のスロープを、ここでは大々的に使っています。

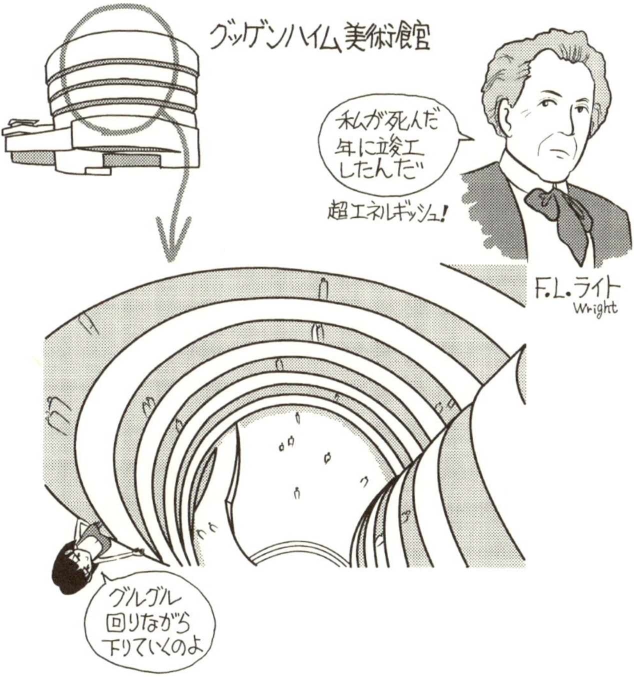

グッゲンハイム美術館
私が死んだ年に竣工したんだ
超エネルギッシュ！
F.L.ライト
Wright
グルグル回りながら下りていくのよ


- 円弧状のスロープは上に行くほど外に広がっていて、中央にはトップライトが付けられています。四角形の螺旋や吹き抜けに掛かるスロープの美術館はコルビュジエも構想していますが、ここまで徹底して螺旋を実現したのは、ライトが初めてです。

**Q** トーネットの家具の特徴は？

▼

**A** 曲木でできた、シンプルで量産できるデザインです。

ミヒャエル・トーネット（Michael Thonet、1796～1871年）は、木を高温の水蒸気で軟らかくしてから曲げる**曲木**の技術を開発し、様式的な細部を持たないシンプルなデザインの「14」（1859年）などを生産しました。

［スーパー記憶術］
熱湯　で曲げた木
トーネット

**Q** ハイバックチェア（high back chair）とは？

▼

**A** 下図のような、背もたれが高い椅子のことです。

ハイバックチェアの中でも、チャールズ・レニー・マッキントッシュ（Charles Rennie Mackintosh、1868～1928年）がヒルハウス（グラスゴー近郊、1904年）に置くためにデザインしたラダーチェア（ladder chair）が有名です。

- ラダー（ladder）とは、はしごのことで、ラダーチェアは背もたれがはしご状になったデザインです。ラダーバックチェアともいいます。
- グラスゴー郊外にあるヒルハウスは、内部見学が可能です。グラスゴー美術学校、ウィロー・ティールーム（R048参照）とともに、ぜひ内部を見てきてください。

**Q** 近代建築で白い壁に花柄の絵を描くことはあった？

▼

**A** 近代初頭ではマッキントッシュによる実例があります。

マッキントッシュは、好んでバラのモチーフを描きました。ヒルハウスのあちこちの白い壁には、ステンシルプリントによる抽象化された薄赤紫色（ローズ色）のバラと薄緑の葉が描かれています。

- ステンシルプリントとは、絵柄を切り抜いた型紙を壁に当て、塗料を付けた筆やスポンジで、上から塗ったり叩いたりすることで絵を描く方法です。
- 20世紀初頭のマッキントッシュの作品群は、同時代のウィーンの作家たちにも強い影響を与えました。特に装飾において、その影響が認められます。
- 近代建築は装飾を排除したものとされていますが、近代初頭においては、過去とは異なる、より抽象化され洗練された装飾が残っています。装飾が消える寸前の作品群は、装飾のまったくない作品とは違った魅力にあふれています。筆者は学生のときにグラスゴーやウィーンの作品群を見にいって、装飾の力を思い知りました。

**Q** 近代建築で照明器具に花柄の模様を付けることはあった？

**A** マッキントッシュによる照明器具に使用されています。

ヒルハウスの居間に付けられたブラケット照明のステンドグラスは、バラの模様がデザインされています。装飾の細い枠は、鉛でつくられています。

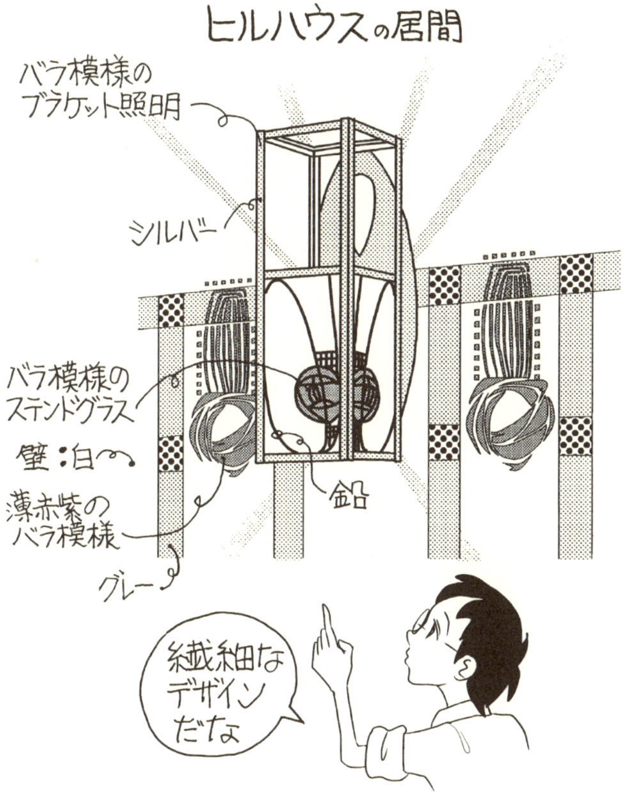


- ブラケット（bracket）とは、壁から持ち出されたもの、壁に付けられる照明器具などを指します。
- マッキントッシュによる照明器具は、バラの模様、格子、正方形グリッドなどを使った、線が細く繊細な金属によるデザインが多いです。

**Q** マッキントッシュのバラのモチーフはどのような形？

**A** 下図のように、花びらを分けて描くのではなく、楕円状の閉じた曲線を重ねて、それにさらに葉や茎を表す直線に近い曲線を重ねてつくられています。

装飾が抽象化された曲線でできているため、近代的な白い壁や天井に付けても違和感がありません。

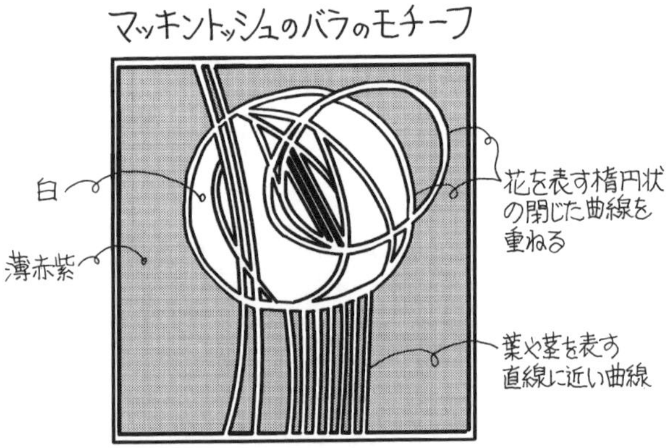

- 上図は、グラスゴー美術学校（1909年）の会議室に置かれた家具の装飾部分です。

**Q** パースの点景としての木をデザインして描くことはある？

▼

**A** マッキントッシュの描いたパースの木は、 線を重ねて円状、 楕円状などにデザインされています。

下図は、芸術愛好家のための家（設計競技案、1902年）の外観パースから取ったものです。バラの模様と似たようなパターンで描かれています。

芸術愛好家のための家コンペ案
外観パースの木
細い線を円状
(球状)に重ねて
木を表現
垣根
わたアメ
みたいな
木ね

- 一般に、パースの点景としての木は、デザイン本体としての建物やインテリアとは違うので、適当にごまかして描いてしまうか、写真を切り貼りすることが多いように思います。

**Q** マッキントッシュが曲線的な模様にモチーフとして使ったものには、バラ以外に何がある？

▼

**A** 柳の木、女性の髪、ドレスなどをモチーフとしました。

下図は、芸術愛好家のための家（設計競技案）の音楽室内観パースから取ったものです。女性の長い髪が模様として壁に描かれています。

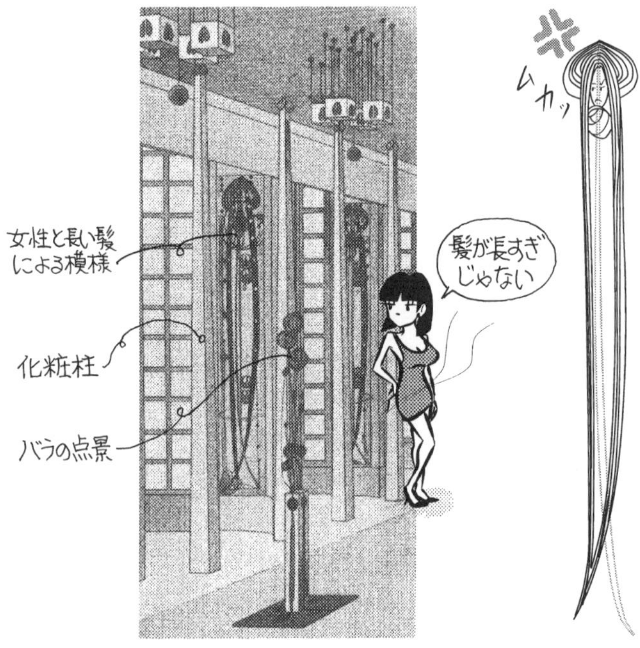


- 植物の曲線的な茎やツタ、女性の長い髪などは、曲線を愛好するアール・ヌーヴォーやセセッションの作家たちがデザインモチーフとしてよく使いました。
- ドイツ中部ダルムシュタットに、芸術家村が1899年から建設され、展覧会などが行われました。『ツァイトシュリフト・フェア・インネンデコラツィオン』という雑誌が主催したアイデアコンペが芸術愛好家の家です。マッキントッシュはイギリスよりも大陸の芸術家たちにより多くの影響を与えることになります。

**Q** 鏡に装飾を入れることはある？

▼

**A** ウィロー・ティールーム（1903年）では、壁面に張られた鏡に装飾が施されています。

装飾の入った鉛の枠の鏡が、並列して張られています。

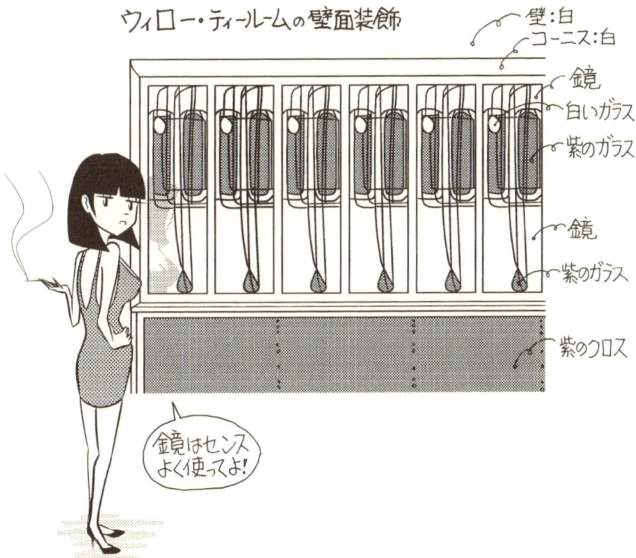


- 壁側には鏡が張られ、窓側にはステンドグラスが張られています。
- 鏡の反射で空間が広がり、装飾も増えて見えるので、鏡を積極的に使うインテリアデザインは古くからよく見られます。ヴェルサイユ宮殿の鏡の間（1682年、パリ）、アマリエンブルク宮の鏡の間（1739年、ミュンヘン、R011参照）などです。

**Q** マッキントッシュのデザインで、モザイクタイルを使ったものはある？

▼

**A** ヒルハウスの暖炉などで使われています。

床や壁などにモザイクタイルで絵や装飾をつくることは、古代から行われています。マッキントッシュは、暖炉脇の壁に、シンプルで抽象的なデザインをつくり込んでいます。

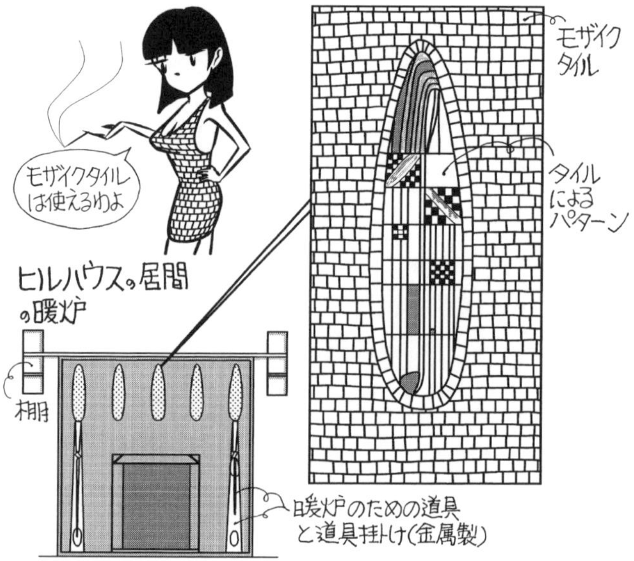


● 50mm角程度以下のものをモザイクタイルといいますが、一般には25mm角、30mm角程度のものをモザイクタイルと呼ぶ傾向にあります（R203参照）。現在では、紙に多くのモザイクタイルが事前に貼られていて、それらを壁に貼った後に水を付けて紙をはがす方法で、貼る手間を減らしています。上図のモザイクタイルは、大きさの不均等な小さいタイルを1枚1枚貼っています。直線的でない目地が、味わいとなっています。

**Q** マッキントッシュの正方形を使った模様にはどんなものがある？

▼

**A** 下図のように、複数個を組み合わせで使うことが多いです。

正方形を使うときは、2つ、3つ、4つ、9つと複数個を並べて使うことが多いです。壁の絵、タイルのパターン、ドアのパターン、家具の彫り込みなど、多くの場所で見られます。

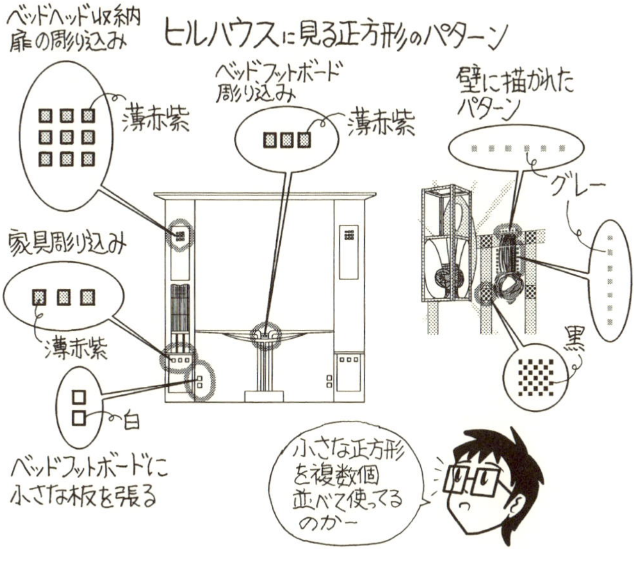


・正方形のパターンは、バラや植物や女性の髪といった具象的なモチーフと違って、現代でも簡単に応用できます。実際、ドアに複数の正方形のガラスを入れたり、小さな正方形タイルを4つ貼ってパターンをつくったり、正方形の窓を4つずつ組み合わせて付けたりなどの工夫は、今の建築やインテリアでもよく行われています。

**Q** マッキントッシュのデザインで、正方形グリッド（格子）を使った装飾はある？

▼

**A** 家具、壁、ドア、窓など、多くの所で使っています。

正方形グリッド、長方形グリッドは、建築一般によく使われますが、マッキントッシュは細い線の正方形グリッドをよく使います。

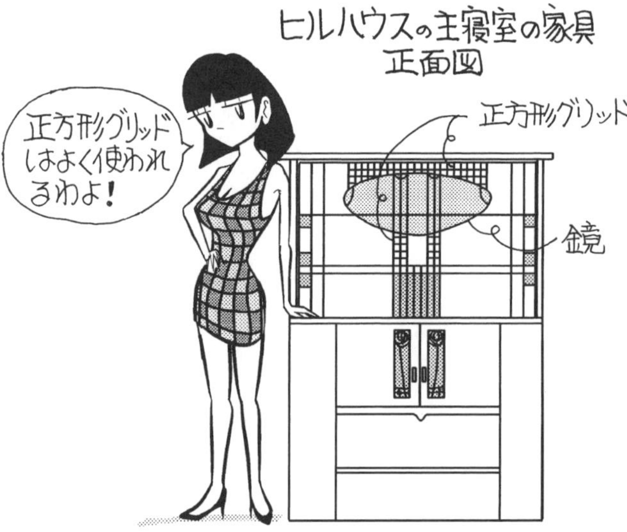


- 上図の正方形グリッドでは、縦横に線を引き伸ばして、縦長、横長にして正方形との対比を強調しています。

**Q** マッキントッシュのデザインで、正方形グリッド（格子）を曲面に使ったことはある？

▼

**A** ウィロー・ティールーム（1903年）の椅子（ウィローチェア）の円弧状の背には、細かい正方形グリッドが使われています。

円弧状に格子が組まれ、下に行くと縦格子だけになります。裏側から見ると、縦格子が座るための台に張り付いている形です。

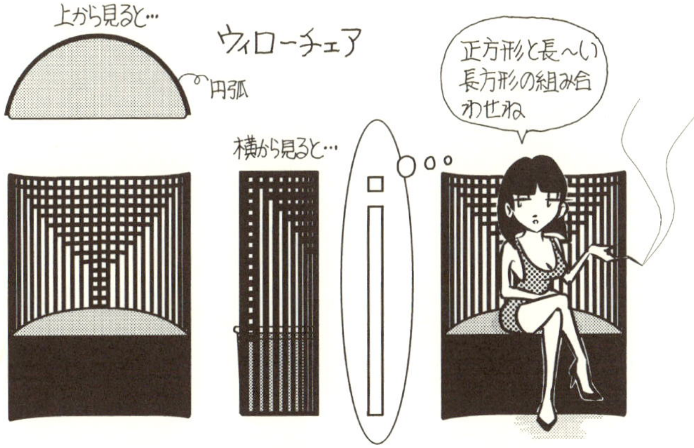


• ウィロー・ティールームはフロント・サルーンとバック・サルーンに分かれていて、両者は趣の異なるインテリアデザインとなっています。この円弧状の背を持つ象徴的な形の椅子は、2つのサルーンの中間の位置に置かれました。ウィロー・ティールームは、グラスゴー美術学校に近く、実際にティールームとして経営されています。グラスゴーに行ったときには見逃さないようにしてください。

**Q** マッキントッシュのデザインで、ストライプ（stripe：縞）模様を壁や天井に入れることはある？

▼

**A** マッキントッシュによるダンゲート街78番のゲストルーム（1919年）は、壁、天井、ベッドカバーに濃紺のストライプが用いられています。

細かく見ると、黒のストライプも部分的に用いられています。ストライプはステンシルではなく、印刷された壁紙によるものです。

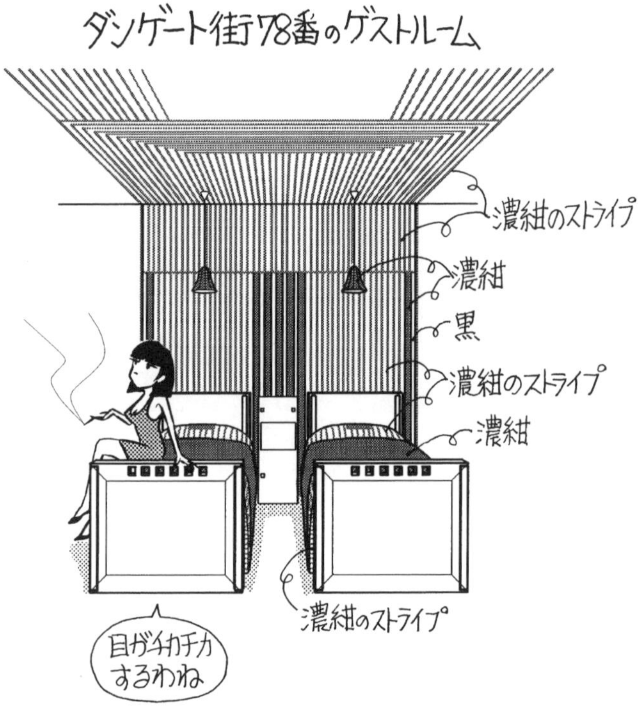

**Q** マッキントッシュのデザインで、階段の手すりを縦格子にすることはある？

▼

**A** ヒルハウスの入り口ホールでは、階段を横幅のある材で縦格子としています。

ヒルハウスの入り口から4段上がり、折り返してさらに4段上がるところに、天井までの大きな縦格子が付けられています。

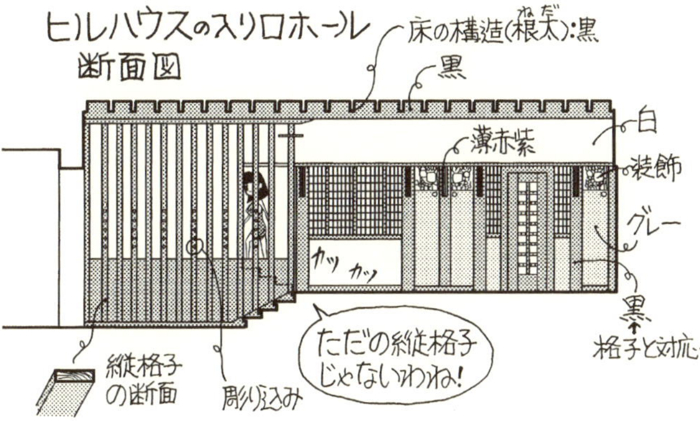


- 階段の縦格子は当たり前すぎるかもしれませんが、ヒルハウスの格子にはさまざまな工夫がなされています。棒というよりは貫（ぬき）に近い断面で、表面には装飾的な彫り込みが施されています。黒く塗られていて、周囲の壁の装飾的な黒い板と関連を持たせています。

**Q** マッキントッシュのデザインで、格子の角を部分的に彫ることはある？

▼

**A** マッキントッシュのグラスゴー美術学校（1909年）の図書室では、吹き抜けに設けた格子に施されています。

柱などの角を取るのは**面取り**（めんとり）といいますが、このような装飾的な面取りは近代ではめずらしい例です。面取りされた面の部分には、赤、青、黄の原色が塗られています。

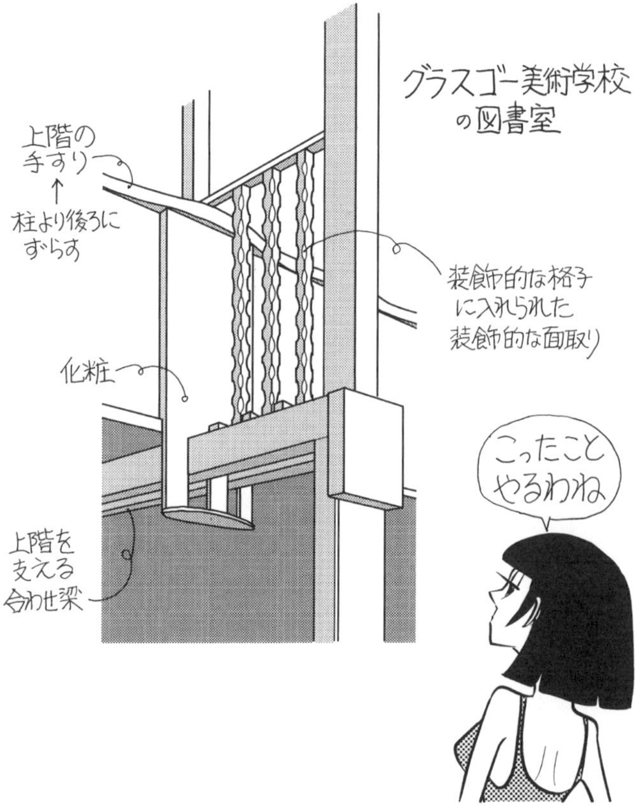


- 上図のような面取りは、イングランドの伝統的な手法で、ワゴン・チャンファーと呼ばれています。ワゴン（wagon）とは荷馬車、チャンファー（chamfer）とは面取りで、荷馬車などで使われていました。
- グラスゴー美術学校の図書室は、木の線材を組み合わせた架構を露出し、それにさまざまな装飾的細部が加わって、線の多い豊饒な空間がつくられています。

**Q** マッキントッシュによる鉄格子には、どのようなデザイン的工夫がある？

▼

**A** 花や草を思わせるような造形が部分的に付けられています。

グラスゴー美術学校の正面の鉄格子、大ガラス面から持ち出されたブラケットなどは、マッキントッシュ独特のデザインです。窓のブラケットは、窓を支え、さらに窓掃除の際の足場にもなると説明されています。

- 植物模様を全体的に入れる鉄格子はよく見かけますが、マッキントッシュのデザインでは部分的にアクセントとして入れられています。
- カルロ・スカルパ（Carlo Scarpa、1906～1978年）の作品に見られる格子や手すりも、鉄の扱いが巧みです。

**Q** マッキントッシュのデザインで、出窓にソファを造り付けることはある？

**A** よくやられます。

大きな出窓の部分はアルコーブ状に凹んだ空間で、さらに窓からの光にあふれているので、ソファを組み込むとくつろげる気持ちのいい場所となります。

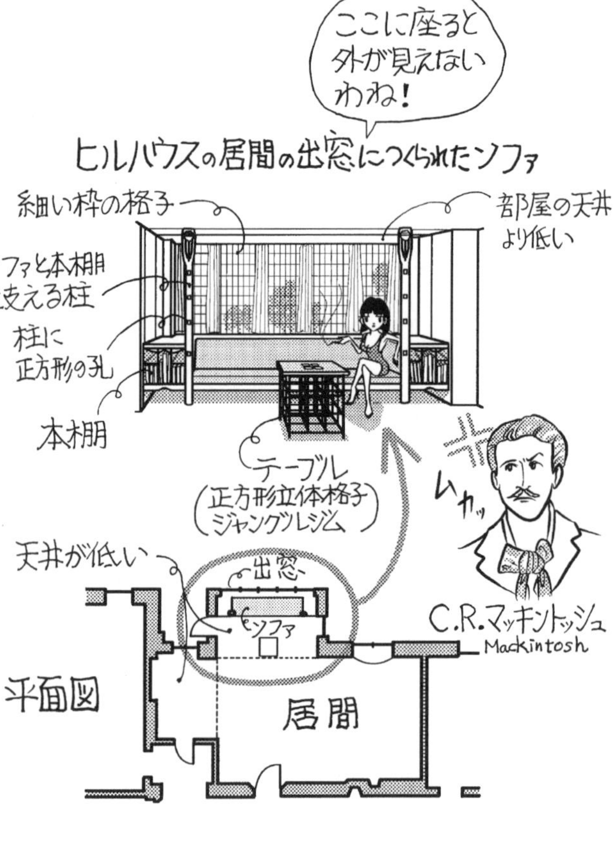


●暖炉脇とともに出窓は、ソファを造り付ける絶好の場所です。

**Q** 壁、天井を真っ黒に塗った例はある？

▼

**A** ヒルハウスの居間では、コーニスから上の壁と天井は黒く塗られています。

白い壁に薄紫色と薄緑色の装飾、その上の壁は黒、天井も黒として、鮮やかなコントラストのインテリアデザインとなっています。

- 絵でいうところの黒ベタです。建築でこれをするにはかなり勇気が要りますが、成功すればデザイン効果は大きいといえます。ヒルハウス建築当時の写真では、コーニスから上も白く塗られていました。
- 壁の上部に水平に帯を回すのは、日本建築の長押（なげし）に似ています。長押の下に開口の上端をそろえているのも一緒です。

**Q** 小さな照明器具を複数吊るすことはある？

▼

**A** マッキントッシュが好むデザイン手法です。

グラスゴー美術学校の図書室では、小さな照明器具を多数天井から吊るすことで、華やかな印象をつくり出しています。

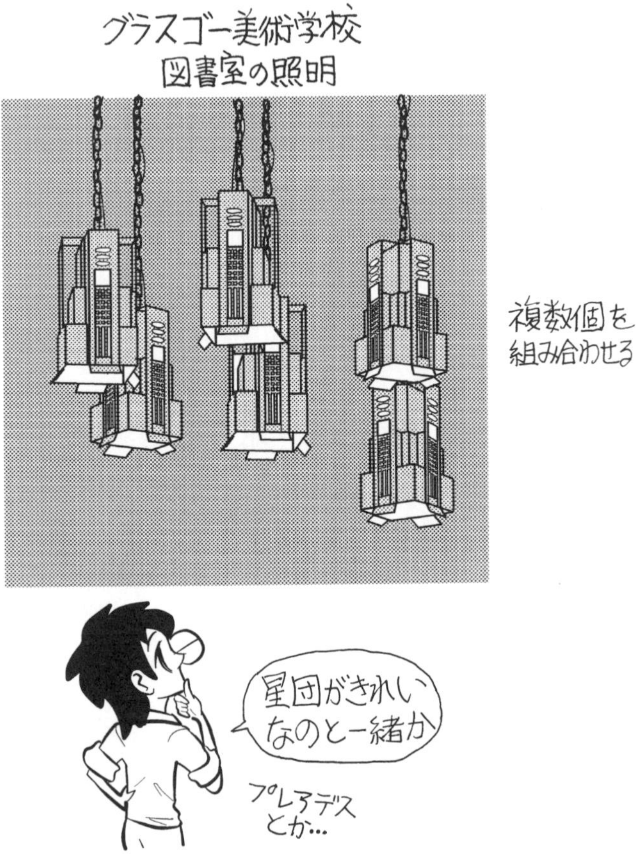
グラスゴー美術学校
図書室の照明
複数個を
組み合わせる
星団がきれい
なのと一緒か
プレアデス
とか…

- シャンデリアは1灯で多くのろうそくや電球を吊り下げて華やかにしますが、小さな照明を多数吊るす方法も、華やかな印象をつくることができます。現代でも小さなペンダント照明やダウンライトを複数組み合わせて付けることは、有効なデザイン手法です。

**Q** マッキントッシュはどんな時計をデザインした?

▼

**A** 正方形を基調としたデザインの時計などを残しています。

下図はスタロック家の暖炉用時計 (1917年) です。数字を正方形にあいた孔の数で表し、各正方形から螺旋状に線が引かれています。

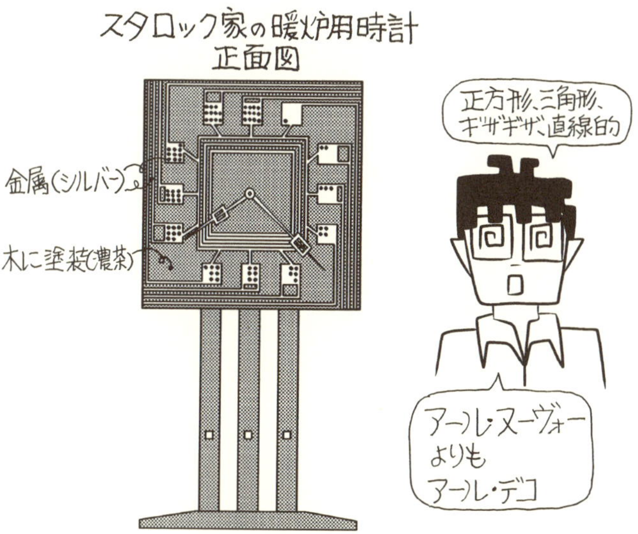


● 時計のデザインは、その機能的な要請もあって、アール・ヌーヴォー的な曲線よりも1920年代に発展したアール・デコ(R061参照)的な正方形や三角形を使ったデザインが多くなります。時代に先駆けたデザインといえます。

**Q** アール・ヌーヴォーとアール・デコのデザイン的な違いは？

**A** 曲線的か直線的かの違いです。

ひとことで言うと、アール・ヌーヴォーは曲線的、アール・デコは直線的です。

- アール・ヌーヴォー（**Art Nouveau**）という言葉は、パリの美術商サミュエル・ビングの店の名前から取ったもので、直訳すると「新芸術」です。一方アール・デコ（**Art Déco**）は、**1925**年に開催されたパリ装飾美術万国博覧会（**Exposition Internationale des Arts Décoratifs et Industriels modernes**）に起源があり、直訳すると「装飾芸術」です。アール・ヌーヴォーは、広義にはアントニ・ガウディまで含むこともあります。
- アール・デコは**1925**年の博覧会からはやったので、**1925**年様式ともいいます。また第**1**次世界大戦から第**2**次世界大戦の間に流行したので、大戦間様式とも呼ばれます。
- アール・デコの曲線は、アール・ヌーヴォーのように長くクネクネと続く自由曲線ではなく、コンパスで描いたような短い幾何学的な曲線です。短い円弧などを組み合わせて装飾をつくっています。ツタのような自然のものではなく、機械のイメージに近いものです。

**Q** アール・ヌーヴォー とは？

▼

**A** 19世紀末から20世紀初頭のヨーロッパで興った、植物などのモチーフによる曲線を多様する新しいデザインです。

ヴィクトール・オルタ（Victor Horta、1861～1947年）によるブリュッセルの自邸（1901年）は、鉄のフラットバー（平鋼）をツタのように曲げて、手すりなどの装飾をつくっています。

- アール・ヌーヴォー（Art Nouveau）とは、フランス語で新しい芸術という意味です。建築、インテリア、工芸品など多岐にわたり、鉄、ガラスを利用したものが多いです。第1次世界大戦以降、アール・デコが流行してからは、アール・ヌーヴォーは廃れます。
- オルタの自邸は、現在ではオルタ博物館として内部を見学することができます。上図の階段室は必見です。

**Q** アール・ヌーヴォーの鉄格子のドアにはどんなデザインがある？

▼

**A** 下図のカステル・ベランジュ（1898年）のドアが有名です。

オルタに傾倒したエクトール・ギマール（Hector Guimard、1867～1942年）は、この扉1枚で世界的に有名になりました。

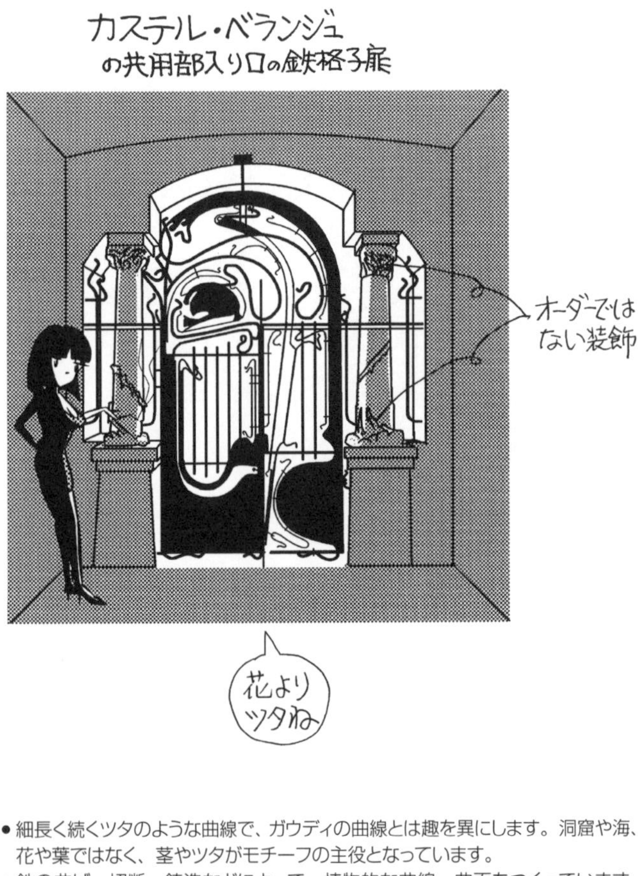


- 細長く続くツタのような曲線で、ガウディの曲線とは趣を異にします。洞窟や海、花や葉ではなく、茎やツタがモチーフの主役となっています。
- 鉄の曲げ、切断、鋳造などによって、植物的な曲線、曲面をつくっています。パリではあちこちの地下鉄の入り口で、ギマールの作品を見ることができますが、それは量産できる鋳造の技術によるものです。

**Q** ガラス工芸品でアール・ヌーヴォーの代表とされるのはどんなもの？

▼

**A** エミール・ガレの作品群などです。

色彩と装飾と凹凸のあるガラスでつくられた壺、ランプなどが有名です。

- エミール・ガレ（Charles Martin Emile Gallé、1846～1904年）は1889年のパリ万博で金賞を取り、世界に名を知られました。また、フランス東部のナンシーで1901年、建築家、画家、工芸家を集めたナンシー派を旗揚げしました。建築からインテリア、家具、工芸品までをトータルに考える集団でした。今でもナンシーの街を歩くだけで、アール・ヌーヴォーを味わうことができます。ナンシーはパリ以上にアール・ヌーヴォー色の強い街です。

**Q** クライスラービル（1930年）の様式は？

**A** 一般にはアール・デコといわれています。

ウィリアム・ヴァン・アレン（William Van Allen、1883～1954年）による、アーチを階段状に積み重ねた頂部のデザインが特徴的です。アーチの中に入れられた三角形が、夜になると照明で浮き上がります。

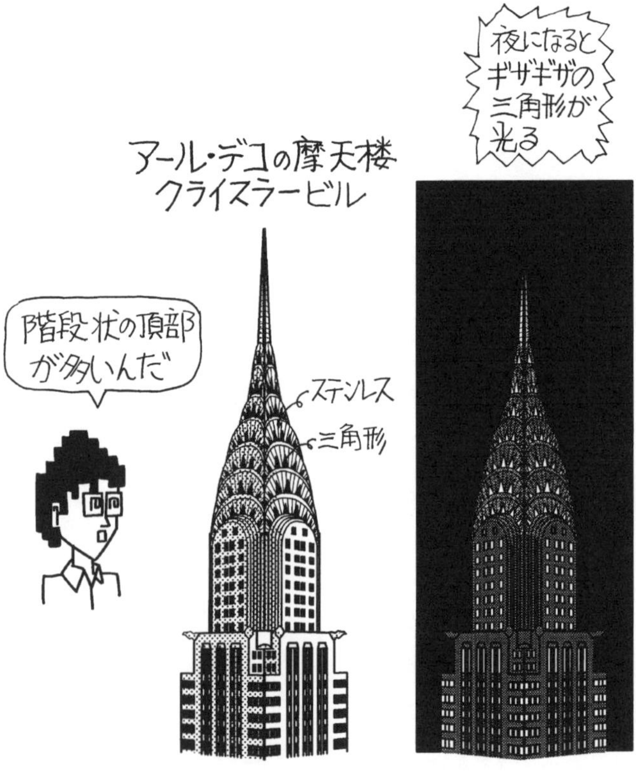
夜になると
ギザギザの
三角形が
光る
アール・デコの摩天楼
クライスラービル
階段状の頂部
が多いんだ
ステンレス
三角形

- 1920～30年代、アメリカ経済の発展とともに、ニューヨーク、マンハッタンに多くの超高層ビルが建てられました。斜線制限などによる法的な規制もあって、外形が階段状になり、さらに頂部も段々にデザインされたものが多く見られます。ニューヨーク・アール・デコと呼ばれるデザイン群です。1929年にマンハッタン発の不況がはじまり、ビル建設ブームは終わります。

**Q** 天井にギザギザのモチーフを使うことはある？

▼

**A** ロバート・アトキンソン（Robert Atkinson、1883 ～ 1952年）のインテリアデザインによるデイリーエクスプレス本社ビル（1932年、ロンドン）の玄関ホールでは、ギザギザの形に天井を抜いて、その上に間接照明を当てています。

シルバーやゴールドといった金属色を使って、ギザギザ、ジグザグした直角や鋭角を多く出すデザインです。

- このインテリアデザインは、イギリスのアール・デコの代表作とされています。日本では東京都港区白金台にある東京都庭園美術館（1933年、旧朝香宮邸、宮内省内匠寮工務課設計）が、アール・デコのデザインで有名です。内部に入って、装飾的細部を見てきてください。

**Q** 壁全体をガラスブロックでつくることはある？

▼

**A** ピエール・シャロー（Pierre Chareau、1883 ～ 1950年）のダルザス邸（1932年、パリ）では、吹き抜けの片側の壁全体をガラスブロックでつくっています。

現在では当たり前に見えるガラスブロックの壁ですが、当時としては画期的でした。

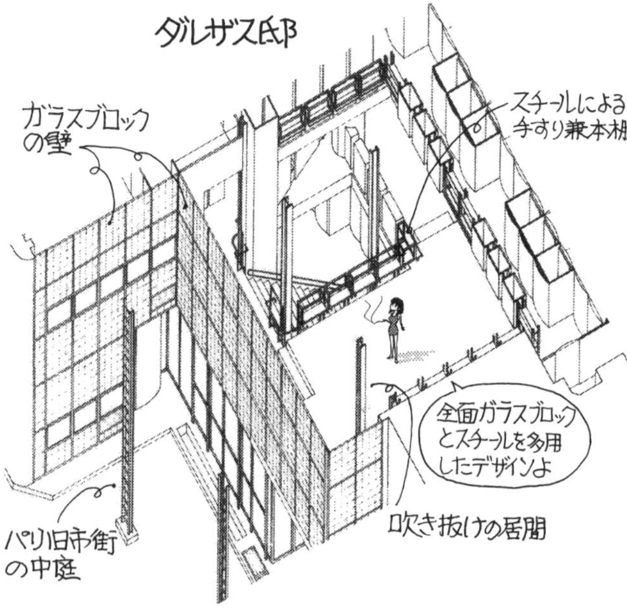


- ダルザス邸の内部の手すりや家具は、スチールのアングル（山形鋼）などでつくられたシャープな印象のものです。医師の家で、吹き抜けの奥に診察室などが並んでいます。
- ガラスの家ともいわれるダルザス邸は、パリの旧市街で、中庭に入った奥に立っています。筆者は学生のときに訪れていますが、旧市街の道に面さずに中庭に面していたせいか、まわりになじんでいて、過激なデザインには見えませんでした。

**Q** ガラスブロックを床に使うことはある？

▼

**A** ウィーン郵便貯金局は床をガラスブロックにして、トップライトの光を下の階にも導いています。

オットー・ワグナー（Otto Wagner、1841～1918年）によるウィーン郵便貯金局（1912年）の中央出納ホールでは、床にガラスブロックが大々的に使われています。

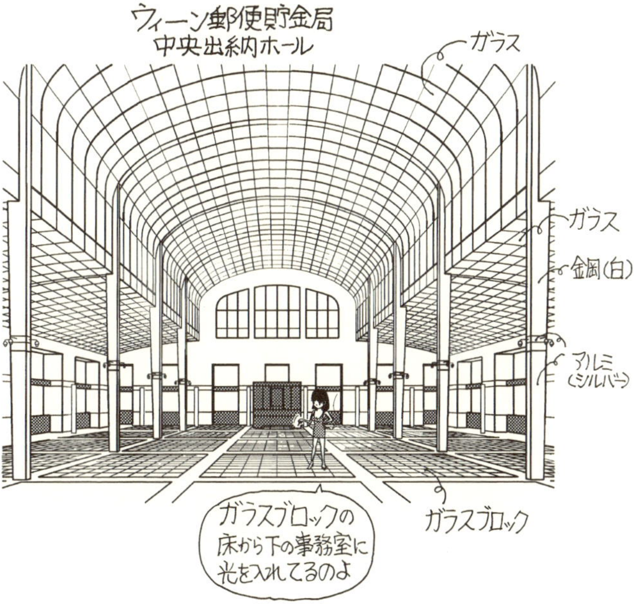


- 暖房効率を上げるために、ガラスの屋根の下に、柔らかなカーブのガラス天井が付けられています。ホールに入った瞬間、空間全体の明るさに驚かされます。天井にもガラス、床にもガラスと、ガラスに囲まれた空間です。建物全体として見ると、中庭にガラス屋根が掛けられたような形で、そのガラス屋根の下にヴォールト状のガラスの天井を吊るしています。

**Q** 空調の吹き出しを床から突き出すことはある?

▼

**A** ウィーン郵便貯金局の中央出納ホールでは、円筒状の空調の吹き出しが床に立てられています。

温風を吹き出すアルミ製の管は、吹き出し部分にフィンが多く付けられ、管の途中にはリングが付けられています。空調の吹き出しという機能的部品でありながら、オーダーのような装飾的効果を出しています。

- ウィーン郵便貯金局は1903年の設計競技でワグナーの案に決まりましたが、実施の段階ではファサード（正面立面）の過激さが和らげられ、中央出納ホールの斬新なデザインはそのまま残りました。

**Q** ボルト、リベット（rivet　鋲：びょう）の頭を出すデザインはある？

▼

**A** ウィーン郵便貯金局では、外部や内部の石を留めるボルト、内部の鉄骨を留めるリベットの頭を見せています。

ウィーン郵便貯金局では石板を留めるアルミのボルトの頭が点々と並び、石の表面に出ています。また中央出納ホールの柱には、鉄やアルミのリベットが等間隔で並んでいます。

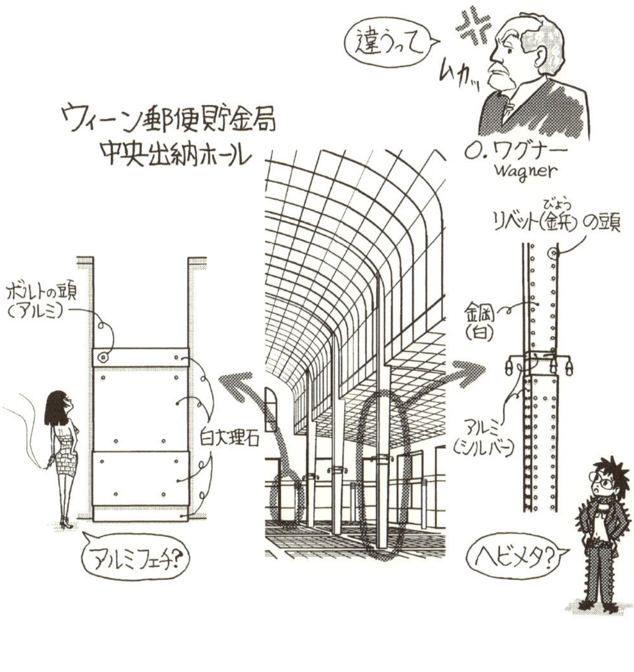


- 石はモルタルで接着したり金物で引っ掛けたりして壁に張りますが、外には目地しか見せないのが基本です。ボルトを仕上げの表に出すのは、石造中心のヨーロッパでは、異端の部類に属します。
- ワグナーは画家クリムトなどと、1897年、過去の歴史と断絶するという意味のセセッション（Sezession：分離派）というグループを結成し、デザイン運動を展開します。様式的な細部は否定されて、近代的な細部ともいえる装飾が出現しました。現代から見ると、そのような新しい装飾の方に目が奪われます。シルバーやゴールドなどの、金属の光沢色が好まれる傾向にありました。

**Q** 近代のインテリアで、床や壁に黒い装飾的パターンを入れることはある？

▼

**A** ウィーン郵便貯金局の床、壁には、下図のようなパターンが入れられています。

床は白っぽい石の中に黒い石を入れることにより、壁は白い塗り壁の中を黒く塗ることにより、装飾的なパターンをつくっています。壁の線は近づいて見ると、1本の線ではなく、2本の点線状のパターンとなっています。

- 床に石やタイルでパターンをつくることは、古代から行われています。近代では、抽象的で単純なパターンとされる傾向にあります。ワグナーの装飾には、植物などの具象的なものから抽象的なパターンまで幅広くあります。抽象的パターンは、現代のインテリアデザインでも十分に応用可能です。

**Q** 壁に装飾的パターンを入れることはワグナーの作品以外にある？

▼

**A** ヴァルター・グロピウス（Walter Gropius、1883～1969年）によるファグス靴工場（1911年）の玄関ホールには、黒いパターンの装飾が施されています。

白い壁に黒いパターンが入れられ、中央の石盤には金色の文字が彫られています。壁頂部のパターンには、オーダーのエンタブレチュアのような趣があります。

- グロピウスは、近代芸術運動の本山ともいえるバウハウスの創設者であり、建築家としての実践者でもあります。グロピウスとアドルフ・マイアー（Adolf Meyer、1881～1929年）によるガラス張りのファグス靴工場は、初期近代建築の傑作とされています。当時のインテリアデザインでこのような装飾的扱いがされているのは、今から見ると興味深いものがあります。

**Q** チェッカー模様（市松模様）は近代のインテリアである？

▼

**A** アドルフ・ロース（Adolf Loos、1870～1933年）のインテリアなど、多くの実例があります。

ロースによるカルマ邸（1904年、スイス）の入り口ホールでは、楕円形のホールに白と黒の石で楕円状のチェッカー模様が、つくられています。

- チェッカーはチェスボードの黒ますだけを使うゲームです。チェスボードは、正方形の白黒が互い違いに配された市松模様です。チェッカー模様は装飾とはいっても、抽象的なパターンなので、近代のインテリアでも使いやすかったようです。
- カルマ邸は、既存の邸宅をリフォームしたものです。ロースはチェッカー模様を、アメリカン・バーでも使っています。

**Q** 柱型、梁型を鏡を使って増殖するデザインはある？

▼

**A** ロースによるアメリカン・バー（1907年、ウィーン）の壁上部には鏡が仕込まれ、立体格子が広がって見えるようにデザインされています。

鏡を仕込むことで、表面に模様のある黒っぽい石を使った柱型、梁型が無限に増殖している感じです。実際の柱型の2倍の太さに見えます。

- ロースは「装飾は罪悪である」（1908年）と有名な言葉を残し、ウィーン分離派の装飾を攻撃しましたが、その作品には意外と装飾的な所が多く見られます。ウィーンはワグナーやロース、ハンス・ホラインなど、インテリアデザインを見るには事欠かない街です。
- 鏡を使って装飾を多く見せる、空間を広げて見せる手法は、アマリエンブルク宮の鏡の間（R011参照）やオルタの自邸など、多くの作品で行われています。

**Q** ピエト・モンドリアン（Piet Mondrian、1872～1944年）の絵画のように、水平垂直な線、面、立体を構成し、原色を配したような椅子はある？

▼

**A** ヘリット・トーマス・リートフェルト（Gerrit Thomas Rietveld、1888～1964年）の赤と青の椅子（red & blue chair、1921年）が有名です。

それまでの建築、インテリアデザインとは一線を画すような強い抽象性が見られます。

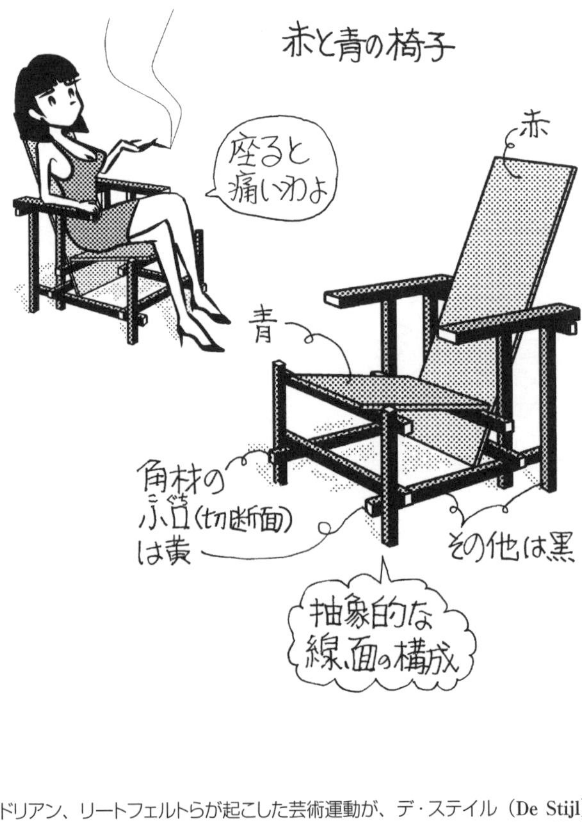


- モンドリアン、リートフェルトらが起こした芸術運動が、デ・ステイル（De Stijl）です。デ・ステイルとは元はオランダで創刊された雑誌名で、オランダ語で様式（英語のstyle）を意味しますが、その雑誌を中心とした芸術運動全体を指すようになりました。

**Q** 赤と青の椅子のような建築、 インテリアはある？

▼

**A** リートフェルトによるシュレーダー邸（1924年、オランダ）が抽象的な面、線による構成でつくられています。

壁、天井、床、手すり、テーブルの天板（てんいた）、椅子の座面などを抽象的な面、線に分解して組み合わせています。

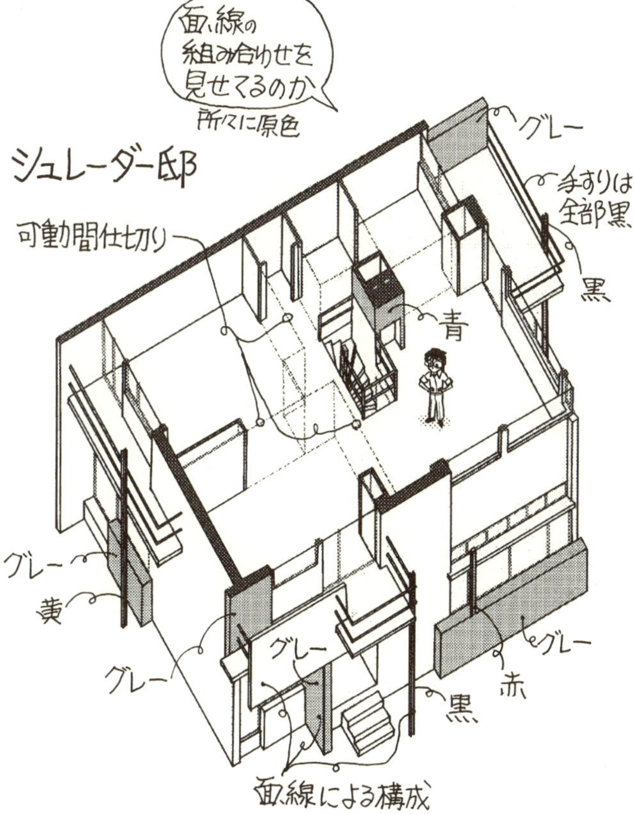


- 建築、インテリアの場合、構造的、機能的な制約が家具よりも多く、抽象的な構成にするには強引さが必要となります。シュレーダー邸はレンガ造を基本としながら鉄や木を使うことにより、赤と青の椅子のコンセプトをなんとか実現しています。

**Q** 床や壁を色違いに塗り分けることはある？

▼

**A** シュレーダー邸の床は、 小さな面積でも赤、青、グレーなどに塗り分けられています。

赤と青の椅子のコンセプトが床や壁、 建具の枠にも行き渡っています。

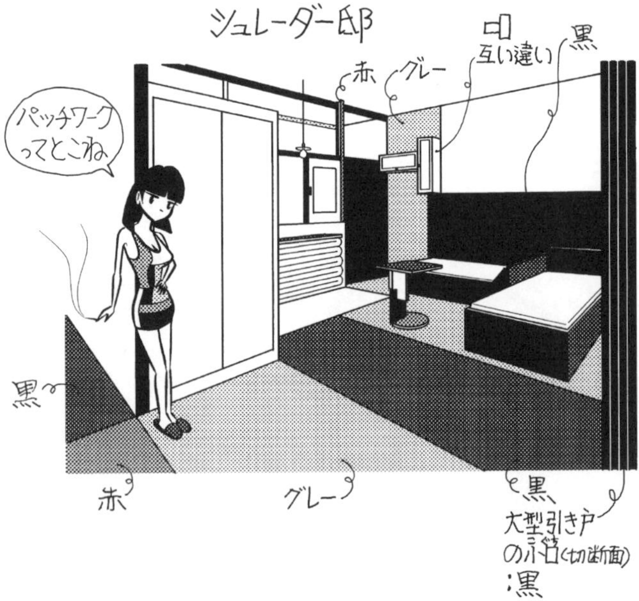

**Q** 家具で面ごとに色を塗り分けるデザインはある？

▼

**A** リートフェルトのディバンテーブル（Divan table）などでは、面ごとに色の塗り分けがされています。

天板、支える板、台となる板は、みな面で色を塗り分けられています。

- リートフェルトの作品集にはこの家具の製作年代が記されていませんが、シュレーダー邸に置かれているテーブルなので、シュレーダー邸完成の1924年あたりの製作と想定されます。

**Q** ル・コルビュジエ（Le Corbusier、1887～1965年）は面で色の塗り分けをした？

▼

**A** ラ・ロッシュ・ジャンヌレ邸（1923年）のアトリエの壁、スロープの壁などに面による塗り分けが見られます。

アトリエの端部の壁、スロープの壁の面に、他と違った色を塗っています。

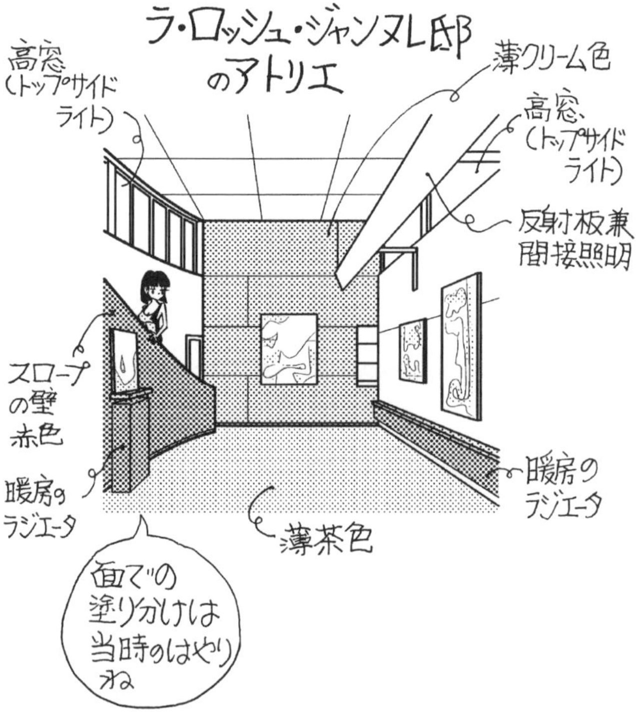


- コルビュジエによる色の塗り分けは、リートフェルトほど厳格に面の構成というルールを適用していません。その場その場でいろいろなデザイン手法を使っていたようです。そのため、コルビュジエの方が後期に至ってもさまざまなデザインを生み出せていけたように思えます。

**Q** 吹き抜けに階段やスロープを掛けるのはいつごろからある？

**A** 非対称の位置に掛けるのは、1920年代のコルビュジエの作品から世界的に普及しました。

ラ・ロッシュ・ジャンヌレ邸のアトリエは吹き抜けで、湾曲した側の壁に沿うようにスロープが付けられています。スロープは吹き抜けに開かれたロフトのような小部屋に到達し、その奥のドアから階段室の方へと出られます。

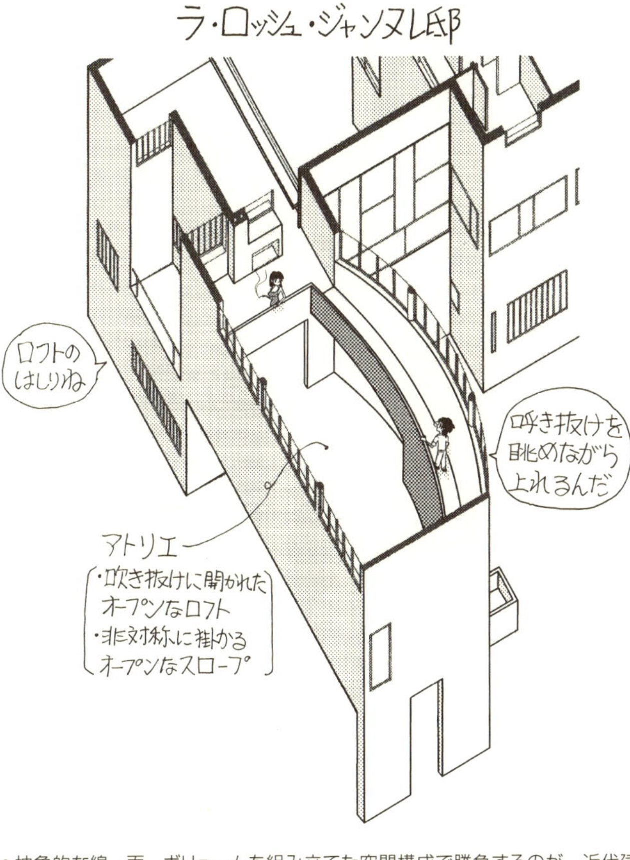
ラ・ロッシュ・ジャンヌレ邸
ロフトのはしりね
吹き抜けを眺めながら上れるんだ
アトリエ
・吹き抜けに開かれたオープンなロフト
・非対称に掛かるオープンなスロープ

- 抽象的な線、面、ボリュームを組み立てた空間構成で勝負するのが、近代建築の主流となります。コストの限られた建築では、伝統的な様式建築のように、多数の職人の手による細部がつくれないという理由もありました。

**Q** 建物の中を歩き回れるような「散歩道」のコンセプトを出した建築家は？

▼

**A** コルビュジエです。

ラ・ロッシュ・ジャンヌレ邸では、入り口ホールやアトリエの吹き抜けのまわりに、オープンな階段、スロープや廊下などを配して、回遊できるように配慮されています。

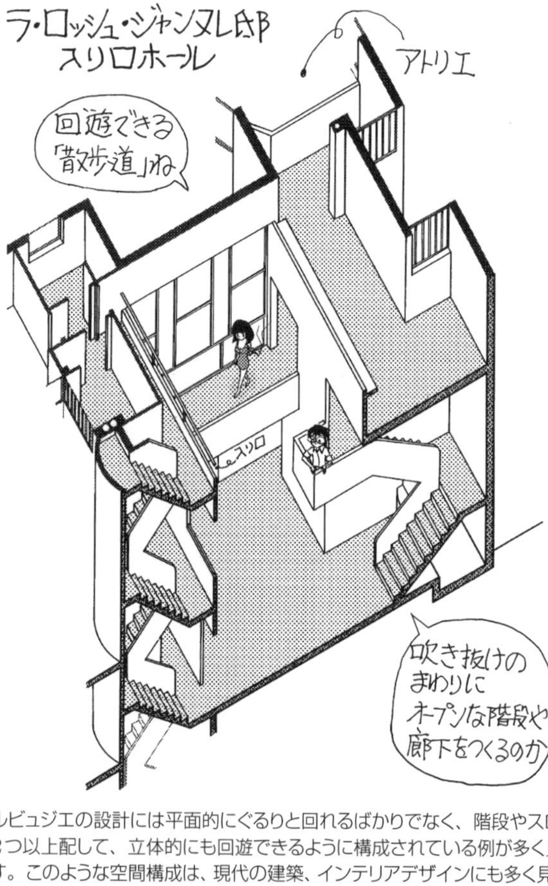
ラ・ロッシュ・ジャンヌレ邸
入り口ホール
アトリエ
回遊できる
「散歩道」ね
入り口
吹き抜けの
まわりに
オープンな階段や
廊下をつくるのか

- コルビュジエの設計には平面的にぐるりと回れるばかりでなく、階段やスロープを2つ以上配して、立体的にも回遊できるように構成されている例が多く見られます。このような空間構成は、現代の建築、インテリアデザインにも多く見られ、コルビュジエの影響の強さがうかがえます。
- ラ・ロッシュ・ジャンヌレ邸には、現在はコルビュジエ財団が入っていて、内部見学も可能です。パリ市内にあり地下鉄のジャスマン駅から歩いていけます。

**Q** 平面に斜め線を大きく使うデザインは近代にあった？

▼

**A** コルビュジエが試みています。

職人のための住宅プロジェクト（1924年）では、正方形を45度にカットして、片方を吹き抜けとする大胆な平面構成がされています。

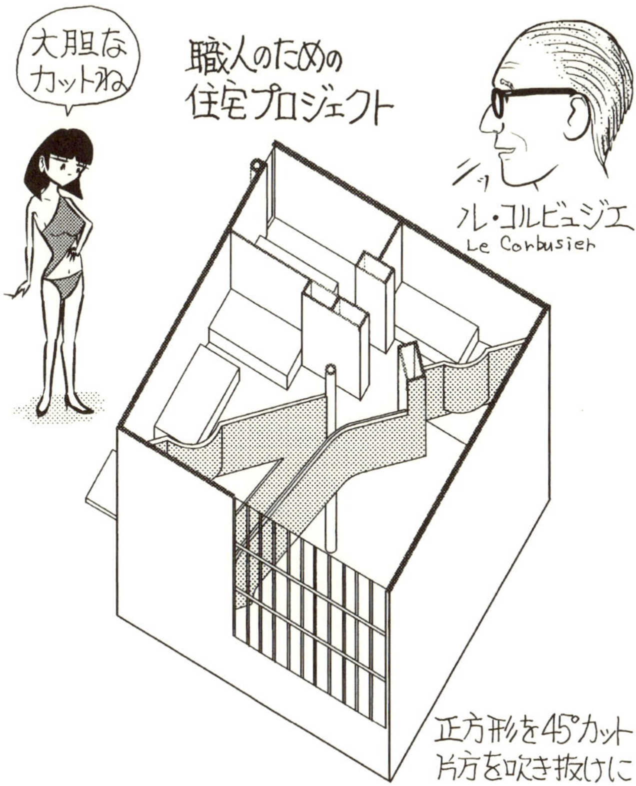


- 平面に大きな斜め線を使うデザインは、現代にも通用するものですが、三角形の部分をどう納めるかに力量が試されます。
- 当時の近代運動の作品群を見ていると、デザインのエネルギーが装飾表現から空間構成に移っているのがわかります。インテリアデザインとしての観点では、白い面をどのように構成しているかがメインとなっています。

**Q** テラスと部屋が一体となるようなデザイン的工夫にはどんなものがある？

▼

**A** 引き込める大型のガラス戸、テラスの壁やそこにあけられた穴を部屋の壁、窓と連続させるなどです。

コルビュジエのサヴォア邸（1931年）の2階には、正方形の大きなテラス（屋上庭園）がつくられています。居間との境は大型のガラス戸で、レバーを回すと開けることができます。テラスは壁に囲まれていて、居間の水平連続窓と同じ穴があけられ、居間とテラスの連続感が強められています。

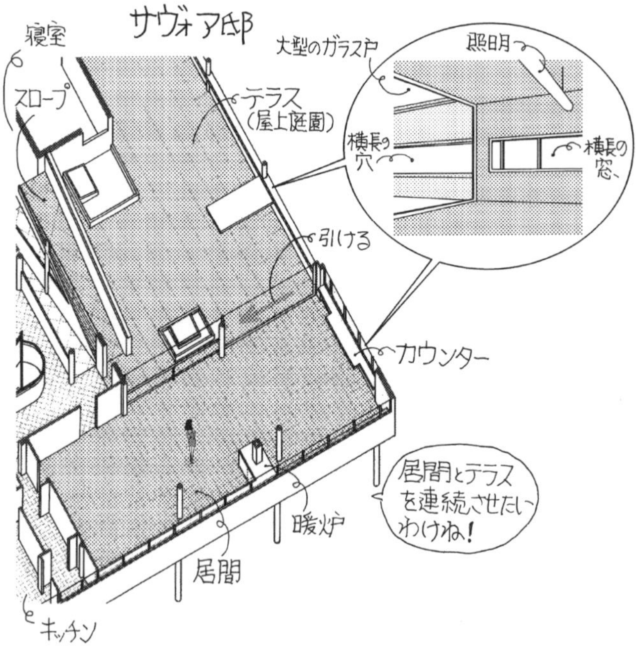


- サヴォア邸はパリ郊外のポワシィ駅から徒歩圏内にあります。きれいに修復されて内部見学も可能なので、パリに行ったらぜひ見てきてください。

**Q** ピクチャーウィンドーとは？

▼

**A** 外の景色を絵のように、切り取って見せる窓のことです。

サヴォア邸ではスロープを上る際の視線の先に、壁に穴をあけてピクチャーウィンドーのようなデザインが施されています。

- 一般には、はめ殺しのガラス窓や大型のすべり出し窓などで可能です。すべり出し窓とは、軸を中心にして窓を外部へ押し出すタイプの窓のことです。アルミの棒などの余計なものがないものは、絵画の額のように見えます。

**Q** 屋上で日光浴をするスペースにはどのような配慮が必要？

▼

**A** 風を除け、プライバシーを保護し、囲んだ感じを出すような壁がある程度必要です。

サヴォア邸の屋上では、曲面の壁に囲まれた日光浴をするスペース（ソラリウム）があります。その曲面が外観の造形をも豊かなものにしています。

- 2階の「屋上庭園」は部屋も横長の穴があいた壁で囲まれていて、半外部的な扱いがされています。2階の屋根の上には、曲面の壁で囲ったスペースが2つ用意されています。
- コルビュジエの造形は箱形が多いですが、箱の上に彫刻的な形を載せることで、その単調さを避けるデザインがよくされています。

**Q** コルビュジエが浴室に長椅子を造り付けでつくったことはある？

▼

**A** サヴォア邸の浴室には、タイル貼りの長椅子がつくられています。

浴室は、コンクリートでつくられた曲線の長椅子を介して、寝室とオープンにつながっています。コルビュジエは長椅子がつくりたかったというよりは、四角い箱の中に曲線的な造形がほしかったのではないかと思われます。

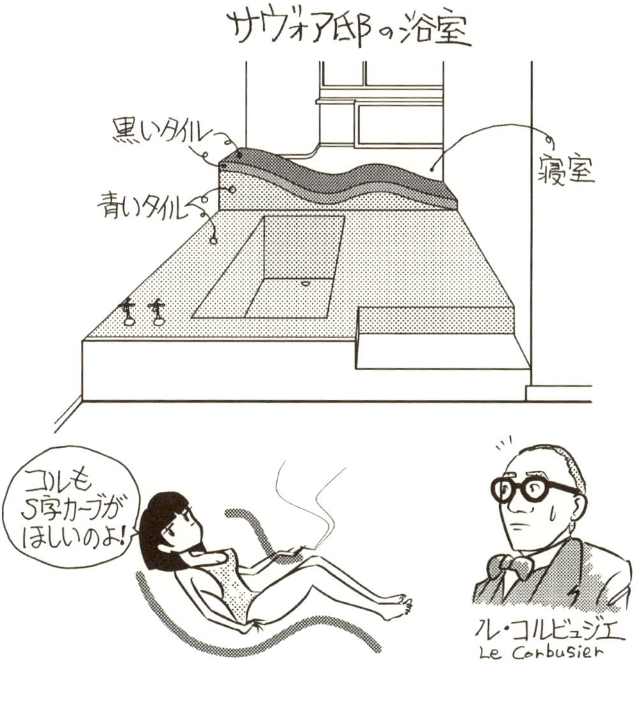


- コルビュジエは1926年に、近代建築の5原則を発表します。①伝統的な壁による構造ではなく柱による構造（ドミノシステムと命名）による「自由な平面」、②重さから自由になった壁による「自由な立面」、③壁による構造の縦長窓ではなく、柱の構造による明るい「横長窓」、④柱で1階を浮かせた、地面を公に開放する「ピロティ」、⑤地面を公に開放して、今まで使われていない屋根の上を個人的な庭とする「屋上庭園」です。この5原則がすべて実現したのが、サヴォア邸です。

**Q** コルビュジエは洗面台などの衛生設備機器を居室に露出して使ったことがある？

▼

**A** ナンジュセール・エ・コリ通りのアパート（1933年）にあるアトリエ兼住宅では、白い衛生陶器があちこちで居室に露出して使われています。

集合住宅の最上部にあるアトリエの居室では、衛生陶器などをたくみに露出してデザインしています。

- コルビュジエというと、理論的に全体から部分へとトップダウンでつくった印象があります。しかし実際に見にいくと、小さなデザインや工夫の積み重ねがあるのがわかります。アトリエでは、衛生陶器やシャワー室、風呂以外でも、動く家具、屋根裏の斜め天井の扱い、階段の造形など、見るべきものが多くあります。どんなものでもデザインに生かそうとするどん欲さを感じます。アトリエはコルビュジエ財団管理で、内部見学は可能です。地下鉄のポルト・ドートゥイユ駅から歩いていけます。

**Q** コルビュジエはヴォールト天井をつくった？

▼

**A** アトリエの天井など、多くの実作が残されています。

ナンジュセール・エ・コリ通りのアパートは隣の建物とピッタリとくっついて建てられていて、隣地境界が石やレンガを積んだ組積造の壁でできています。アトリエは元からあった壁の石やレンガの素材感をそのまま生かし、天井を白いヴォールトとしています。

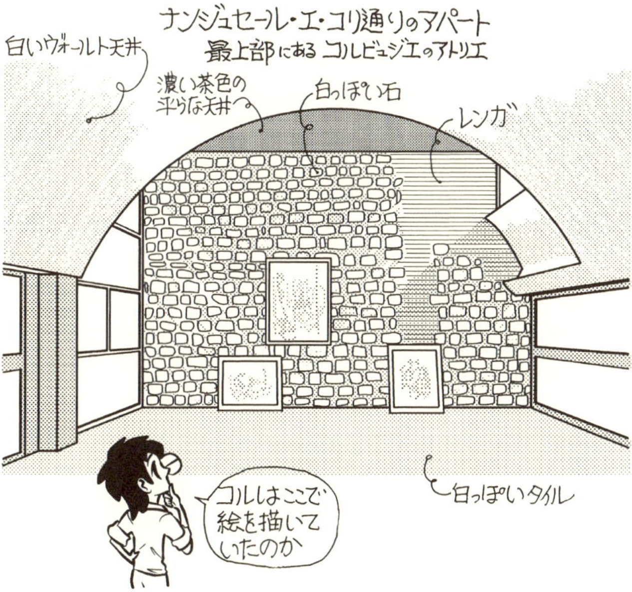


- 週末住宅（1935年）、フューター邸（1950年）、ジャウル邸（1954年）では、ヴォールトを並列に並べる構成を行っています。1920年代には白い抽象的な箱であったのが、30年代以降、レンガやコンクリート打ち放しなどの素材感のある作品が増えます。

**Q** コルビュジエのデザインした椅子にはどんなものがある？

▼

**A** 下図のシェーズロングとグランドコンフォート（いずれも1928年）が有名です。

1920年代には、**バウハウス**などが**スチールパイプ**を採用することにより、木でつくられてきた椅子にはないデザインが誕生します。コルビュジエの椅子は、シンプルなデザインと座り心地のよさから、現代でもホテルやマンションのロビーなどに多く採用されています。

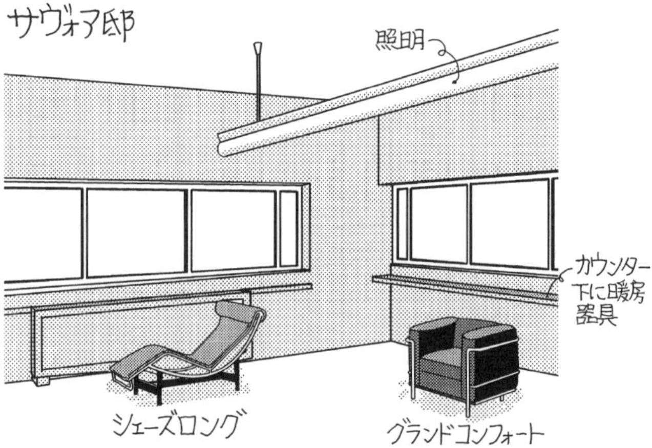

牛革張りはカウボーイチェアともいうのよ
上は載ってるだけ。台座からはずすとロッキングチェアに!
動く


- グランドコンフォートは「大いなる快適」、シェーズロングは「長い寝椅子」が原義です。座面に牛革が張られたシェーズロングは、カウボーイチェアと呼ばれることもあります。シェーズロングは、台座からはずすとロッキングチェアにもなります。

**Q** 最初にスチールパイプを使った椅子をつくったのは？

▼

**A** バウハウス（Bauhaus）のブロイヤー（Marcel Lajos Breuer、1902 ～ 81年）によるワシリーチェア（1925年）です。

自転車のハンドルから着想を得たデザインで、パイプの分解、組み立てもできます。

［スーパー記憶術］
わしの尻を乗せる自転車
ワシリー

- バウハウスは1919年、ドイツに設立された、美術と建築に関する総合的な美術学校です。近代芸術運動のひとつの中心となりました。ハンガリー生まれのブロイヤーは、バウハウスで学び、バウハウスの教官となります。ワシリーチェアの名はバウハウスの教授、ワシリー・カンディンスキー（Wassily Kandinsky、1866 ～ 1944年）にちなんで命名されました。
- スチール製の椅子は1850年ごろにつくられていますが、スチールパイプ製はワシリーチェアが初めてです。

**Q** スチールパイプを使った片持ちの椅子にはどんな作品がある？

▼

**A** マルト・スタム（Martinus Adrianus Stam、1899～1986年）のキャンティレバーチェア（1926年）、ミース・ファン・デル・ローエのMRチェア（1927年）などがあります。

片持ちとは一方の足で支えて、他方はその足からの張り出しで支えている、木の枝のような構造のことです。**キャンティレバー**（cantilever）も同義です。強度のあるスチールパイプを使うことで、片持ちの構造が可能となりました。

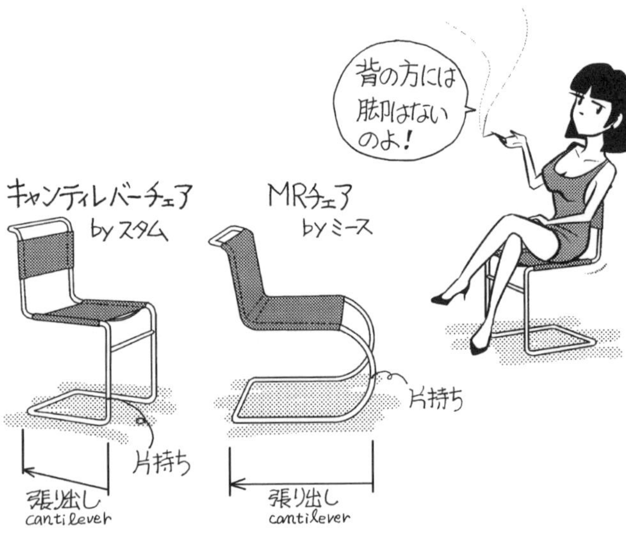

**Q** スチールのフラットバー（平鋼）を使った椅子はある？

▼

**A** ミース・ファン・デル・ローエ（Ludwig Mies van der Rohe、1886～1969年）のバルセロナチェア（1929年）が有名です。

家具でスチールといえばパイプを使うのが一般的ですが、バルセロナチェアは、曲げられたフラットバーを十字に組み合わせて骨組みとしています。20世紀前半のデザインであるにもかかわらず、現在でもホテルやマンションのロビーなど多くの場所で使われています。

- 1929年のバルセロナ万国博覧会で建設されたドイツ館＝バルセロナ・パビリオンに置くためにつくられました。バルセロナ・パビリオンに置かれたのは白いバージョンで、背もたれのないデザインもあります。

**Q** バルセロナ・パビリオンの壁に装飾はある？

▼

**A** 装飾はなく、石の素材自体の模様を装飾のように扱っています。

建物全体が箱ではなく、抽象的な面を組み合わせた構成とされています。それぞれの面には、従来の建築的装飾はなく、天井は白、壁と床は石の模様のみです。壁と床の白っぽい石はトラバーチン、緑色や茶色の部分は大理石です。

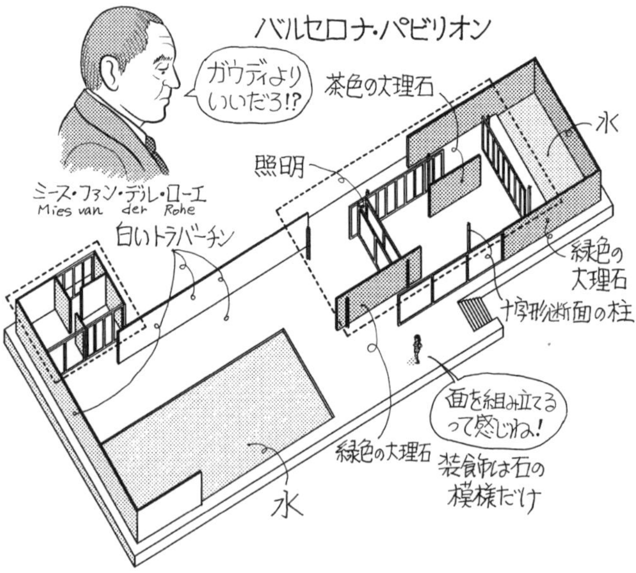


- ミースは1910年代に様式的な建築も手がけますが、20年代に入り箱を壊すような試行を繰り返し、それが完全な形として実現するのが20年代最後の、このパビリオンです。ミースの空間構成の変遷に関しては、拙著『20世紀の住宅　空間構成の比較分析』（鹿島出版会）の4章を参照してください。
- バルセロナ・パビリオンは再建されていますので、バルセロナでガウディの作品を見た後に、ミースも忘れずに訪ねてください。ガウディの生きた時代の次の、新しい時代がはじまる様を実感することができます。

**Q** 壁や屋根を独立した面に見せるためのデザイン上のポイントは？

**A** 壁や屋根のエッジ（端部）露出して見せること、壁面、天井面を無装飾で平滑に仕上げることなどです。

バルセロナ・パビリオンでは壁、屋根のエッジがあちこちに露出し、面の独立が強く印象づけられます。箱を囲う壁ではなく、外も中もないスペースに置かれたカードのような面によるデザインです。

- 箱の解体はフランク・ロイド・ライトの1910年代の住宅でも見られますが、完全な形で分解してしまったのはミースのバルセロナ・パビリオンが初めてです。箱に囲い込む壁が独立して置かれる壁になったことで、内部と外部が一体的、流動的になります。

**Q** 1920年代のコルビュジエとミースの作品での共通点は？

▼

**A** 壁を装飾のない面として扱うこと、ガラス面を大きく取ること、内と外とを連続的に扱うことなどです。

コルビュジエ、ミース以前の多くの建築は、装飾や様式をどうするかに重きを置いていました。1920年代の近代建築の出現によって、無装飾な面やガラスをどのように構成するかという空間構成にデザインのポイントが移りました。

- 全体の構成を表すには、パースよりもアクソノメトリック図の方が適しています。以前の建築家たちのように、パースを熱心に描かなくなったのも、装飾や様式などの表層表現よりも、空間構成に力点が移ったからです。

**Q** 1920年代のコルビュジエは白い箱をつくりましたが、ミースがよくつくったのはどんな箱？

▼

**A** ミースは1950年代以降、ガラスの箱を多くつくりました。

ファンズワース邸（1951年、アメリカのシカゴ北郊）は、最小限の壁しか持たないガラスの箱です。

- バルセロナ・パビリオンで「面の組み立てによる構成」を実現し、その後は壁を短くする、なくす方向に進み、ファンズワース邸では壁がなくなります。床面と屋根面にサンドイッチされただけの、壁のほとんどない空間を、均質空間とかユニバーサルスペース（普遍的空間）などといいます。ファンズワース邸は、均質空間の最初の実例です。
- ミースの変遷は、伝統的な箱を解体して、壁を独立させ、その壁も最小にし、最後には壁のないガラスの箱へと至る、均質空間へと純化する道程、それをあらゆる建物に広げる過程といえます。コルビュジエが1930年代以降、白い箱をやめて造形的な方向へと転換するのに対して、ミースは均質空間へと徐々に歩んでいきました。

**Q** コア（core）とは？

▼

**A** 芯、核のことですが、建築ではトイレ、浴室、エレベーター、パイプシャフトなどの設備関係をひとつにまとめた部分を指します。

住宅をすべてオープンにするのは、プライバシーを確保するうえで無理があります。そこでファンズワース邸では、トイレ、シャワー室をコアにして空間の中に島状に置き、周囲を開放する方法が取られました。流し台などは、コアの裏側の壁に沿って置かれています。

ファンズワース邸
コア
core
コア以外は壁がないわね！
"Less is more"さ！
（より少ないことはより豊かなこと）
ミース・ファン・デル・ローエ
Mies Van der Rohe

- ファンズワース邸の周囲には広大な敷地があり、プライバシーはもともと確保されています。建物が浮いているのは、近くの川の洪水を避けるためと説明されています（現に洪水によって被害を受けています）。
- ファンズワース邸は現在、美術愛好家の所有になっていて、内部見学も可能です。ミースの他の作品では鉄骨を黒く塗ることが多いのですが、ファンズワース邸では白く塗っています。筆者が見にいったとき、周囲の自然の中に美しく浮き上がっていて、草地の上に立つ白いサヴォア邸を見たときと同じような感動を覚えました。

**Q** アアルトは天井を波打たせることはある？

▼

**A** フィンランドの建築家アルヴァ・アアルト（Alvar Aalto、1898～1976年）は、天井を波打たせるデザインをよく使いました。

メゾン・カレ（1959年、フランス）では、土地の傾斜方向に沿って片流れの屋根として、その下に天井を大きくうねらせています。入り口からギャラリー、居間へと流れるような空間がつくられています。

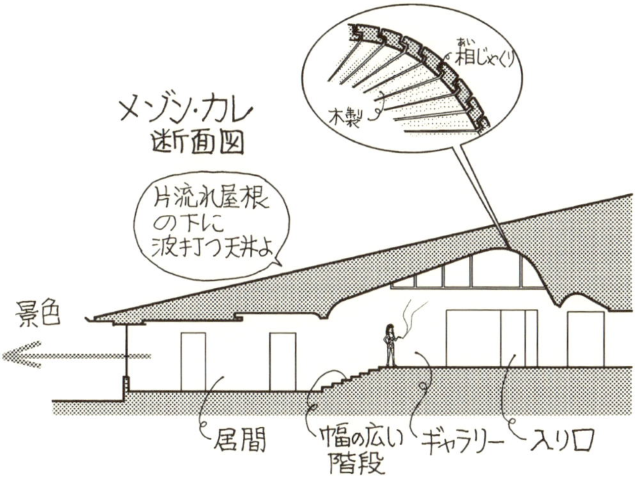


- コルビュジエ、ミースの成果が定まってくると、近代建築がそぎ落としてきたものを補うようなデザインがされるようになります。土着のデザイン、素材を生かしたデザイン、曲線のデザインなどです。アアルトも、近代建築を出発点にしながら、独自の世界を築きました。

**Q** アアルトは壁を波打たせることはある？

▼

**A** 展示施設などで波形の壁を使っています。

ニューヨーク万国博覧会のフィンランド館（1939年）は内側に傾斜した波打つ壁面がつくられています。木の縦格子が付けられたうねる壁面には、フィンランドの木材産業をアピールする大型の写真が展示されています。

- アアルトは曲線を多く使いましたが、平面図に表れるものは、波打つ曲面と扇形の2種に大別されます。扇形は図書館の閲覧室や教室、ホールなどに使われました。

**Q** アアルトは格子を等間隔ではなくランダムに入れることはある？

▼

**A** アアルトのヴィラ・マイレア（1938年）などに見られます。

縦格子は、等間隔か、2本ずつペアにした吹き寄せにして、規則性を持たせるのが普通です。ヴィラ・マイレアの階段横の格子は、円形断面の木製の棒をランダムな間隔で入れてつくっています。

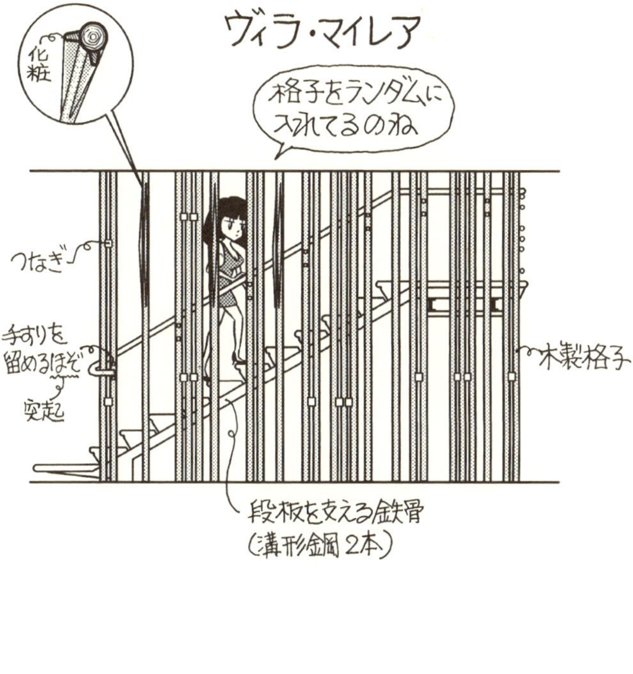


- アアルトは、規則的なデザインよりも、変則的、即興的なデザインを好んでいたように思われます。ヴィラ・マイレアはヘルシンキの北西、ノールマルクの森に囲まれた丘の上に立ち、内部見学も可能です。

**Q** アアルトは円柱をどのように装飾している？

▼

**A** 細い籐（とう）製のひもを巻くなどしています。

ヴィラ・マイレアの居間では、黒い鉄骨の柱に、籐を巻いて装飾しています。コルビュジエやミースなら絶対しないような、自然の素材による装飾です。

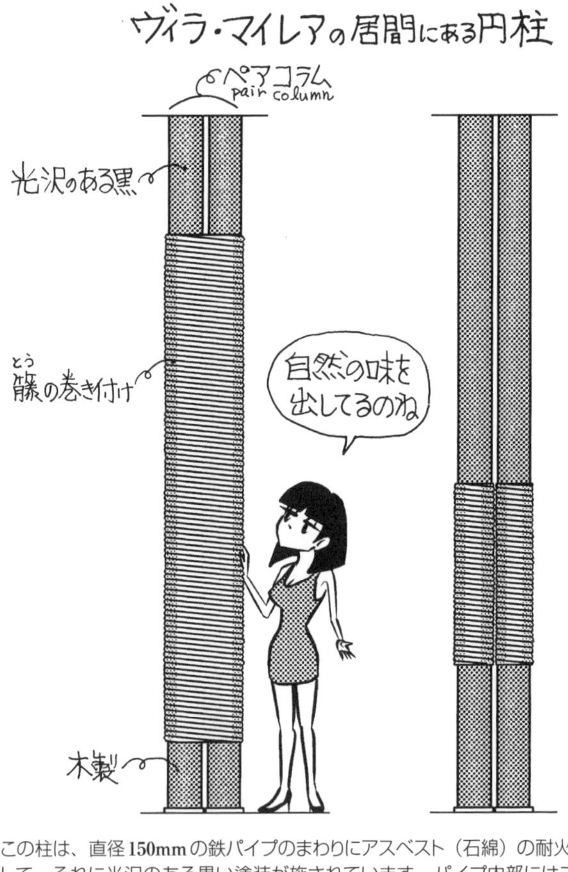


- この柱は、直径150mmの鉄パイプのまわりにアスベスト（石綿）の耐火被覆をして、それに光沢のある黒い塗装が施されています。パイプ内部にはコンクリートが充填され、構造強度を増す工夫がされています。
- ラタン家具のラタン（rattan）は通常、籐（とう）と訳しますが、藤（ふじ）科ではなく、椰子（やし）科の植物です。軽くて強く、家具によく使われます。

**Q** アアルトのアームチェアにはどんなものがある？

**A** 下図のアームチェア41（1930年）やアームチェア42（1933年）が有名です。

白っぽいバーチ（birch：白樺）材を積層して強度を増した材によって、曲線的なデザインにしています。

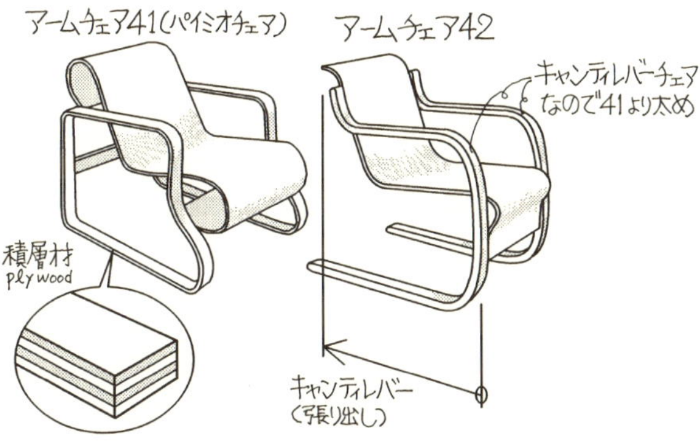


- アームチェア41はパイミオのサナトリウム（結核療養院、1933年）のためにデザインされたものです。そのため、パイミオチェアと呼ばれることもあります。
- アームチェア42は、背もたれの方に足がなく、持ち出された構造（キャンティレバー）となっています。このような構造の椅子は、一般にキャンティレバーチェアと呼ばれます。
- 木材は鉄と比べて強度が低いため、部材が太くなりがちで、強度を確保するためには重くなる傾向にありました。そのため太い足の足先を細くするなどの、職人の手による加工がされてきました。アアルトは積層材を使うことにより、強くて軽い木材による近代的デザインを可能とし、さらに量産まで可能にしました。フィンランドの木材産業が、積層材（plywood）によるデザインを後押ししたように思われます。

**Q** スタッキングチェア（stacking chair）とは？

▼

**A** 収納や運搬に便利なように、積み重ねができる椅子のことです。

アアルトはヴィープリの図書館（1935年）のために、スタッキングスツールをデザインしています。アームチェア41、42と同様に積層合板でつくられた、小型で軽量の椅子です。

ヴィープリの図書館のための
スタッキングスツール
図書館のために機能的な椅子を……
積めるのよ
アルヴァ・アアルト
Alvar Aalto


- スツール（stool）とは、背もたれや肘掛けの付いていない椅子のことです。チェア（chair）は椅子全般を指します。ヴィープリのスツールは、円形の座面に3本の脚の付いた、もっともシンプルな椅子で、広く普及しています。

**Q** アントチェア、セブンチェアとは？

**A** デンマークのデザイナー、アルネ・ヤコブセン（Arne Emil Jacobsen、1902～71年）がデザインした椅子です。

3次元曲面に成形した薄い積層合板に、細いパイプの脚を付けた軽くてシンプルなデザインの椅子で、世界中に普及しています。背板の形から、アント（蟻）、セブン（7）の名称が付けられました。

- アントチェア（1952年）は当初3本脚でしたが、ヤコブセンの没後、4本脚とされました。
- セブンチェア（1955年）には、牛革、アザラシや羊の毛皮を張ったものなど、さまざまなバージョンがあります。
- 20世紀半ば、フィンランドのアアルト、デンマークのヤコブセンやウェグナーをはじめ、北欧には優秀なデザイナーが多く輩出しています。

**Q** スワンチェア、エッグチェアとは？

▼

**A** ヤコブセンがデザインした椅子です。

1958年にホテルに置くためにデザインされたものです。厚みのある造形は、硬質発泡ウレタンを表面に張ることで実現しています。

［スーパー記憶術］

7匹の（セブン） あり（アント） 白鳥の（スワン） 卵を（エッグ） 焼こう!（ヤコブセン）

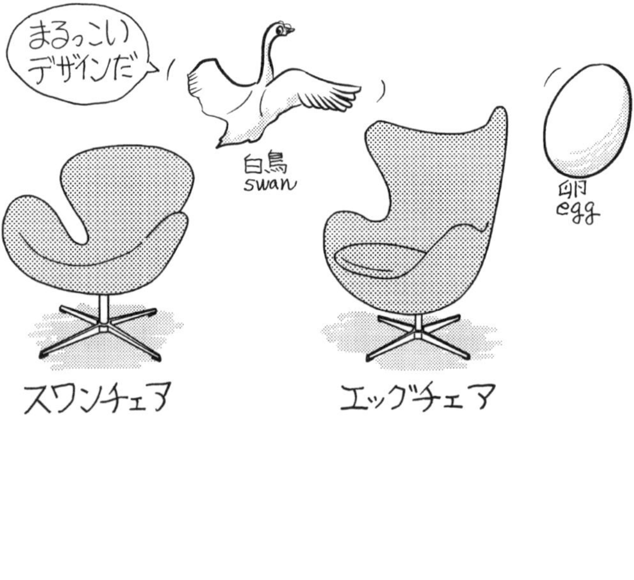

**Q** Yチェアとは？

**A** ハンス・ウェグナー（Hans Jørgensen Wegner、1914～2007年）がデザインした椅子です。

背の部分のY字形から付けられた名前で、座面はペーパーコード（丈夫な紙をよったもの）を編み込んでつくられています。ウェグナーはヤコブセンに師事した後に独立、1949年に発表されたYチェアで、世界的に有名になりました。丈夫さ、軽さ、洗練されたシンプルなデザインで、今でも世界中で愛用されています。

• ウェグナーのデザインでは、クジャクが羽根を広げたようなピーコックチェアも有名です。ピーコックチェアは、イギリスのウィンザー地方でつくられていたウィンザーチェアを洗練させたデザインです。

**Q** PHランプとは？

▼

**A** ポール・ヘニングセン（Poul Henningsen、1894～1967年）のデザインした照明器具のことです。

デンマークのデザイナー、ポール・ヘニングセンによる照明器具は、頭文字からPHランプと呼ばれるようになりました。ひだのような板、シェード（shade：笠）に反射させるペンダントライトが有名で、今でも世界中の多くの食卓を照らしています。

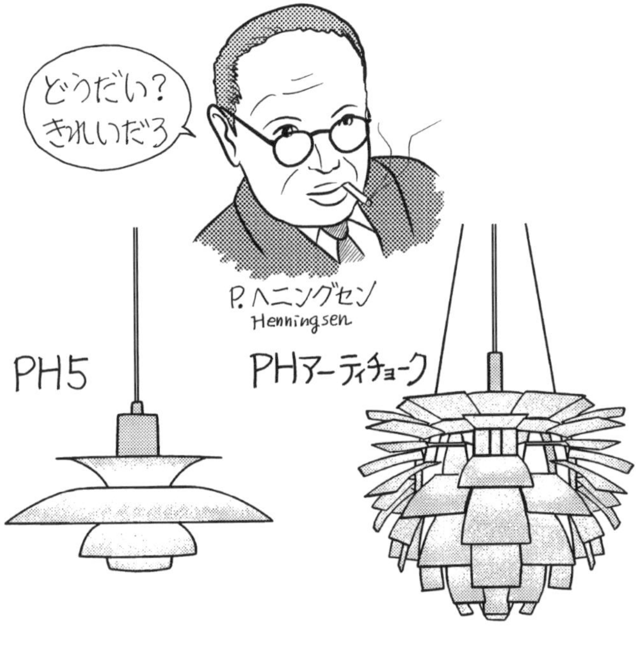


- ペンダント（pendant）とは首に吊る飾りが原義で、天井から吊る照明もペンダントといわれます。もうひとつの照明器具、PHアーティチョークのアーティチョークとは、食用のチョウセンアザミのつぼみのことで、照明器具と形が似ていることからの名称です。
- 電球からの直接光ではなく、いったん反射させるので、光が柔らかくなります。間接照明を照明器具に仕込んだ形です。

**Q** チャールズ・イームズ（Charles Ormond Eames、1907～78年）はどんな椅子をデザインした？

▼

**A** シェルチェア（1950年）が有名です。

FRP（ガラス繊維強化プラスチック）で一体成型された座面と背を細いパイプが支える構成です。**シェル**（shell）とは貝殻のことで、貝殻のような曲面が構造的に強いことから、建築や家具の構造で応用されています。シェルの形、支えるパイプの組み方で、さまざまなバージョンがあります。

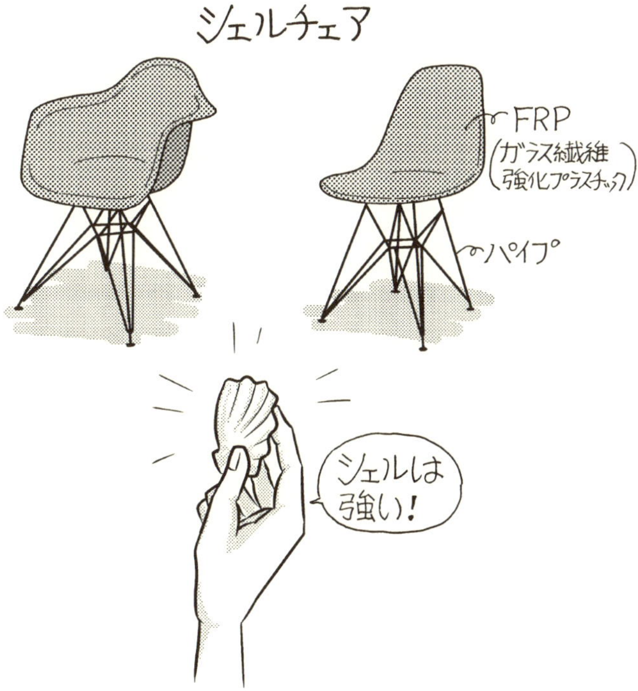


- アメリカのデザイナー、イームズは妻のレイ（Ray Eames、1912～89年）と共同で、建築や家具のデザインをしていました。足を載せるオットマンの付いた大型のラウンジチェアも有名です。
- 20世紀中ごろのアメリカで興った一連の近代的デザインは、ミッドセンチュリーと呼ばれることもあります。

**Q** 日本の障子をデザインモチーフにした鉄骨の家はある？

**A** イームズ自邸（1948年）は、障子を思わせるデザインとなっています。

鉄骨部分を黒く塗って、壁を白くしているため、障子のようなデザインとなっています。外側は黒い鉄骨の中の壁が、所々赤や青に塗られており、モンドリアンの絵を思わせるものがあります。

- イームズ夫妻は、日本のデザインや生活様式に興味があったようです。畳を敷いてその上に座って、箸で食事をしているパーティーの写真が残されています。自宅では、和紙でつくられた提灯のような照明器具が多く使われています。日本のデザインに、近代デザインと共通するシンプルな規則性、汎用性などを見ていたようです。自邸は工業製品とそれに合う寸法規格（モジュール）で組み立てながら、無駄がなく美しい、和風を思わせる空間がつくられています。
- デッキ（deck）プレートとは、鉄板を波形に折り曲げて強度を持たせた床下地材です。
- パーケット（parquet）フロアとは、小さな木の板を組み合わせて、タイルのように敷き詰めた寄木張りの床です（R171参照）。

**Q** 壁に巨大な円形の穴をあけるデザインはあった？

▼

**A** ルイス・カーン（Louis Isadore Kahn、1901～74年）のエクセター図書館（1972年、ニューハンプシャー州エクセター）は、内部の壁面に大きな丸い穴をあけています。

コンクリート打ち放しの壁に大きな円形の穴をあけ、その向こうに各階の床スラブ（版）と木製の書架を見せています。穴のあいたコンクリートの壁面には、トップサイドライトの光が当たり、壁面の存在感を増しています。

- トップサイドライト（topsidelight）とは、天井に近い部分の壁に窓をあけて光を入れる方法、トップライト（toplight）は天井に窓を設けて光を入れる方法のことです。カーンの光は、太陽の光を何度かバウンドさせて柔らかいものとして取り入れ、壁や天井に当てることをよく行いました。
- 壁に円形や三角形の巨大な穴をあけるデザインは、カーンの多くの作品で見られます。カーンの建築構成に関しては、拙著『ルイス・カーンの空間構成　アクソメで読む20世紀の建築家たち』（彰国社）を参照してください。

**Q** 天井をトップライトで光らせることはできる？

**A** カーンのキンベル美術館（1972年、テキサス州フォートワース）は、トップライトの光をパンチングメタルに反射させて、ヴォールトの天井に当てています。

トップライトから太陽光をそのまま入れるのではなく、小さな穴のあいたパンチングメタルに透過させたり反射させたりしています。パンチングメタルが反射した光は、コンクリート打ち放しのヴォールト面に当たり、天井全体が光るように工夫されています。

- パンチングメタルが反射した光を均等に受けられるように、ヴォールトの断面形がサイクロイド曲線とされています。

**Q** 窓辺に家具を造り付けることはある？

▼

**A** カーンのフィッシャー邸（1967年、ペンシルバニア州ハットボロー）では、コーナーの窓にベンチを造り付けています。

出窓やベイウィンドー（湾曲して張り出した窓）に、ベンチを仕込むことはよく行われてきました。フィッシャー邸のコーナーには大型の窓が付けられていますが、その下の部分を小さく分割して凹凸のあるスペースをつくり、ベンチと小窓をつくり込んでいます。

- フィッシャー邸は正方形平面に近い2つのボリュームを、傾けてぶつけた平面の形をしています。そのような幾何学的操作によってつくられたわりには、内外部の仕上げには人間的な温かみが感じられます。

**Q** 壁に突き当たる階段はある？

▼

**A** ロバート・ヴェンチューリ（Robert Venturi、1925年～）の母の家（1962年、ペンシルバニア州チェスナットヒル）の階段は、途中で暖炉の壁に突き当たり、右半分は上れない階段となっています。

意図的にずらしたり、ねじ曲げたり、対立させたり、複雑にしたりする形態操作がされています。ミースらのシンプルなデザインとは対照的なデザインです。

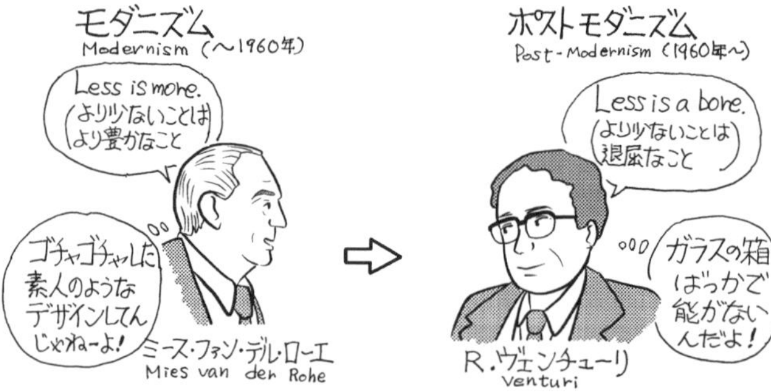

モダニズム
Modernism（～1960年）
Less is more.
（より少ないことはより豊かなこと
ゴチャゴチャした素人のようなデザインしてんじゃねーよ！
ミース・ファン・デル・ローエ
Mies van der Rohe
ポストモダニズム
Post-Modernism（1960年～）
Less is a bore.
（より少ないことは退屈なこと）
ガラスの箱ばっかで能がないんだよ！
R.ヴェンチューリ
Venturi


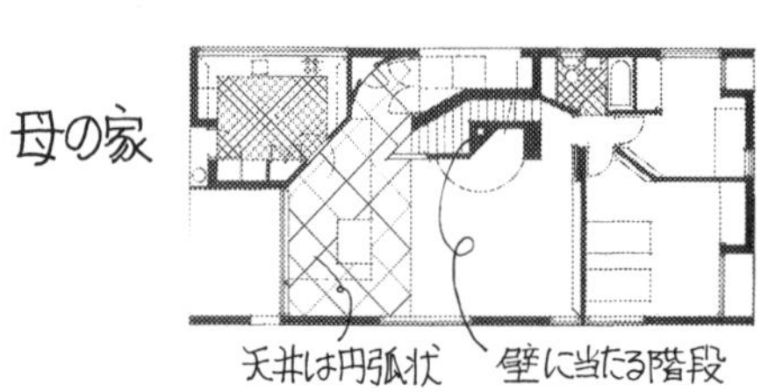


- ヴェンチューリはカーンに師事した後に独立し、カーンとはまったく異なる地平を開きました。ミースが「Less is more.（より少ないことはより豊かなこと）」と言ったのに対し、ヴェンチューリは著書『建築の多様性と対立性』（1966年）の中で「Less is a bore.（より少ないことは退屈なこと）」と言って反モダニズムの旗を掲げます。
- チャールズ・ジェンクス（Charles Jencks、1939年～）は著書『ポストモダニズムの建築言語』（1977年）で「ポストモダニズム＝近代主義以後」という言葉を掲げ、ミースらのモダニズム建築を批判しました。
- 筆者は有名な母の家を見にいって、正直、どうということはないという感想を持ちました。近くに立つカーンのエシュリック邸の方が素晴らしいと思った記憶があります。ヴェンチューリの作品の中では、フィラデルフィア市内にあるフランクリンコート（1976年）の方がウィットとアイデアに富んだ作品として印象に残っています。

**Q** 多くの色を取り込んだインテリアデザインはある？

▼

**A** ポストモダンの代表的な建築家マイケル・グレイヴス（Michael Graves、1934年〜）は、多くのパステルカラーを使っています。

スナーのショールーム（1980年、ロサンゼルス）では、様式的細部を簡素にデザインした壁、柱、照明器具にさまざまなパステルカラーが配されています。下図は壁面に立体的につくられた壁画です。

- モダニズムが限定された色と形を使ったのに対して、ポストモダニズムでは大量の色と形を導入します。
- ロサンゼルス市内でスナーのショールームを見たときの衝撃は、今でも覚えています。建築やインテリアに限定されない、グレイヴスの才能の豊かさを感じました。

**Q** オーダーを応用した装飾はポストモダンで使われている？

▼

**A** 非常に多くの実例があります。

グレイヴスによるスナーのショールームでは、円柱の上に柱頭のような間接照明が設けられています。2本束ねて**ダブルコラム**にしたものもあります。オーダーを現代的デザインでよみがえらせた例です。

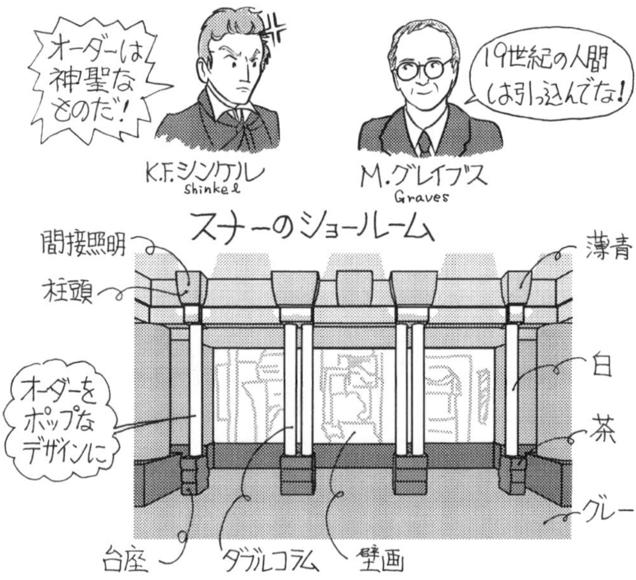


- 19世紀の古典主義（新古典主義やネオバロック）では、オーダーは「まじめに」使われていました。ポストモダンでは、大きく変形して、パステルカラーに塗るなど「軽い」「気取らない」「ポップな」デザインとなっています。

**Q** 箱の中に箱を置く入れ子のデザインはある？

**A** チャールズ・ムーア（Charles Willard Moore、1925～93年）の作品に多く使われたデザイン手法です。

ムーア邸（1966年、コネチカット州ニューヘブン）は、既存の住宅の中に正方形平面の小さな箱を3つ入れ子にした構成です。3つの箱は大きさ、形が異なり、さまざまなグラフィックが施され、それぞれ名前まで付けられています。

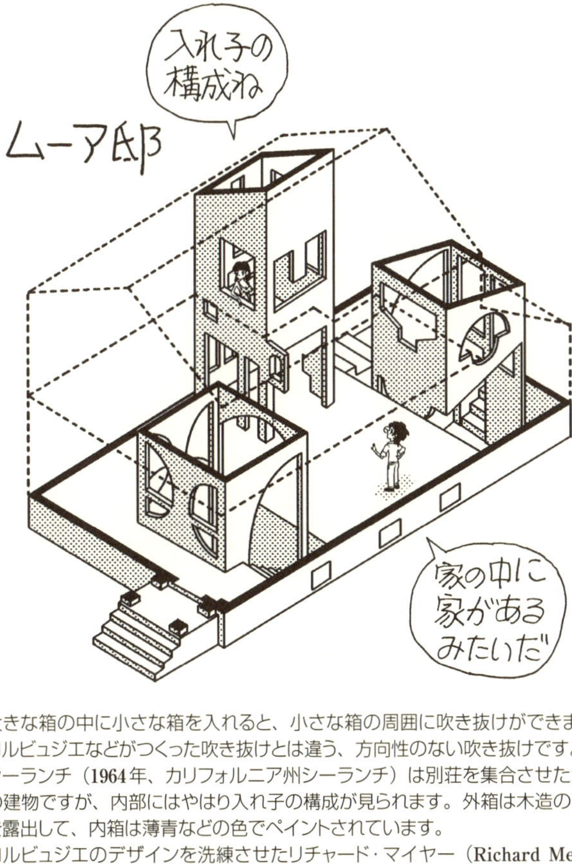

入れ子の構成ね
ムーア邸
家の中に家があるみたいだ


- 大きな箱の中に小さな箱を入れると、小さな箱の周囲に吹き抜けができます。コルビュジエなどがつくった吹き抜けとは違う、方向性のない吹き抜けです。
- シーランチ（1964年、カリフォルニア州シーランチ）は別荘を集合させた大型の建物ですが、内部にはやはり入れ子の構成が見られます。外箱は木造の構造を露出して、内箱は薄青などの色でペイントされています。
- コルビュジエのデザインを洗練させたリチャード・マイヤー（Richard Meier、1934年～）の白い箱などのデザインを「ホワイト」と呼ぶのに対して、ムーアたちのデザインは「グレー」と呼ばれました。

**Q** スーパーグラフィックとは？

▼

**A** 壁に大きなパターン、文字、抽象画などを描くことです。

ムーアのシーランチの共用部には、原色で大きなパターンが描かれています。

- ムーアによると、「コスト削減でできあがった空間がみじめだったので、バーバラ・ストゥファッチャー女史の協力を得て、壁面にグラフィックを施した。雑誌記者が、すばらしい前例のないスーパーグラフィックと書いたが、ロバート・ヴェンチューリのグランズ・レストランに描いた大きな文字の「THE GRAND' S RESTAURANT」が最初だと思う」と述べています（『GA HOUSES 101』p55）。

**Q** デコンストラクション（Deconstruction）とは？

▼

**A** より乱雑に非構成的に構築する「脱構築」のことです。

フランク・ゲーリー（Frank Owen Gehry、1929年～ ）の自邸（1978年、カリフォルニア州サンタモニカ）では、既存の腰折れ屋根の住宅の周囲に、トタン板、金網のフェンス、ツーバイフォーの骨組みといった安くてありふれた材料を使って、乱雑に重なり合う、工事現場のような形をつくっています。

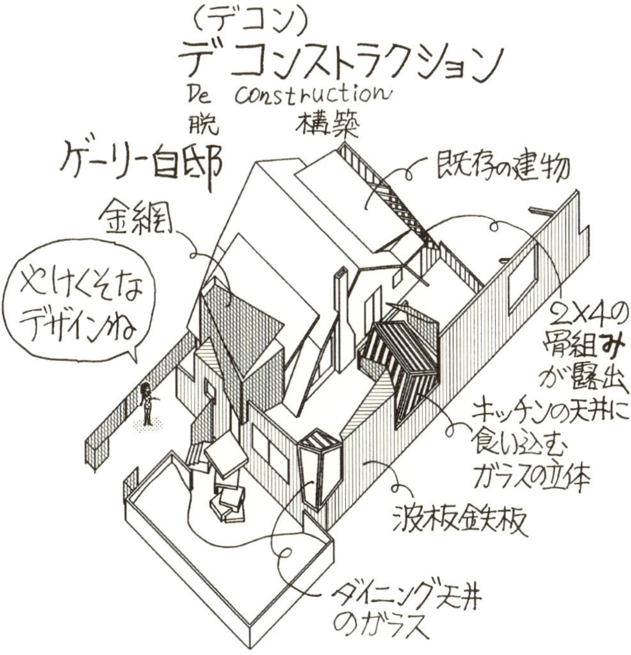


- 1988年の夏、フィリップ・ジョンソン（Philip Johnson、1906～2005年）の指揮のもと、「デコンストラクティブ・アーキテクチュア」という展覧会が開かれ、それからデコンストラクティビズム、略称デコンという言葉がはやり出しました。ほとんどやけくそと思えるほどゴチャゴチャと形を崩すデザインです。ゲーリーはビルバオ・グッゲンハイム美術館（1997年、スペイン・ビルバオ）という巨大な建物で不規則、不整形なデコンの造形を実現しています。

**Q** デコンストラクションとして掲げられたデザインには、他にどんなものがある？

**A** ザハ・ハディド（Zaha Hadid、1950年〜）によるホンコン・ピーク（1982年）などがあります。

香港の山頂を開発するコンペ案で、細長い直方体が空中でずれながら交差する、スピード感あふれるデザインです。

- イラク生まれのザハは、ホンコン・ピークの計画案で世界的に有名になり、今日では実作も多く手がけています。
- デコンストラクティブ・アーキテクチュア展では、ゲーリー、ザハのほかに、ダニエル・リベスキンド、レム・コールハース、ピーター・アイゼンマン、コープ・ヒンメルブラウ、ベルナール・チュミらの作品が展示されました。

**Q** ハイテックとは？

**A** 高いテクノロジー（技術）を強調するようなデザインのことです。

ノーマン・フォスター（Norman Robert Foster、1935年〜）による香港上海銀行本店（現HSBC本店、1986年、香港）では、太陽の動きに追従する反射板と吹き抜け天井の反射板で、内部に太陽光が拡散するような仕組みとされています。エレベーターのスイッチプレートをスケルトンにするなど、インテリアの細部に至るまで、「ハイテック」なデザインがなされています。

近代建築
1960
ハイテック
ホワイト
HSBC本店
構造や設備を強調したデザインよ！
(男爵)
貴族の爵位も得たぞ！
N.フォスター
Fosteh
ロンドンのミレニアムブリッジも私のデザインだ
揺れるので有名だけど…


- ハイテックは近代建築の延長線上にありながら、構造、環境制御、設備などのテクノロジーの部分を強調したデザインです。高度技術＝ハイテクと区別して、ハイテックと呼ばれたことがあります。近代建築の延長としては、ハイテックのほかに、リチャード・マイヤーによるコルビュジエを洗練させたデザイン（ホワイトと呼ばれました）などもあります。

**Q** 寝殿造（しんでんづくり）の床は？

▼

**A** 土から上に上げられた板の間です。

原始時代の竪穴住居は土間の上での生活でしたが、古代（飛鳥、奈良、平安時代）の寝殿造では床が上げられて板の間にされました。貴族の住まいに限定されますが、床を高くして、床下に通風を取った住居です。

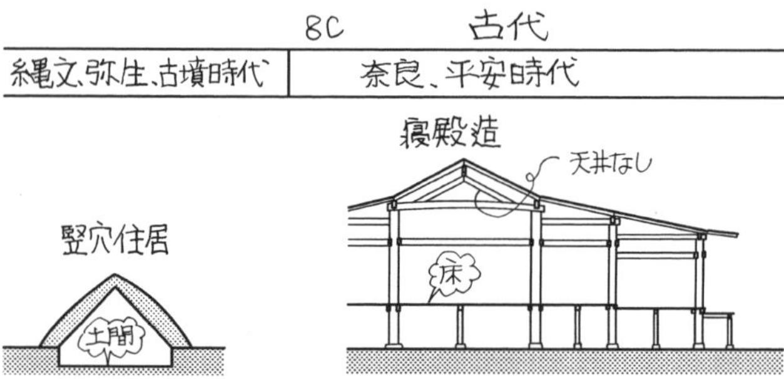

● 高床式の建物は倉や一部の建物で、弥生時代に稲作とともに国外からもたらされたといわれています。しかし近年の調査では、縄文時代の遺跡からも高床の建物が発見されています。住居で一般に用いらるようになったのは、古代の貴族の住居からです。

**Q** 寝殿造に畳は使われていた？

▼

**A** 畳1枚、2枚などを板の間に敷いて使っていました。

座る所にだけ畳を敷いていたとされています。広い空間を仕切るのは、**屏風**（びょうぶ）、**衝立障子**（ついたてしょうじ）などで、部屋を仕切る建具は未発達でした。

- 寝殿造内の生活の様子は、年中行事絵巻などで知ることができます。
- 当時、畳は貴重品で、畳に座るのは身分の高い人だけでした。

## ★ R123 書院造の造作　その1

**Q** 住居に畳が敷き詰められるのはいつ？

▼

**A** 室町時代以降の書院造あたりからです。

寝殿造で部分的に使われていた畳が全面に敷き詰められるのは、寝殿造が変化、衰退して武家の住宅が成立したころといわれています。

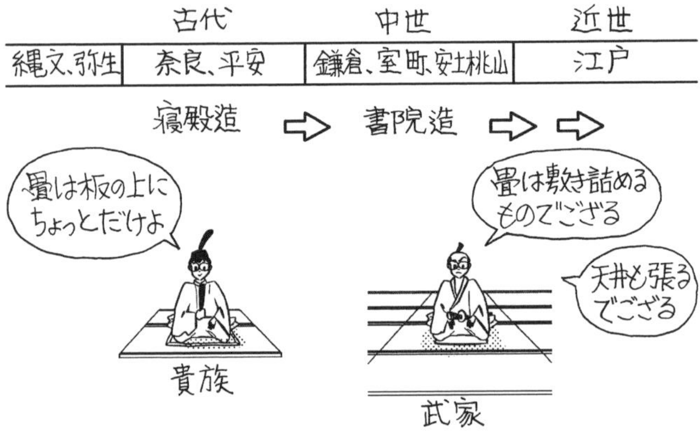


- 初期の武家住宅は、主殿造（しゅでんづくり）とも呼ばれます。室町時代にできた書院造は、安土桃山を経て江戸時代に完成されます。現在の和風住宅は、書院造の影響を強く受けています。
- 寝殿造では天井が張られず、屋根の構造（小屋組み）がそのまま露出していました。書院造では天井が張られるようになったため、部屋を間仕切りしやすくなり、障子戸、襖戸が普及します。

**Q** 格天井（ごうてんじょう）とは？

▼

**A** 格子状に組んだ天井のことです。

書院造になって、住居でも天井を張るようになります。格式の高い部屋は格天井とされ、折り上げて中央部を高くした折上（おりあげ）格天井もつくられるようになります。家康上洛の際の居館、二条城二の丸御殿（1603年）の大広間は、折上格天井とされています。

- 初期の書院造の天井や格式の低い部屋の天井は、角材を平行に並べた上に板を張ったさお縁天井でした。
- 格子状に組む角材を格縁（ごうぶち）、その間を格間（ごうま）といいます。

**Q** さお縁天井とは？

▼

**A** 細い角材を平行に並べて、その上に天井板を張ったものです。

天井板の下に並べられた細い角材のことを、さお（竿）縁と呼びます。さお縁の間隔は、300～450mm 程度です。

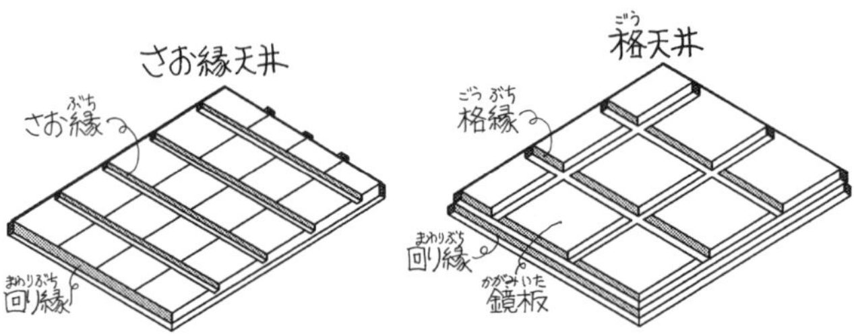

- 格天井に比べて、簡素な天井の張り方です。書院造の格式の低い部屋、コストの掛かっていない部屋は、さお縁天井が多かったようです。
- さお縁の端部は、回り縁（まわりぶち）と呼ばれる角材に当てて納めます。天井の縁をぐるりと回る材だから回り縁です。さお縁は、床の間と平行に入れるのが一般的です。床の間方向に入れるのは、床差し（とこざし）といって嫌われる傾向にあります。ただし、古い建物では床差しの実例もあります。
- 格天井の格間に張られている平らな板は、化粧として見せる板のため、鏡板（かがみいた）と呼ばれます。

**Q** 框（かまち）とは？

▼

**A** 上段の間、床の間、玄関など、床の高さが上がるところに水平に渡す化粧材のことです。

格式を上げるため、湿気を避けるためなどの理由で、床を上げます。床板や畳の端部がそのまま露出してしまうのは見た目も悪いので、化粧材で隠すわけです。

- 床の間は仏具などを飾る板や台を造り付けにしたものといわれ、書院造で完成された形式となります。
- 建具の四辺を固める部材も、框と呼ばれます。四辺の框の中に板（鏡板）を張った扉のことを、框戸（かまちど）といいます。
- 古代では身分の高い人だけが座ることのできた貴重な畳が一般に浸透しはじめると、身分を別の方法で表す必要が生じてきました。上段はそのためにつくられたものです。

**Q** 長押（なげし）とは？

**A** 壁の中間よりも上の方にあり、柱上部を水平につなぐ横材です。

最初は柱の倒れを防ぐ構造的な意味がありましたが、次第に書院造の化粧材として形式化されていきます。襖や障子などの上に、水平につながって、ぐるりと回ります。長押がないと、柱間で壁が天井までつながって、水平性よりも垂直性が強くなります。日本人には水平性の強いデザインが合っていたようです。

二条城二の丸御殿 大広間

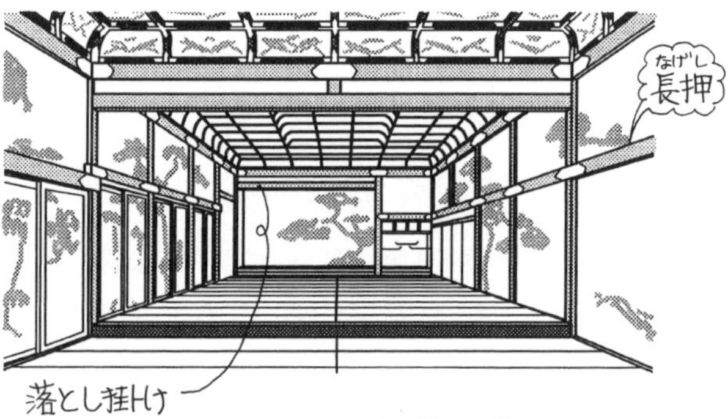
なげし
長押
落とし掛け

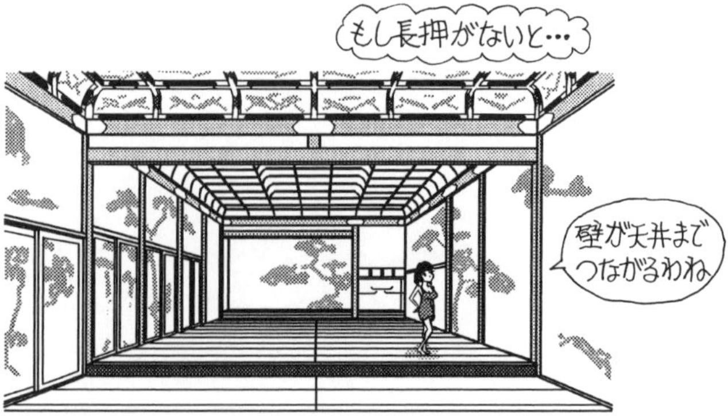
もし長押がないと…
壁が天井まで
つながるわね

- 床の間の上の水平材は落とし掛けといって、長押よりも高い位置に入れます。長押をそのまま回してしまうと、床の間が強調されないからです。

**Q** 畳寄せ（たたみよせ）とは？

▼

**A** 柱は壁よりも出っ張っているので、柱に当てて畳を敷くと、壁と畳の間に隙間があいてしまいます。その隙間を埋めるための部材を、畳寄せといいます。

書院造は柱を露出する「真壁造り（しんかべづくり）」が基本です。柱の壁からの出の部分をきれいに納めるために、小さな材を挟むわけです。襖などの建具の所は、柱と同じ幅の敷居を置くので、畳寄せは不要となります。

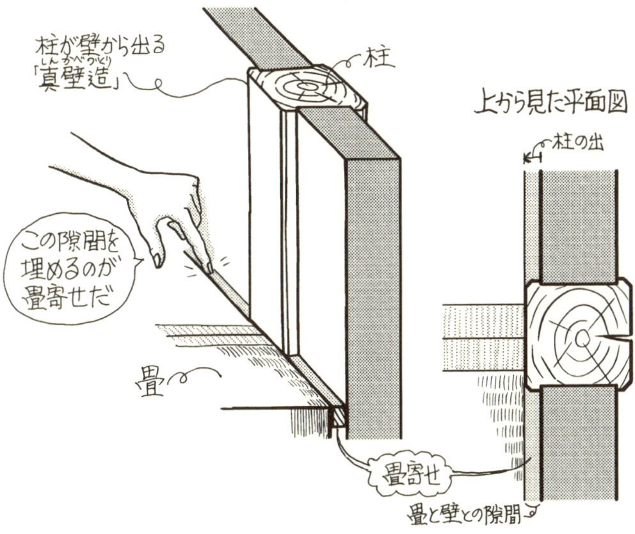


- 柱が露出しないデザインは、「大壁造り（おおかべづくり）」といいます。和室ではあまり採用されません。

**Q** 敷居（しきい）、鴨居（かもい）とは？

▼

**A** 引き違い建具の上下のレールです。

下のレールが敷居、上のレールが鴨居です。敷居と鴨居の幅は、柱幅とほぼ同じにつくります。引き違い戸は、2枚の戸を左右のいずれかに引いて開閉する形式のもので、書院造で完成し、普及しました。

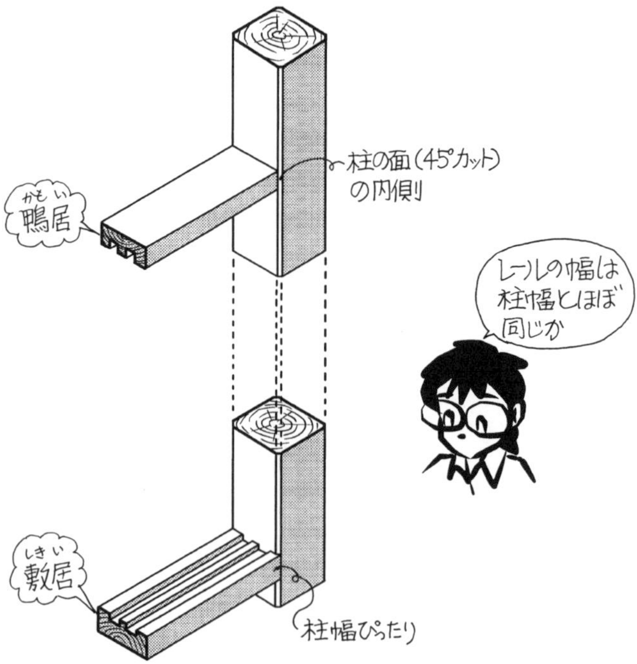


- 敷居の幅は柱幅ピッタリで、鴨居の幅は柱の面（45度のカット）の内側に合わせるのが普通です。鴨居の上には柱よりも外に出る長押（なげし）が付くので、納まり上は問題ありません。敷居を面の内側で納めると、敷居が柱よりへこんで、畳との間にすき間ができてしまいます（R235参照）。
- 建具を持ち上げて鴨居の溝に差し込んでから敷居の溝に落とすので、鴨居の溝は深く、敷居の溝は浅くなっています。

**Q** 付け鴨居（つけがもい）とは？

▼

**A** 鴨居に似た化粧材で、長押の下に鴨居と視覚的に連続するように付けます。

鴨居と違って建具のレールにはならず、単なる化粧材です。付け鴨居がないと、柱の右と左でずれた感じに見えます。

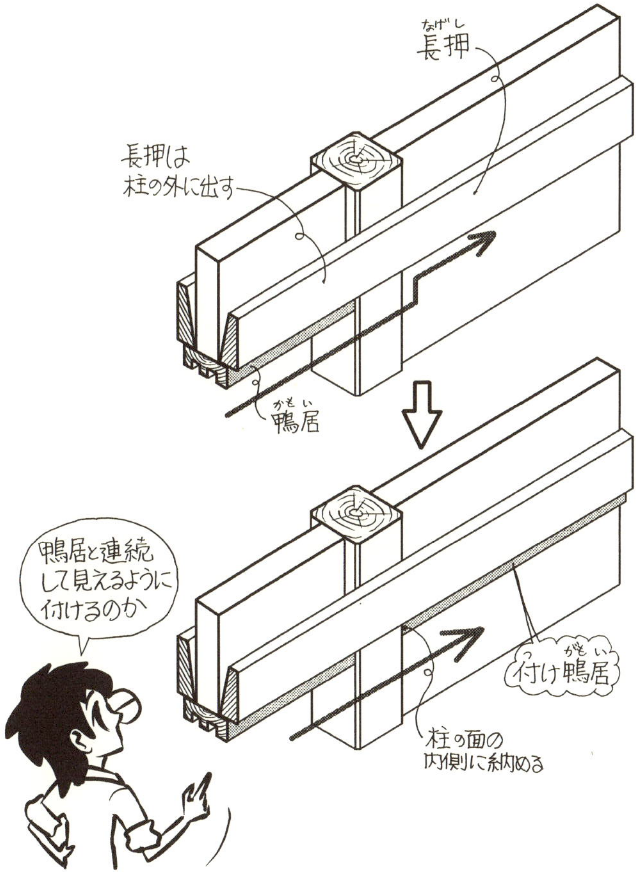
なげし
長押
長押は
柱の外に出す
かもい
鴨居
鴨居と連続
して見えるように
付けるのか
つ　かもい
付け鴨居
柱の面の
内側に納める

**Q** 畳寄せ、鴨居、付け鴨居、長押、回り縁で柱から外へ出るもの、出ないものは？

**A** 長押と回り縁は柱から外へ出て、畳寄せ、鴨居、付け鴨居は柱から出ません。

展開図で見ると、柱は長押のところで分断されていて、天井の回り縁に当たって止まります。

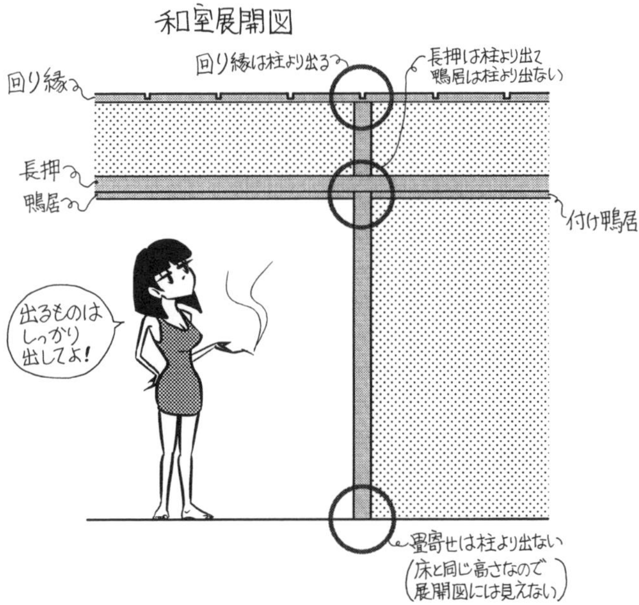
和室展開図
回り縁は柱より出る
長押は柱より出て
鴨居は柱より出ない
回り縁
長押
鴨居
付け鴨居
出るものはしっかり出してよ！
畳寄せは柱より出ない
(床と同じ高さなので展開図には見えない)

- 展開図とは、インテリアの壁面の立面図、姿図です。部屋のある部分を切断して、その向こう側を見た図です。壁のデザインや天井の形などがわかります。

**Q** 内法（うちのり）とは？

**A** 敷居の上端から鴨居の下までの高さなど、開口部、柱間、壁間などの内側の寸法を指します。

一般に、ものの内側の有効寸法を内法といいますが、敷居と鴨居の間の高さを内法とか内法高、内法寸法、また敷居、鴨居自体を内法材と呼ぶこともあります。また鴨居の上にある長押を、他の長押と区別するために、**内法長押**（うちのりなげし）ともいいます。

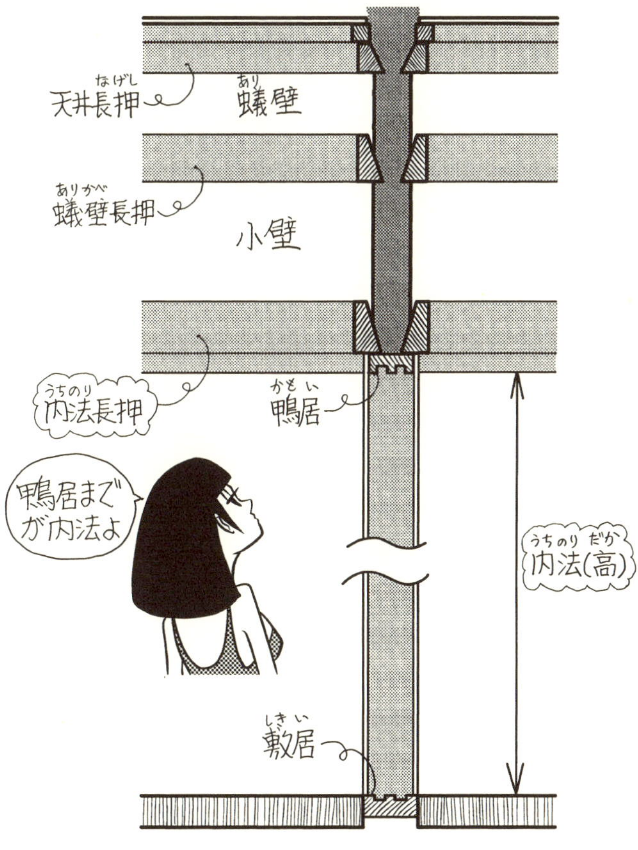

**Q** 木割（きわり）とは？

▼

**A** 柱の太さを基準として他の部材の太さなどを定めた寸法体系、デザイン体系です。

柱の太さを1とすると、鴨居を0.4、長押を0.9、回り縁を0.5、さお縁を0.3、床框を1、落とし掛けを0.4とするなど、その比率によって、デザインの感じがかなり違って見えます。

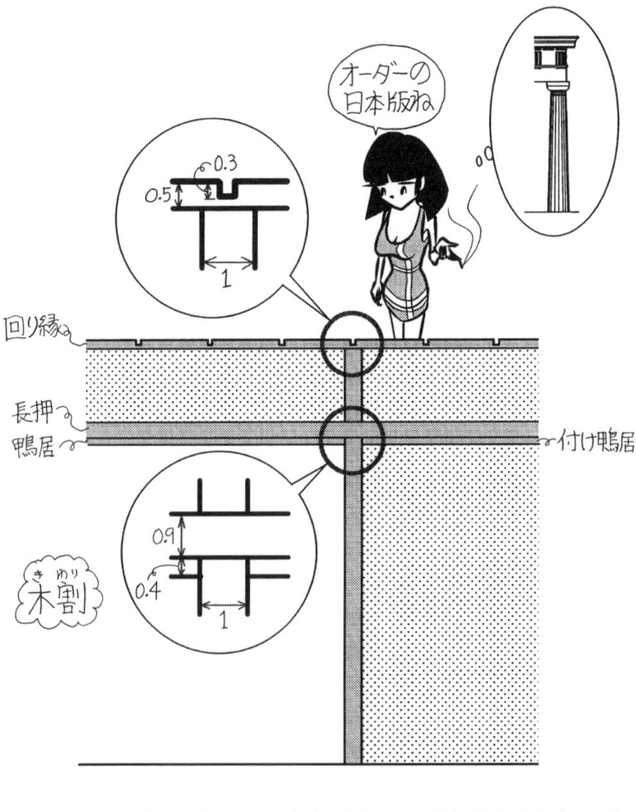


- 江戸幕府の大棟梁平内（へいのうち）家に伝えられた平内政信による『匠明（しょうめい）』（1608年）には、各部の寸法体系が記されています。
- ギリシャやローマのオーダーは、柱の根元の直径を基準にして、各部の寸法を割り出すデザインシステムです。木割は、オーダーの日本版ともいえます。

**Q** 床脇（とこわき）とは？

▼

**A** 床の間の脇にある装飾で、棚、天袋（てんぶくろ）、地袋（じぶくろ）、地板（じいた）などから構成されます。

左に床の間、右に床脇とすると、全体を大きく非対称にすることができます。床脇自体も、棚を雁行させた違い棚にするなどして、左右対称を避けています。左右対称を避けるデザインは、日本建築の特徴のひとつです。

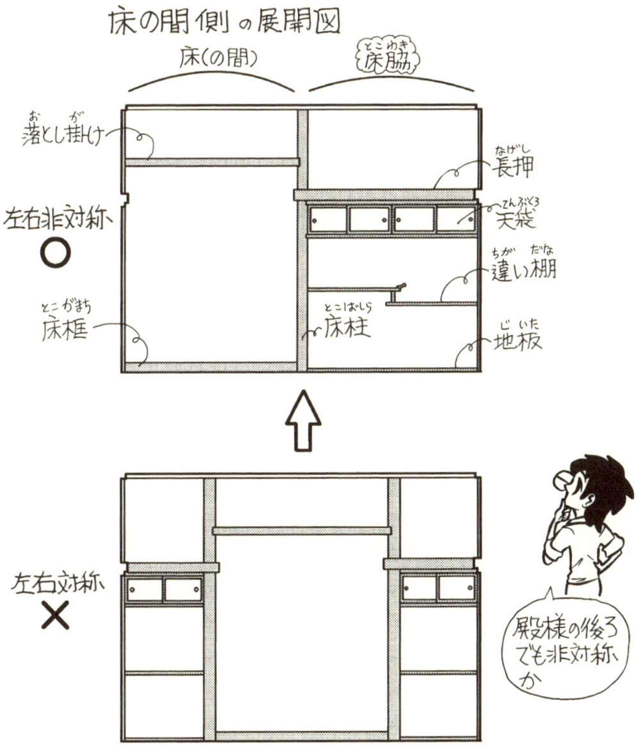

**Q** 無目（むめ）とは？

▼

**A** 溝の彫られていない水平の化粧材を指します。

無目とは、鴨居や敷居で建具用の溝のないもので、溝のない鴨居のことを**無目鴨居**（むめかもい）、溝のない敷居のことを**無目敷居**（むめしきい）といいます。

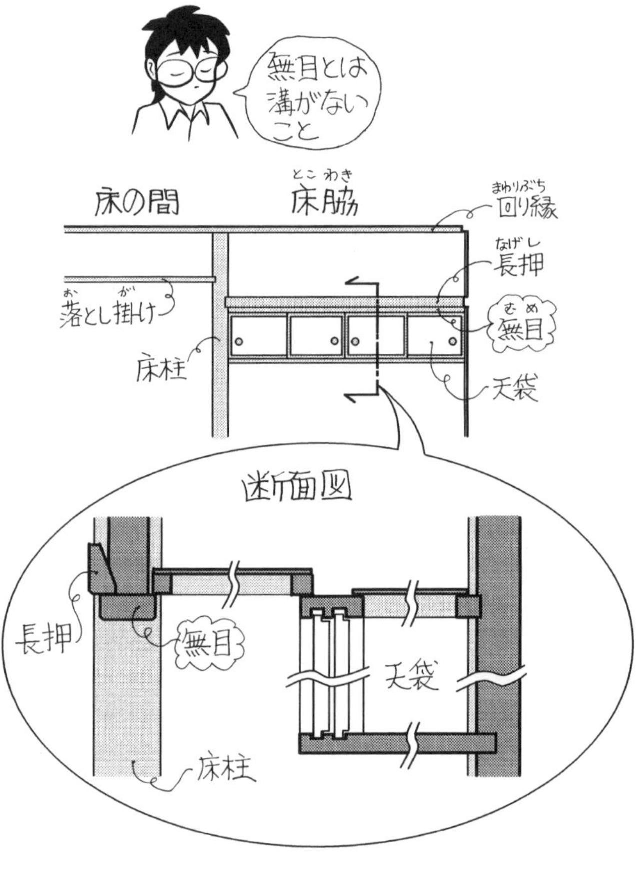


● 壁に付ける小さな断面の付け鴨居も、無目と呼ばれることもあります。

**Q** 雑巾摺り（ぞうきんずり）とは？

▼

**A** 床の間の板（床板）と壁の角に取り付ける横材のことです。

細い角材で、床と壁の角を丈夫にする、縁をはっきりと見せる、雑巾などを当てても壁が汚れないようにするなどの効果があります。**雑巾留め**（ぞうきんどめ）ともいいます。

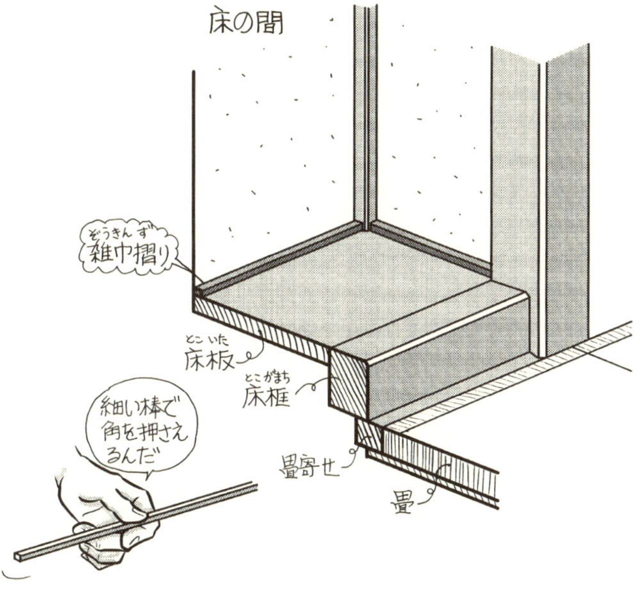


- 5～20mm×5～20mm程度の細い角材を打ちます。押し入れの板と壁の角にも、雑巾摺りを打つことがあります。
- 柱を壁の中に隠す大壁では、壁の最下部の床に接する所には、高さ50～100mm×厚さ5～10mm程度の幅木（はばき）を付けるのが普通です。雑巾摺りは、幅木の床の間バージョンといえます。

**Q** 書院（しょいん）とは？

▼

**A** 床の間の横の、出窓のような部分のことです。

机ほどの高さの板に、**明かり障子**を付けます。鎌倉末期から室町時代にかけて住宅に設けられた造り付けの**文机**（ふみづくえ）が形式化し、座敷の装飾となったものです。

- 付け書院ともいいます。書院は元は、公家・武家住宅では居間兼書斎として用いた部屋のことを指しましたが、付け書院も書院と呼ばれるようになりました。書院は、書院造の語源になりました。

**Q** 帳台構え（ちょうだいがまえ）とは？

**A** 床の間の横、書院と反対側に付ける襖戸による装飾です。

畳より一段高く太めの横材を置き、長押より低く太めの横材を付け、その中に襖を入れたものです。

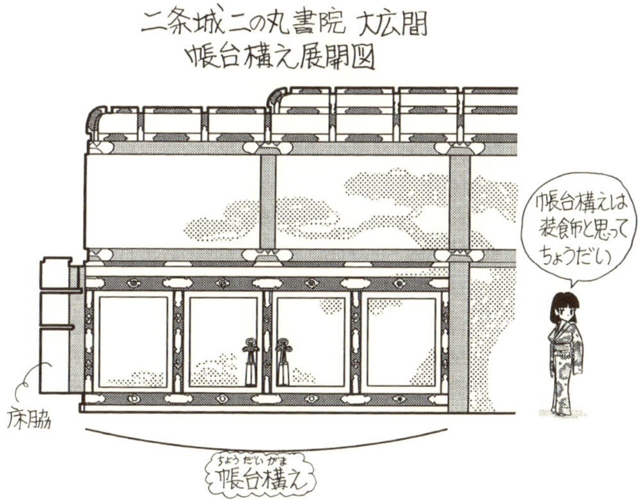


- 帳台構えは、元は寝殿造に起源を持つ設備で、仮設の寝台（帳台）の正面にあった出入り口の設備（構え）が常設化したものと推定されています。さらに、壁で囲まれた寝室（納戸：なんど）への扉となります。そのため、納戸構えともいいます。書院造では接客と生活の空間は分かれ、寝室への扉という意味はなくなり、床の間脇にある形式的な装飾となりました。

**Q** 数寄屋風書院造（すきやふうしょいんづくり）とは？

▼

**A** 茶室（数寄屋）のデザインを取り入れた書院造です。

身分の上下を重んじる武家の豪華な書院造に対して、安土桃山時代に、格式張らない質素な茶室（数寄屋）が出現します。後に書院造でも、茶室のデザインを取り入れるようになり、数寄屋風書院造が出現します。

| 8C 古代 | 13C 中世 | 17C 近世 |
| --- | --- | --- |
| 奈良、平安 | 鎌倉、室町、安土桃山 | 江戸 |

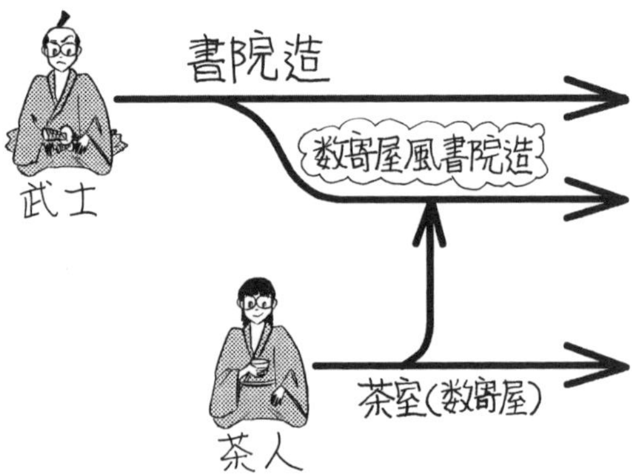


- 数寄（数奇）とは、茶の湯や生け花などの風流を好むことです。数寄屋は好みに任せてつくった家という意味で、元来は茶室を指します。茶室が住宅や料亭に影響を与えるようになります。現在では、数寄屋が数寄屋風書院造を指すこともあります。数寄屋造と「造」を付けると、数寄屋風書院造の方を指します。

**Q** 草庵茶室（そうあんちゃしつ）とは？

▼

**A** 侘び茶（草の茶）の思想を実現した茶室です。

妙喜庵待庵（みょうきあんたいあん、1592年、京都）は、千利休（せんのりきゅう）がかかわった可能性のある現存する茶室です。2畳の隅に炉が置かれ、四角に製材されていない柱、框、細い竹を使い、壁は土壁、天井は3つに分割され、入り口は背の低い**にじり口**、窓は非常に小さく、狭くて薄暗い、書院造の座敷とは対照的な空間です。

［スーパー記憶術］

| | | |
|---|---|---|
| 千年 | 待つのも | 妙だ |
| 千の利休 | 待庵 | 妙喜庵 |

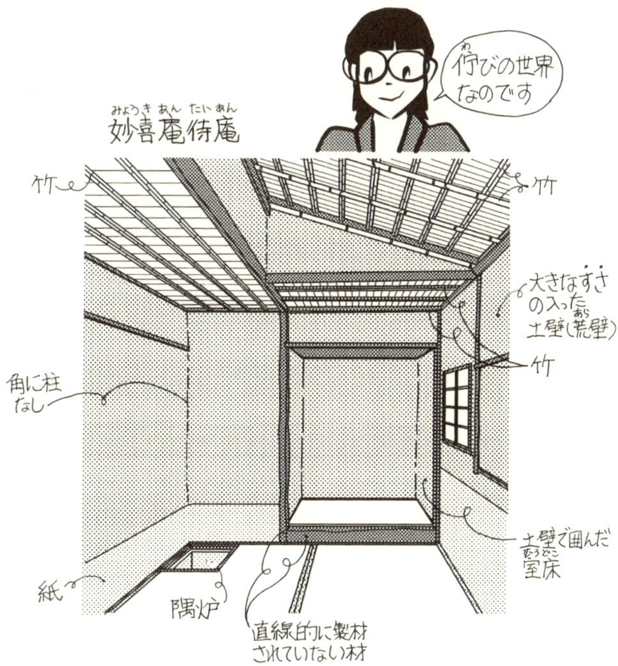


- 豪華な書院造に飽きた、趣味人がつくった独特の侘びの世界です。茶は古くからありますが、後に茶の草体化と呼ばれる侘びの世界へと変革されていきます。貧しい人が仕方なくつくる草庵とは異なり、部分部分に神経が行き届いています。ヴェルサイユ宮殿に飽きて農家風の建物を建てて楽しんだマリー・アントワネットのプチ・トリアノンを見たとき、フランス風の草庵だなあと感じました。

**Q** 数寄屋風書院造にはどのような実例がある？

▼

**A** 桂離宮（1615年、京都）などの公家の別荘、遊興の場が多いです。

書院造に自由な造形を取り入れた数寄屋風書院造は、公家の離宮に多くが見られます。格式を重んじる武家の書院造では、豪華絢爛ではあるけれど堅苦しかったわけです。

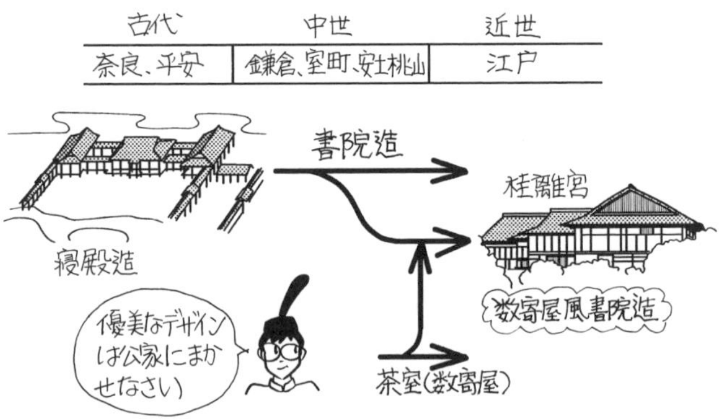


- 西欧で、絢爛豪華な宮殿に対して、軽快なデザインの離宮があるのに似ています。
- 桂離宮は、絶対に見ておくべき建築です。筆者は雨上がりに、濡れて黒くなった木の軸組や屋根に、白い壁が鮮やかに浮き上がっているのを見て、感動した覚えがあります。見学には予約が必要です。

**Q** 数寄屋風書院造の床脇のデザインは？

▼

**A** 多くの棚を複雑に配置するような、自由な造形が多く見られます。

修学院離宮中御茶屋客殿（1677年、京都）の床脇は、5枚の棚が前後、左右、上下に食い違いで配され、霞（かすみ）を連想させることから霞棚と呼ばれています。下の戸袋（地袋：じぶくろ）の2段目は、三角の形状につくられています。

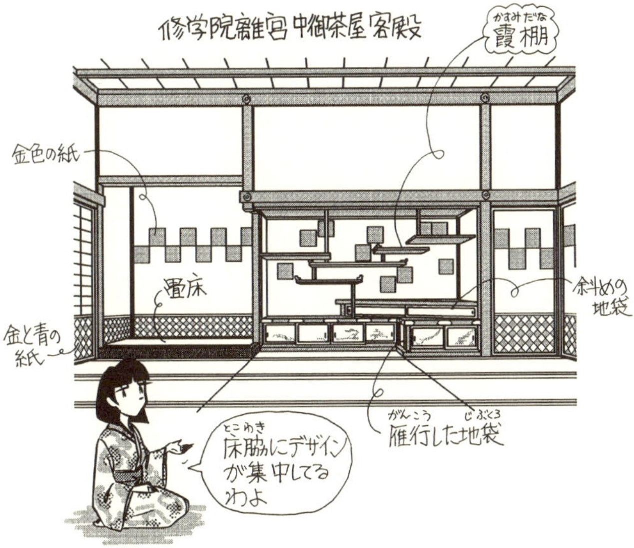


- 書院造では型どおりの単純な違い棚であったのに対して、棚の枚数の多い、複雑なデザインの床脇が多くなります。日本のインテリアの場合、床脇や欄間（らんま）に、凝ったデザインが集中する傾向にあります。自由な造形といっても全体をゴテゴテといじるのではなく、凝る部分を決めて、ほかはシンプルにまとめるのが日本人の趣味に合っていたようです。
- 「霞棚」のほかに、桂離宮御幸御殿（みゆきごてん=新御殿）の「桂棚」、醍醐寺（だいごじ）三宝院の「醍醐棚」が有名です。

**Q** 数寄屋風書院造で内壁を曲線的にくりぬくことはある？

▼

**A** 桂離宮中書院二の間、床の間脇の壁は、木瓜（もっこう）形にくりぬかれています。

楕円の四隅が内側にくぼんだ形を、**木瓜形**とか**四方入隅形**などといい、家紋などにも多く使われています。

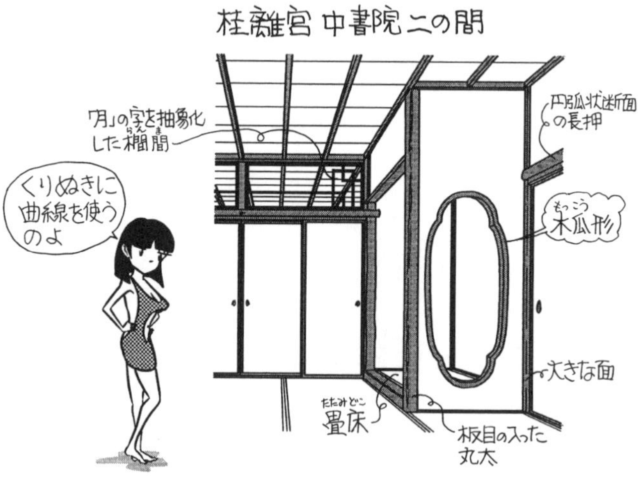


• 日本のインテリアでは大きな曲線は嫌われる傾向にあり、火灯窓（=花頭窓：かとうまど）など、一部のデザインにしか見られません。

**Q** 数寄屋風書院造で、 小さな金物による装飾にはどんなものがある？

▼

**A** 釘隠し（くぎかくし)、襖の引き手などに金属の装飾が施されています。

書院造では柱と長押の交わる所に、長押を留めるための釘を隠す豪華な**釘隠し**が付けられましたが、数寄屋風ではより繊細なデザインの釘隠しが使われています。

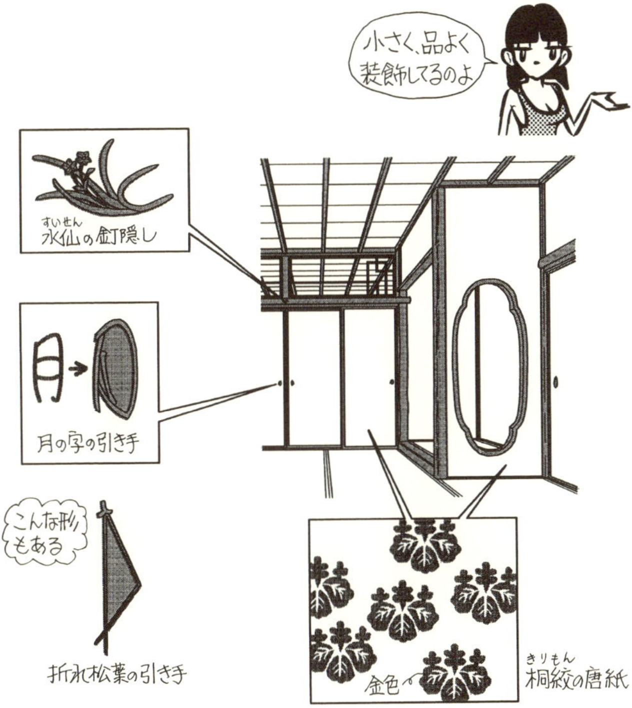


- 壁や襖には、模様が木版刷りされた紙＝唐紙（からかみ）がよく使われました。装飾は小さく、品よく、あまり目立たないように施されています。

**Q** 入側縁（いりがわえん）とは？

▼

**A** 1間幅の広めの縁側のことです。

桂離宮御幸御殿では、角を曲がる折曲り入側縁がつくられています。

- 近代数寄屋の名作とされる堀口捨巳設計による八勝館御幸の間（はっしょうかんみゆきのま、1950年、名古屋）で、筆者は写真家の助手として、半日すごしたことがあります。滞在した半日の間に曇り、雨、晴れと天気も変わり、室内から見る庭の表情も大きく変化しました。建物の角を縁側にすることで、より開放的になります。庭と一体となった空間のすばらしさを実感できた、貴重な体験でした。
- 縁側は高床の端部であり、その意味では高温多湿の東南アジア全体に見られますが、日本建築ほど縁側とその先にある庭を洗練させたものはほかに見当たりません。

**Q** 左官（さかん）とは？

**A** 土壁、漆喰（しっくい）、モルタルなどのコテを使って壁を仕上げる塗り壁の職種や職人のことを指します。

近代以前の多くの建物の内壁は、土、粘土、漆喰によってつくられていました。土が落ちないように、竹をわら縄で編んだ**小舞**（こまい）に土を塗り込んでつくります。

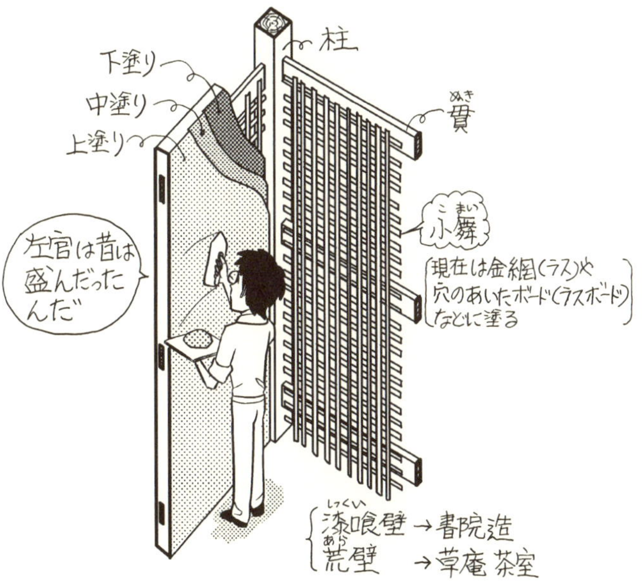
柱
下塗り
中塗り
上塗り
貫
小舞
現在は金網(ラス)や穴のあいたボード(ラスボード)などに塗る
左官は昔は盛んだったんだ
漆喰壁 → 書院造
荒壁 → 草庵 茶室

- 土に大きめのすさ（亀裂を防ぐために入れるわら、麻、糸くず、紙くずなど）を入れ、塗り壁の表面にすさを見せたのが荒壁（あらかべ）で、草庵茶室に好んで使われました。漆喰は表面が平滑で白く仕上がるので、書院造の壁によく用いられました。
- 現在では小舞ではなく、金網（ラス）、小さな穴がたくさんあいた板（ラスボード）、デコボコの模様の付いた板（ラスカット）などに塗ります。水を使うので湿式工法となり、工期の短縮や合理化で、塗り壁は少なくなっています。
- 左官という名称は、平安時代の宮中の修理職人、属（さかん）から来ています。

**Q** 面取り（めんとり）とは？

**A** 柱などの角を45度や円弧状に取ることです。

柱の面取りは、柱幅の1/7～1/14程度で、書院造では室町、安土桃山、江戸と時代とともに細くなる傾向にありました。書院造ではすべての柱は同じように面取りされていますが、数寄屋風書院造では、柱の隅は木の皮をはいだままの丸みを残したりして、1本1本の違いを楽しむようなデザインとされています。

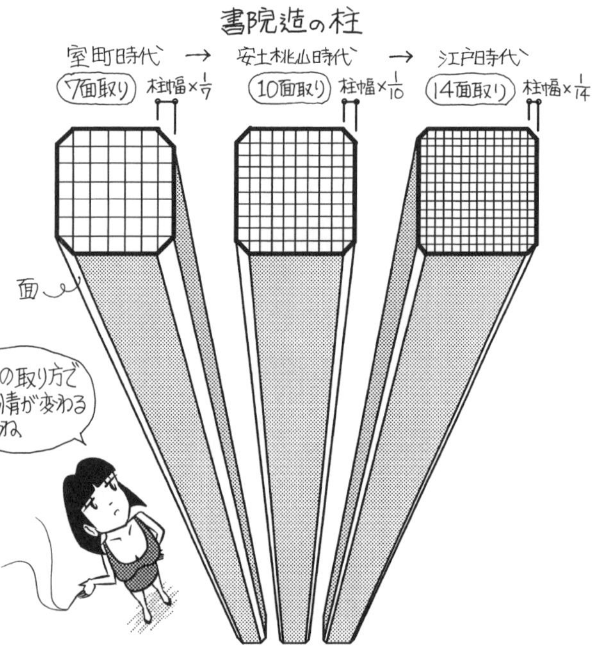


- 面取りされた部分を面と呼びます。装飾のため、角を欠けにくくするため、角で怪我をしないようにするためなど、多くの目的があります。
- 面の幅が5mm程度以上と大きい大面（おおめん）、2mm程度以下と細い糸面（いとめん）、円弧状の丸面（まるめん）など、さまざまな種類があります。

**Q** 柾目（まさめ）、板目（いため）とは？

▼

**A** 木材表面の平行な模様が柾目、不規則な曲線状の模様が板目です。

書院造の柱は、すべて柾目で同じ面取りでそろえられています。数寄屋風書院造の柱は板目も使われ、それぞれの模様の違いを楽しむデザインとされています。

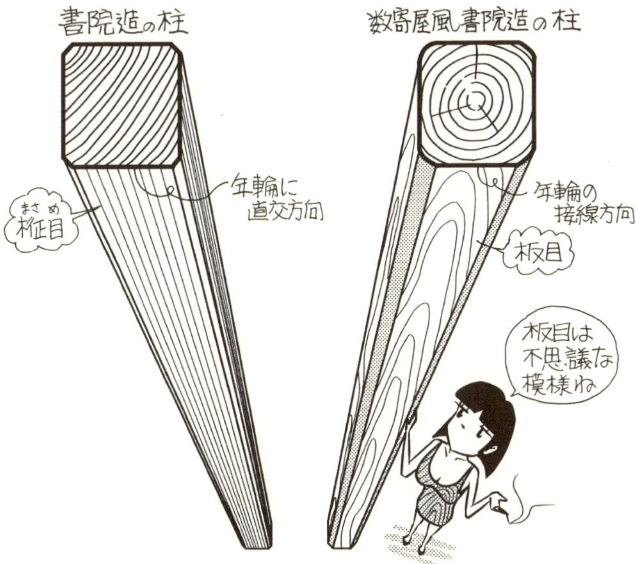


- 丸太を年輪に直交方向に切ると柾目となり、接線方向に切ると板目となります。柱4面とも柾目の柱は、四方柾（しほうまさ）と呼ばれ、丸太をぜいたくに使いたい場合に木取り（きどり）されます。

**Q** 丸太のどこを切ると柾目になる？

**A** 年輪に直角に近い角度で切り出すと柾目が出ます。

切断面すべてが柾目となる切断箇所は、わずかしかありません。どこかに板目が出てきてしまいます。

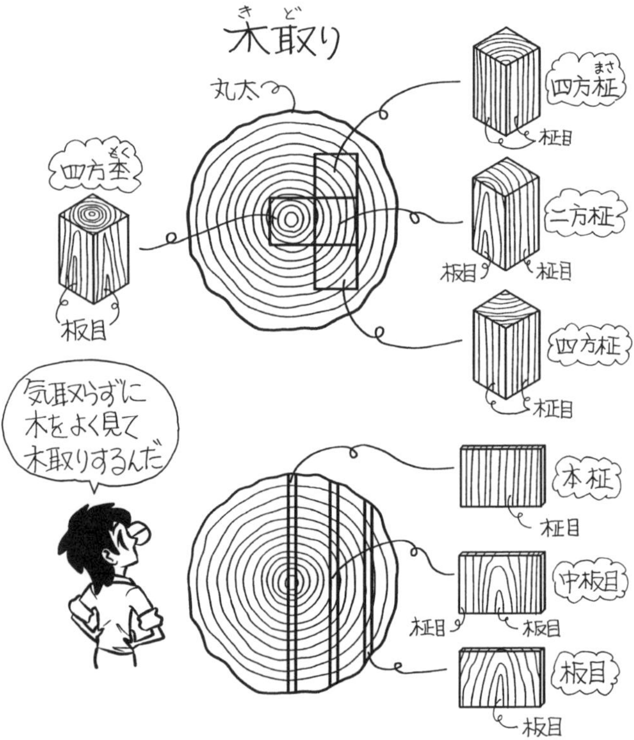


- 模様のことを杢（もく）といい、タケノコのような模様の筍杢（たけのこもく）が板目となります。
- 丸太をどのように切り出すかを、木取り（きどり）といいます。

**Q** 面皮柱（めんかわばしら）とは？

▼

**A** 角に丸みを残して製材した柱です。

角に皮をはいだままの木の肌を残した柱で、茶室（数寄屋）や数寄屋風書院に使われます。

めんかわばしら
面皮柱
丸太
皮をはいだだけの丸みを残す
角に丸みを残すのか
面の大きさは一定ではない！

- 皮といっても、表面ははいできれいにしたものです。皮をそのまま付けた柱は帯皮柱（かわつばしら）といいます。心持ちの丸太を製材して四隅に丸い部分を残す方法でつくるので、丸太の太い部分では面は小さくなり、細い部分では面は大きくなります。
- 框（かまち）に使うのが面皮框（めんかわがまち）、使う位置を指定しない場合、面皮材といいます。

**Q** 背割り（せわり）とは？

▼

**A** 後で割れが出ないように、柱の見えない側（背）に入れる割れ目のことです。

小さな丸太から切り出された柱は、心のある**心持ち材**となります。心持ち材は割れが出やすいので、背割りを入れるのが普通です。

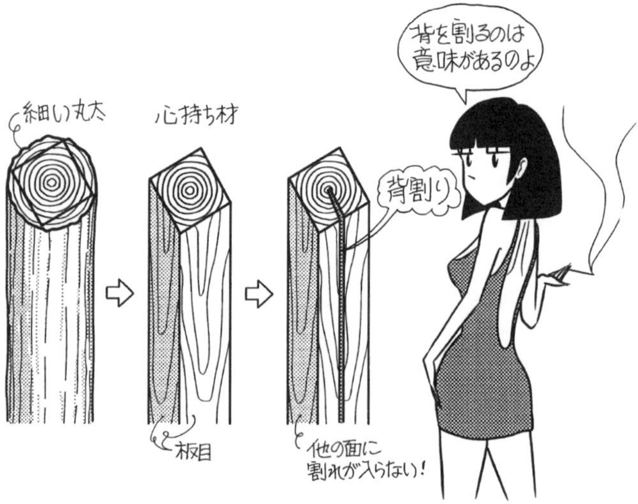
背を割るのは
意味があるのよ
細い丸太
心持ち材
背割り
板目
他の面に
割れが入らない！

- 心持ち材は強度がある反面、柾目がなく、割れが出やすいという欠点があります。背割りは心に達するように入れて、一定以上開かないように楔（くさび）を打つことがあります。
- 四方柾のように心を持たない材は、心去り材といいます。

**Q** 月見台（つきみだい）とは？

**A** 文字どおり、月を見るための場所で、桂離宮の月見台は丸竹を敷き詰めた**竹簀の子**（たけすのこ）です。

古書院の広縁の先に、池の方向に突き出すように、月見台が置かれています。

- 簀の子とは竹や板を、隙間をあけて並べて留めた台のことで、水は隙間から下へ流れます。古書院の座敷にいても、池や月見台に月の光が映り、月を感じることができる仕組みです。
- 月見台と建物全体は、中秋（旧暦8月15日、新暦では9月中旬から下旬）の満月が上る方向に向いています。桂離宮は装飾といい、月を見る方向といい、月にちなんだデザインが数多く見られます。
- 一般に、外にある縁が濡れ縁、内にある縁が縁側、幅の広い縁が外でも内でも広縁と呼ばれていますが、混用されることもあります。

**Q** 借景（しゃっけい）とは？

▼

**A** 庭の外にある山や木などを庭の風景に取り込むことです。

円通寺（1678年、京都）は**枯山水**（かれさんすい）の庭園に、生垣の向こうにある比叡山と樹木を借景として取り込んでいます。

- 枯山水とは池や鑓水などの水を使わずに、砂や石などにより山水の風景を表す庭園様式です。
- 現実の設計で山や海などを借景するには、近くにある建物や電線、電信柱など余計なものが見えないように、窓を上や下に寄せてつくる、壁を立てる、ガラスの一部をフロスト加工するなどの工夫を施す必要があります。

**Q** 庭の手前だけ見せることはある？

▼

**A** 上を見せずに下だけ見せる開口は、日本のデザインに数多く見られます。

大徳寺孤篷庵忘筌（だいとくじこほうあんぼうせん）（1612年、小堀遠州作、京都）は書院風茶室で、座敷の西側に庭を見る縁側が2段に設けられています。縁側の上部に障子を設け、強い日差しを柔らかい光に変え、庭の手前の部分だけを切り取って見せています。

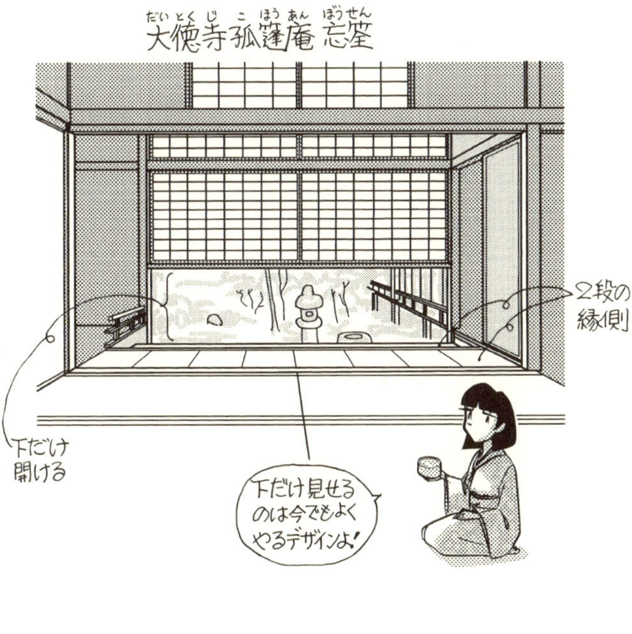


- 下だけ紙を貼らない、またはガラスにする雪見障子は有名です。現代建築でも、壁の下だけに横長に開口をつくって、庭の手前だけを見せる構成はよく採用されています。

**Q** 日本建築に丸窓はある？

▼

**A** 芬陀院（ふんだいん、通称=雪舟寺、1691年、京都）などに見られます。

芬陀院では円形の穴の内側に障子がはめられ、障子は完全に開くことができません。室内からは、障子越しに光による円形が見える仕組みです。

- 対称性、軸性が強い円形を使う例は、日本建築では多くありません。万福寺大雄宝殿（まんぷくじだいおおほうでん、1668年、京都）のように左右対称に丸窓を配置することもまれにありますが、円形を使っても左右非対称に配置することが多いです。上記の芬陀院の丸窓は、4畳半の部屋の壁の、左端に寄せられた非対称の配置です。

**Q** 書院の規格から大きくはずれた自由なデザインは日本にあった？

▼

**A** 角屋（すみや、江戸中期、京都）の扇の間（おうぎのま）では、天井、欄間は扇のモチーフで覆われ、障子のプロポーションや組子も異例のデザインです。

角屋は料亭、饗宴の場である揚屋（あげや）で、外観の質素な佇まいとは対照的な内部の斬新なデザインに目を奪われます。質素な和風のイメージにはない、自由な活気に満ちています。障子の組子（細い桟）は、3本、4本、5本と異例の吹き寄せにされています。

- 現在、角屋は重要文化財に指定され、角屋もてなしの文化美術館として一般に開放されています。饗宴、遊興の場であることから、内装はかなり自由なデザインとされたものと思われます。

**Q** 民家の土間とは？

▼

**A** 作業をするための土の床のことです。

土間は炊事場であり、雨の日や夜でも作業できる部屋、お店、厩（うまや）、入り口などでした。土に漆喰や珪藻土などを混ぜて締め固めて、土が簡単に崩れないようにしていました。

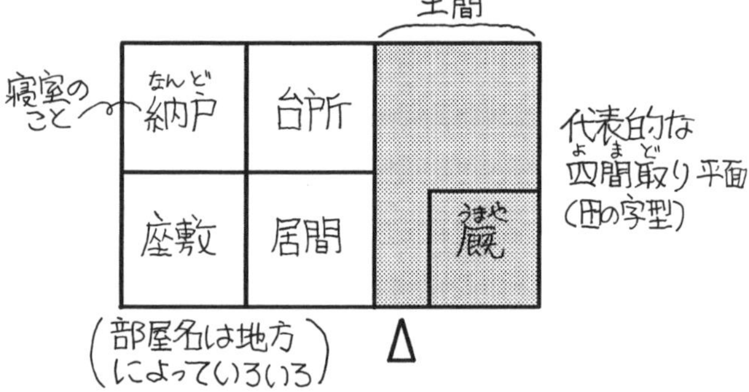


- 屋根へと煙が抜けるように天井は張られず、大きな梁が露出しています。煙によって茅（かや）に虫がたかるのを防いでいました。
- 民家とは被支配階級の農民、漁民、町民などのための住宅で、現存する多くが江戸時代（近世）のものです。民家園などで保存されている民家は、豪農の大型の家がほとんどです。

**Q** 通り庭とは？

**A** 家の表から裏庭まで続く土間のことです。

間口が狭く奥行きの深い町屋では、表の店から裏の庭まで、土足で行き来できると便利なので、細長い土間がつくられることがよくありました。

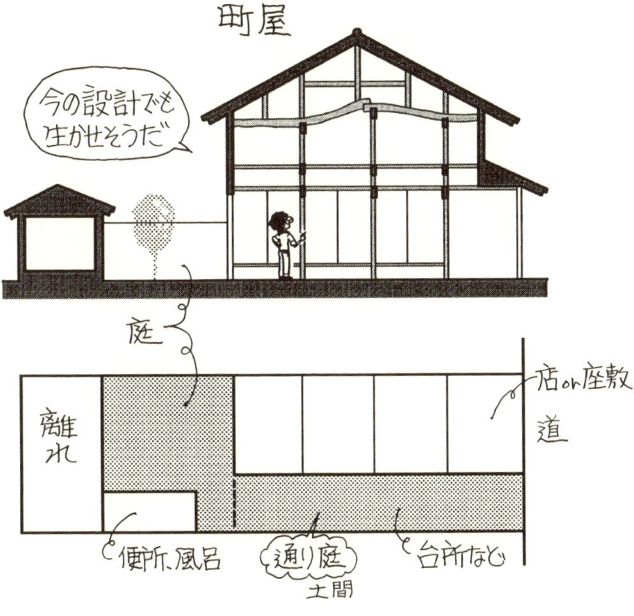


• 町屋とは町にある庶民の家屋で、民家の一種です。

**Q** 合板（プライウッド、plywood）とは？

▼

**A** 薄い板を、繊維が直交するように互い違いに貼り合わせた板です。

丸太を円周に沿って切って薄い板としたものを、単板（たんぱん）といいます。この単板を繊維が互い違いになるように貼り合わせたものが、合板です。単板を「合」わせて「板」にしたものです。

[スーパー記憶術]

短パンはいて合コンに行く

単板　→　合板

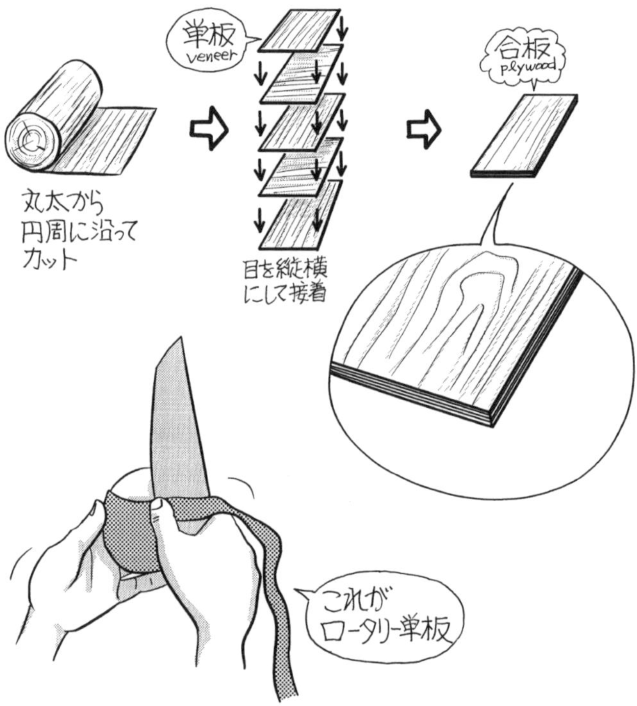


- 丸太を円周に沿って切った単板は、ロータリー単板といいます。
- 単板のことをベニア（veneer）ともいいます。合板を指してベニア板と呼ぶこともありますが、本来の意味でのベニアではありません。
- plyは層という意味で、層を重ねて板としたのがplywoodです。

**Q** ラワン合板とシナ合板、色は？

▼

**A** ラワン合板は赤っぽく、シナ合板は白っぽい色です。

ニス（ワニス）を塗って仕上げる場合、地の色が出ます。ラワンでできた合板は赤っぽくなり、シナでできた合板は白っぽく、または薄い黄色になります。おおむねラワン合板に比べてシナ合板の方がきめが細かく、きれいで、仕上がりもよく見えます。

［スーパー記憶術］

ラワンはラフ、シナはしなやか

ラワン合板　　シナ合板

- シナ合板は、ラワン合板の表面にだけシナ材の板が貼られたものです。木目を見えなくするペイント仕上げでも、シナ合板の方がきめが細かいので、きれいに仕上がります。インテリアの仕上げ材、造り付け家具の表面材、建具の表面材などに広く使われます。ラワンでも化粧材とするのは可能ですが、赤茶っぽい表情となります。
- ニスはワニスともいい、木材表面に透明な塗膜をつくって保護する塗料です。木目を生かした仕上げができます。基本は透明ですが、色が配合されているニスも多く出ています。

**Q** コンクリートパネル（コンパネ）とは？

▼

**A** コンクリート型枠用の合板のことです。

合板には、**普通合板**、**コンクリート型枠用合板**（コンパネ）、**構造用合板**のほかに多数の種類があります。コンパネはラワン製が普通で赤みを帯びていて、構造用合板は針葉樹製で白っぽい表情をしています。

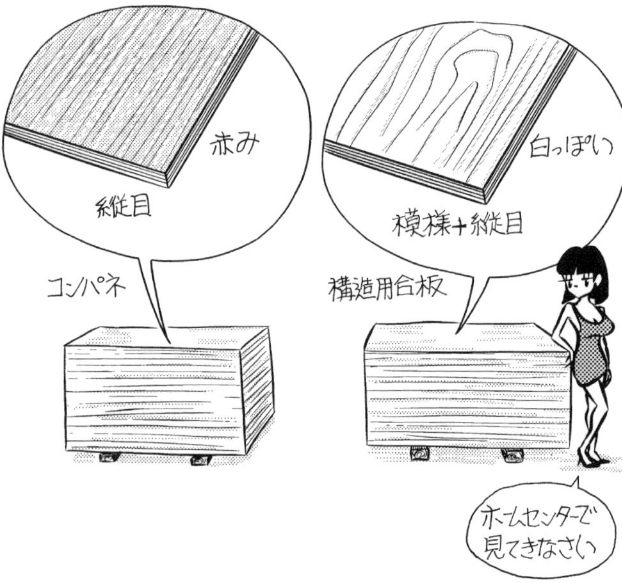


- コンパネは強度があるので、床や壁の下地によく使われます。木肌の表情を見せたい場合は、白っぽいシナ合板の方がきれいです。

**Q** 床下地に使う合板の厚みは？

▼

**A** 12mm、15mmが普通です。

約300mm間隔に置かれた根太（ねだ）という細い角材の上に12mm（15mm）の合板（構造用合板かコンパネ）を張って、その上にフローリングやその他の仕上げ材を張ります。

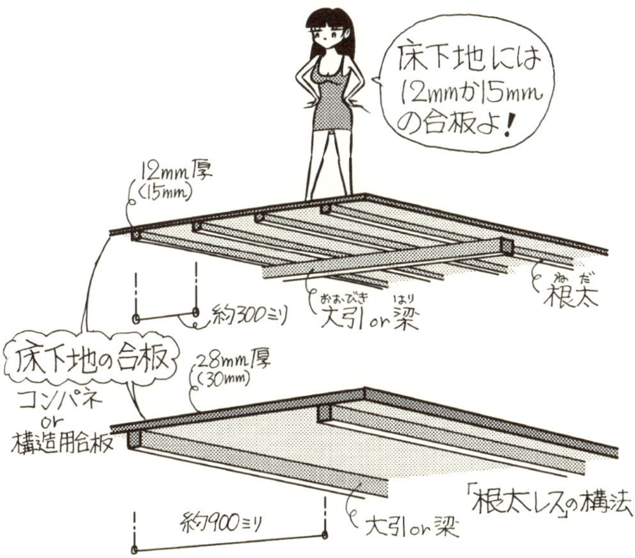


- 約900mm間隔に置かれた太めの角材、大引（おおびき）の上に28mm（30mm）の合板を張る、「根太レス」という方法もあります。
- 床下地の板は、捨て床と呼ばれることもあります。捨てるように荒っぽく張る板だからです。屋根の下地板は野地板ともいいます。野地板は、やはり12mmや15mmの合板を使います。

**Q** ポリ合板とは？

▼

**A** 合板の上にポリエステル樹脂を硬化させたものです。

表面がツルツルした光沢のある樹脂で、家具の扉、カウンターなどの表面材によく使われています。水の掛かる洗面台のカウンターには使えません。樹脂の化粧合板ならば、**メラミン化粧合板**の方が耐久性が上です。

- ポリエステル樹脂化粧合板が正式名ですが、ポリ合板という名称の方が普及しています。ポリ合板は小さな工場でもつくれるため安価ですが、耐久性に劣るのが欠点です。メラミン化粧合板は大きな工場が必要で、若干、値が張ります。
- 扉に使う場合は、内部に骨を入れたフラッシュ戸とします。厚みは2.7mmという薄いものからあります。色は白が基本ですが、ほかの色もあります。

**Q** ポストフォーム加工とは？

▼

**A** 曲面状などに成型された合板にメラミン樹脂を接着、圧着してカウンター材などをつくることです。

合板や集成材でカウンターをつくると、切断面（小口：こぐち）の処理に苦労します。ポストフォームでは曲面の小口まで一体となるので、見た目がきれいです。耐水性、耐久性に優れ、洗面化粧台のカウンターにも使えます。

• ポスト（post）は以後、フォーム（form）は形、成型という意味で、先端が曲面状につくられた芯材に「後から」メラミンを接着、圧着して「成型する」ことから付けられた名称と思われます。アイカ工業、TOTOなどから製品が出ています。プレ(pre)は前にという意味で、プレカットは事前にカットしておくことです。

**Q** キッチンパネルとは？

▼

**A** 合板の表面に保護フィルムの貼られた、キッチンまわりに使うための板です。

耐水性がある、油汚れも拭き掃除で取れる、熱に強い、衝撃に強くて割れにくい、表面が硬くて傷が付きにくいなどの特徴があります。キッチン、洗面所などの壁に使われます。

キッチンパネル
目地
タイル
タイルは
目地の掃除が
大変だ

- キッチンのまわりには、100mm角のタイルをよく貼りますが、キッチンパネルも普及してきました。タイルの場合は目地に汚れが付きますが、キッチンパネルは目地が少なく、掃除が楽です。タイルほど色、柄の選択枝は多くありません。
- 厚みは3mm程度、切断、孔あけが簡単で、両面テープと接着剤で壁に貼ります。目地にはシーリング剤（弾力性、耐水性のある目地を埋める材）を詰めます。左官工事がない分、コストも低く抑えられる可能性があります（キッチンパネル自体は高価）。アイカ工業のセラール、大建のプレミアートなど、多数の商品が出ています。

**Q** ランバーコア合板とは？

▼

**A** 小さな木材（lumber）を横に並べて接着して芯（core）にして、その両面にラワンやシナの薄い合板を張った板です。

造り付け家具や間仕切りなどに使われます。小口（こぐち：切断面）が露出すると芯材などが見えてしまうので、小口を隠す必要があります。

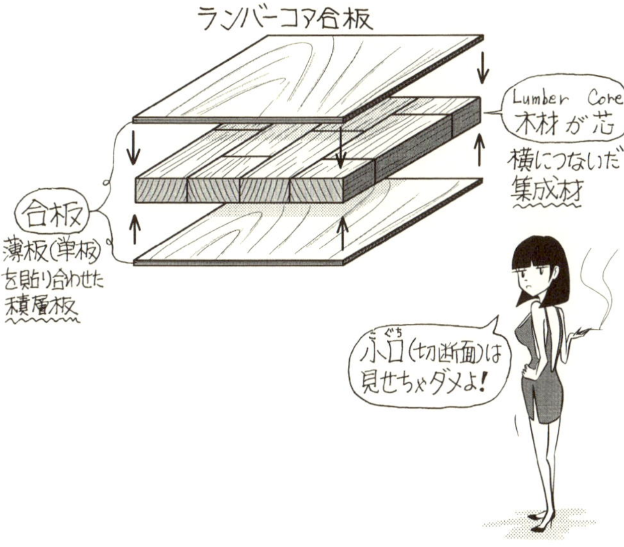


- 本棚では、ランバーコア合板**21mm**で縦横をつくり、裏板はシナ合板の**5.5mm**でつくるなどします。小口は薄いシナ合板で隠すか、出来合いのテープを使います。テープの裏には両面テープが付いていて施工は楽ですが、本の出し入れのときに引っ掛かってはがれてしまうことがあります。また本棚は重みが掛かるので、縦枠の間隔を狭め（**600mm**以下）につくる方が無難です。縦枠の間隔を大きくすると、すぐに横枠（棚板）がそってきてしまいます。
- 間仕切りでは、ランバーコア合板**30mm**か**18mm**を**2**枚合わせて使うなどします。小口が出る場合は、やはり何らかの処理が必要となります。

**Q** LVLとは？

▼

**A** 単板を、繊維方向をそろえて貼り合わせた単板積層材です。

合板は単板の繊維方向が直交するように貼りましたが、LVLは繊維方向をそろえて平行に貼り合わせます。強度には方向性があり、長い材をつくりやすいことから、柱、梁などの構造材、室内の長押（なげし）、回り縁（まわりぶち）などの化粧材の芯材、建具の芯材などに使われています。

[スーパー記憶術]
ラブラブで　平行に重なる
LVL

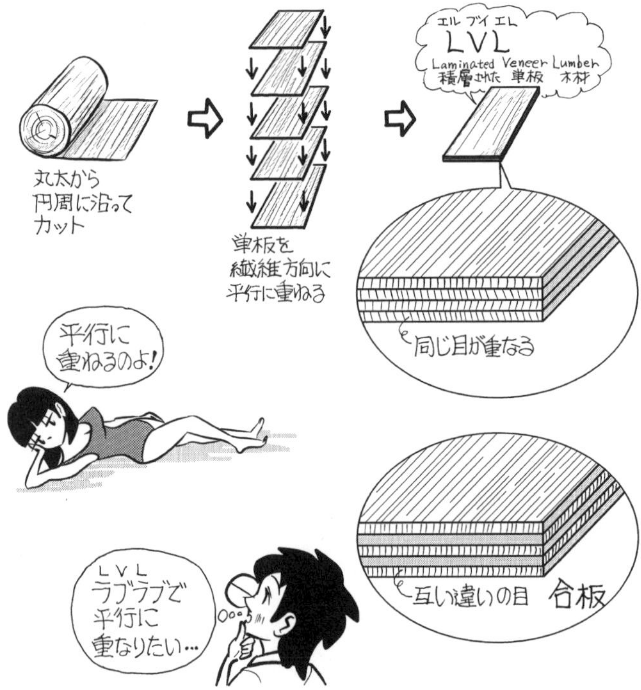


● Laminated（積層された）Veneer（単板）Lumber（木材）の略です。曲げなどに対する強度が高い、強度が安定している、無垢（むく）の材よりもそりが少ない、製品によるばらつきがない、などの特徴があります。

**Q** OSBとは？

▼

**A** 薄い木片を接着剤で固めた板です。

木片の大きさは、製品によって大小さまざまです。

［スーパー記憶術］

雄（おす、♂）ばかりで向きが同じ

OS　　　　　　B

OSB
Oriented Strand Board
木片の向きがある程度そろってる(Oriented)のよ!


- OSBはOriented Strand Boardの略で、直訳すると向きをそろえて（Oriented）より合わせた（Strand）板（Board）となります。木片はある程度向きがそろえられていますが、層によってその向きが直交するようにつくられていて、強度はあります。
- 下地材として開発されたものですが、素材感や見た目の面白さから、内装の仕上げ材としてもよく使われます。製品によっては表面が粗いので、仕上げ材として使う場合は、製品をよく選ぶ必要があります。

**Q** MDFとは?

**A** 木材の繊維を固めた繊維板の中で、密度、硬さが中ぐらいの中質繊維板のことです。

家具や建築の下地材として、広く使われています。

- MDFはMedium Density Fiber boardの略で、直訳すると、中ぐらいの密度の繊維板です。4つの英単語を覚えるよりも、「MeDium → MD → MDF」と覚えるといいでしょう。
- 軟質の繊維板はインシュレーションボード、硬質の繊維板はハードボードともいいます。インシュレーション（insulation）とは断熱、遮音、絶縁といった意味です。硬質繊維板は、構造用の面材としても使えます。

**Q** パーティクルボードとは？

▼

**A** 木片を接着剤で固めて熱圧で成型した板です。

化粧の板が貼られて、家具材に使われることが多いです。木片の大きさとしては、OSB＞パーティクルボード＞MDF などの繊維板となります。

［スーパー記憶術］
パーティー狂って破片だらけ
パーティクルボード

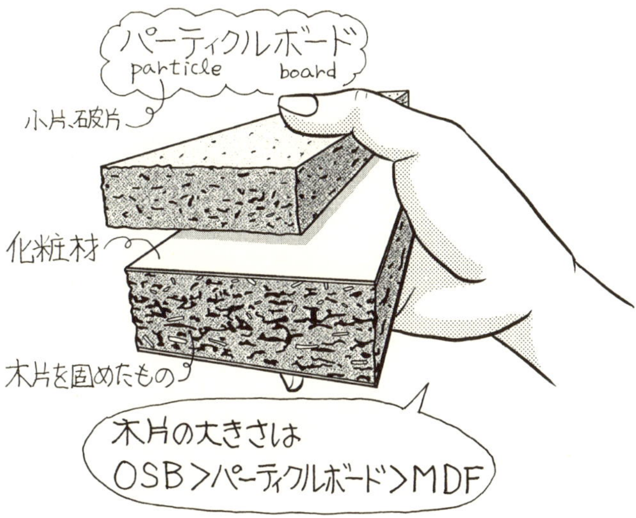


● パーティクル（particle）とは小片、破片という意味で、パーティクルボード（particle board）はそれを集めた板です。一般に強度は低いですが、構造材となる製品もあります。

**Q** パーケット（parquet）とは？

▼

**A** 床などの寄木（よせぎ）のことです。

パーケットフロアとは、小さな木の板を寄木のように集めて床仕上げとしたものです。パーティクルと似た言葉なので、ここで一緒に覚えておきましょう。

[スーパー記憶術]
ポケットに寄木細工
パーケット

- パーケットフロアは、昔は小学校などによく使われていました。現在では学校の床は、長尺の塩ビシート（ロールで巻かれた長くて薄い塩ビのシート）が多いです。材料に無垢（むく）材を使うため、薄い化粧材が張られたフローリング材よりも単価は高くなります。

**Q** 集成材とは？

**A** 小断面の木材を接着して大きな断面にした材のことです。

柱、梁のような構造材、カウンターなどに使う化粧材などがあります。

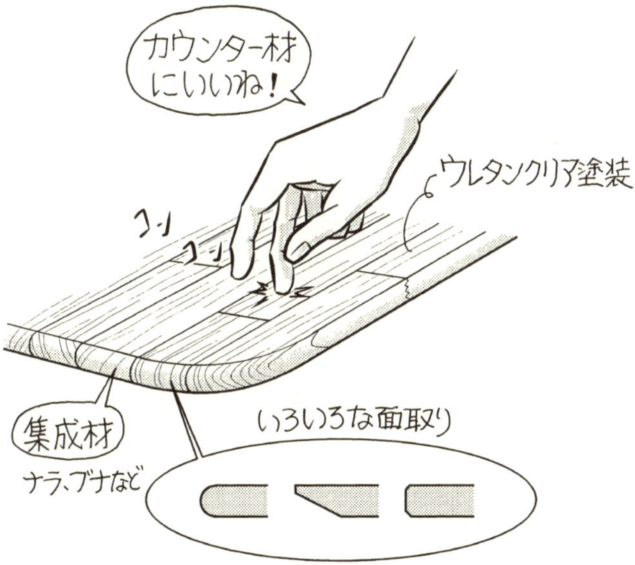


- 木材をカウンターとする場合、表面にウレタンクリア（透明ニス）などを塗って透明な塗膜をつくり、カウンター材の表面を保護します。ナラ、ブナなどの硬い木を材料にしたカウンター材が多いです。
- 角、隅を斜めや円弧状に削ることを面取りといいます。カウンターは人の手や体が当たるところなので、面取りをしておきます。

**Q** 石膏ボードとは？

**A** 石膏を固めた板の両面に、紙を貼ったものです。

安価で火に強く、内装の壁や、天井の下地材として多用されています。

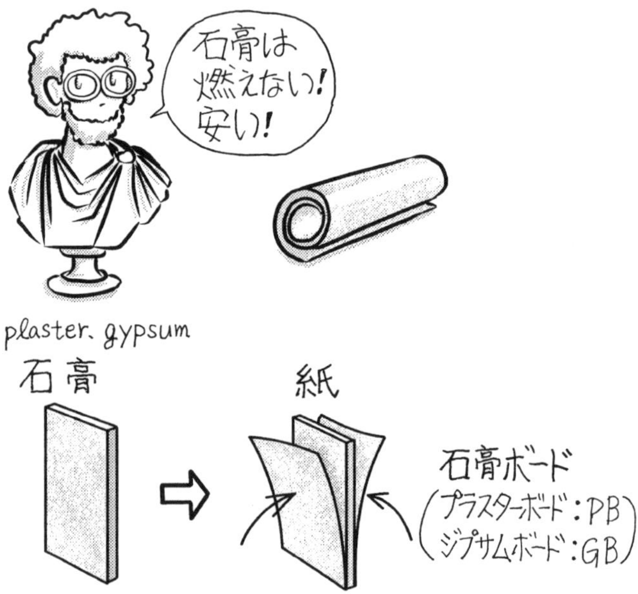


- 石膏ボードはプラスターボードともいいます。英語で **plaster board** とか **gypsum**（ジプサム）**board** といい、略号は PB、GB のどちらも使います。厚さ 12.5mm の石膏ボードは、PB ア12.5 とか GB 厚 12.5 などと表記します。
- **plaster** は石膏のことです。石膏は水と混ざって固まる性質があります。白い石膏像は、その性質を使ってつくられます。
- 石膏ボードの上には、ビニールクロスを貼ったり、水性塗料を塗ったりします。

**Q** 石膏ボードの欠点は？

▼

**A** 割れやすい、ネジや釘が効かないなどです。

ネジや釘が効かないため、あとから石膏ボードに何かを取り付ける場合は、その部分だけコンパネとする、**ボードアンカー**などの金具を使うなどの工夫が必要です。

- 火に強い反面、割れやすいという欠点もあります。石膏像は、落とすと割れてしまいます。

**Q** ボードアンカーとは？

▼

**A** 石膏ボードにネジを効かせるために用いる、スクリュー状の刃が付いた金物です。

アルミ製、樹脂製があります。ボードアンカーを打つときは、インパクトドライバーを使わずに、手で回して入れます。

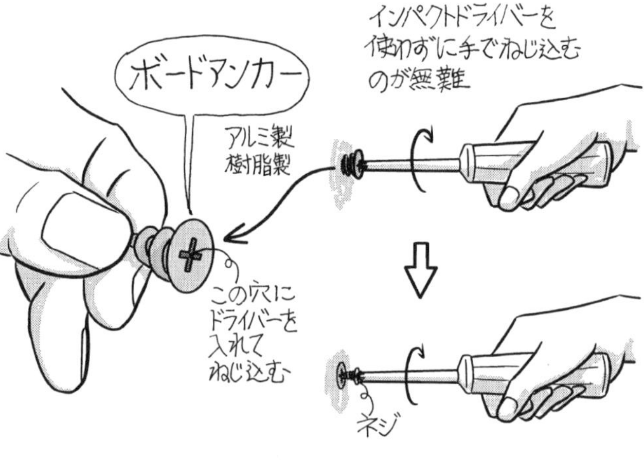


- アンカー（anchor）は船のいかりが原義で、ボードアンカーはボードにアンカーする、固定するという意味です。
- インパクトドライバーとは、回転方向に衝撃（インパクト）を加えて、ネジなどを回すドリルです。穴をあける通常のドリルにも使え、現場では重宝します。インパクトドライバーでボードアンカーをねじ込むと、回転が強すぎて、石膏ボードを壊してしまいます。使う場合は、スイッチを半押しにして、回転を弱めながらねじ込みます。しかし、筆者は半押しで何度も失敗しました。失敗するとボードに大きな穴があいて、修復が大変です。ボードアンカーは手で回すのが無難です。

**Q** 壁、天井の下地には、何ミリの石膏ボードを使う？

▼

**A** 壁下地には12.5mm、天井下地には9.5mmを使うのが一般的です。

壁は人や家具が当たったりするので、厚めの板を使います。石膏の厚み12mm＋紙の厚み0.5 mmで12.5 mmです。石膏ボードの厚み12.5 mm、9.5 mmは覚えてしまいましょう。

PB厚さ9.5mm
家具や体が当たるから壁は厚くしてよ！
PB厚さ12.5mm


● 遮音性を高めるには、壁を12.5 mmを二重にして、天井裏まで通すなどします。

**Q** 石膏ボードジョイント工法とは？

▼

**A** パテとメッシュ状のテープを使って、ボードのつなぎ目がはがれないように、平滑にする工法です。

パテとは粘性のある塗り材で、乾くと硬くなります。パテだけだと割れてしまうので、メッシュでできたテープも貼ります。パテが固まったらやすりで削って、さらに平滑にします。平滑にした面に塗装をすると、全体が1枚のきれいな平面に仕上がります。

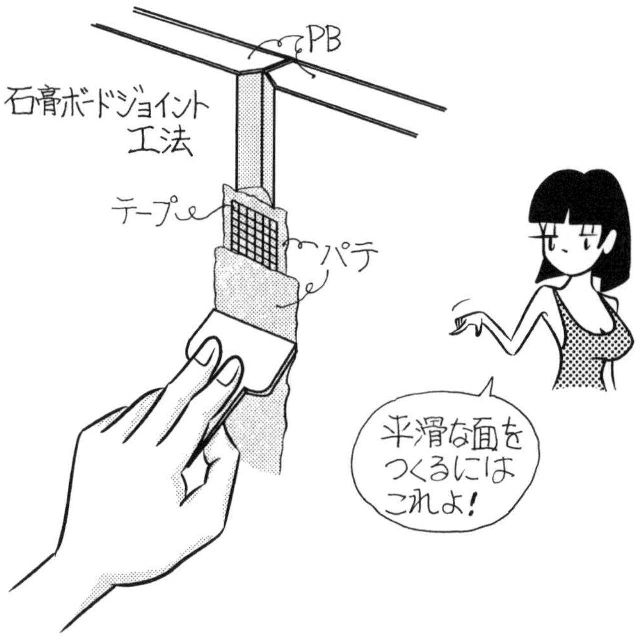


- ビニールクロスを貼る場合も、ジョイント工法を行うのがベストですが、そこまではしていないのが現状です。ジョイント工法をしないで貼ったボードの場合、年数が経つとボードのつなぎ目に隙間があいてクロスが破れることもあります。

**Q** 白い壁や天井をつくるにはどうする？

▼

**A** 石膏ボードに白い塗装をするか、白い壁紙（クロス）を貼るなどします。

ル・コルビュジエの作品に代表される近代建築では、白い壁、天井が多く見られます。現代で抽象的な白い面をつくるには、石膏ボードをジョイント工法で平滑に仕上げて、その上に白いペイントを施すか、白い壁紙を貼るのが一般的です。

- EPとはエマルションペイントの略で、水性塗料の一種です。アクリルなどの樹脂を水中に乳化した塗料です。塗装にしろ、壁紙にしろ、真っ白にすることは少なく、グレーやベージュが多いです。汚れが目立たず、目にもやさしいからです。
- 漆喰でも白い壁をつくれますが、コスト高で、亀裂が入りやすいというデメリットがあります。

**Q** 化粧石膏ボードとは？

**A** 石膏ボードの表面に凹凸を付けたり、木目や石目のシートを貼った石膏ボードです。

表面をトラバーチン（石の一種）風に虫食い状に孔をあけた石膏ボード（吉野石膏のジプトンなど）は、仕上げがいらず、安価なため、教室や事務室などの広い天井でよく使われています。

- ジプトンを天井に張るのに、白い頭のネジを使います。野縁（のぶち：天井を吊る角材）にジプトンをネジで留めるだけなので、工事が簡単です。天井に張るジプトンの厚みは、プレーンな石膏ボードと同様に9.5mm、大きさは910mm×910mmが一般的です。
- 和室の天井には、木目調の石膏ボードをよく使います。印刷技術が向上したうえ、高い所にあるので、本物と見間違うような製品も出ています。燃えないというメリットも大きいです。

**Q** 石膏ラスボードとは？

▼

**A** モルタル、漆喰（しっくい）などの左官工事の下地として使われる、孔のたくさんあいた石膏ボードです。

孔をたくさんあけて、モルタルなどの左官材の付きをよくしています。ラスボードと呼ばれることもあります。

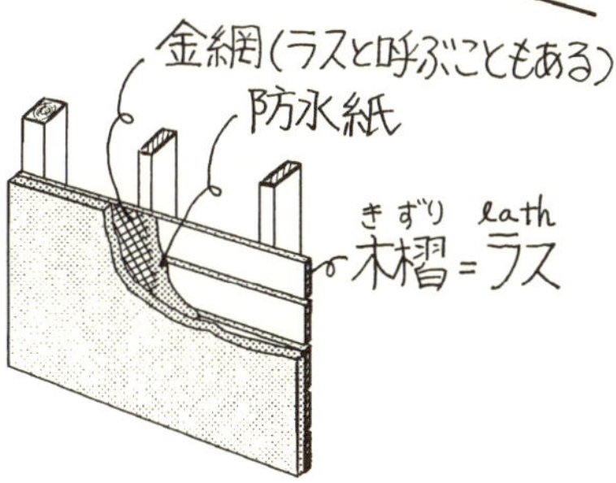


- ラス（lath）とは、塗り壁の下地にする細長い板（木摺：きずり）のことです。木摺を多く打ち、防水紙と金網を張って、その上に塗り壁をします。金網のことをラスと呼ぶこともあります。石膏ラスボードを使うと、その木摺＋防水紙＋金網を省略できます。石膏ラスボードの厚みは9.5mmで、その上に15mm程度の塗り壁が付けられます。
- 内装用として使われます。外装の左官用としては、合板の上にギザギザの肌をセメントで付けた製品（ラスカットなど）があります。

**Q** シージング石膏ボードとは？

▼

**A** 湿気の多い所の下地に使う、防水性のある石膏ボードです。

紙と石膏に防水加工がされていて、水分を含んでも変形の少ないボードです。洗面所、キッチンなどの下地材に使われます。**耐水石膏ボード**ともいいます。

［スーパー記憶術］
SEA（シージンク）→海→水回り

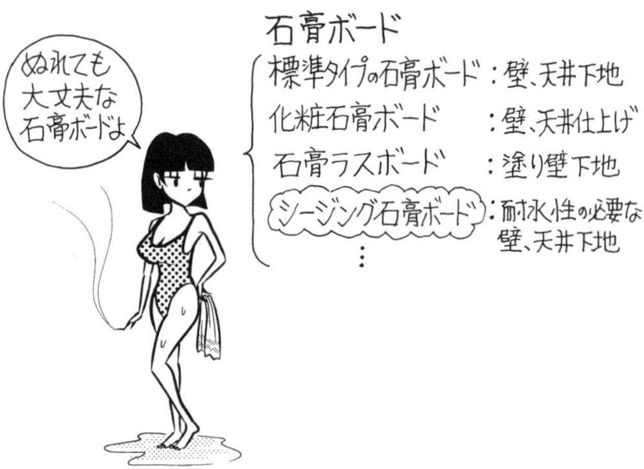

ぬれても
大丈夫な
石膏ボードよ
石膏ボード
標準タイプの石膏ボード：壁、天井下地
化粧石膏ボード：壁、天井仕上げ
石膏ラスボード：塗り壁下地
シージング石膏ボード：耐水性の必要な壁、天井下地
⋮


- シージング石膏ボードは、英語で**gypsum sieging board**といいます。**siege**は包囲する、包むという意味です。
- 一般の石膏ボードに薄い黄色の紙が貼られているのに対して、シージング石膏ボードに薄い水色などの紙が貼られています。キッチン、洗面所に使って、ビニールクロス貼りや塗装仕上げとするほか、タイルを接着することもできます。

**Q** コンクリート面、ALC（軽量発泡コンクリート）面、発泡ウレタン面に石膏ボードを貼るには？

▼

**A** GLボンドなどの接着剤で貼るのが一般的です。

GLボンドは商品名ですが、一般名称のように使われています。GLボンドを100～300mm間隔で団子状に盛って、それにボードを押し付けて貼ります。

- コンクリートの内側に、木や軽量鉄骨で壁下地を組む方法も行われますが、手間が掛かります。石膏ボードはコンクリートの床に付けると、石膏が水を吸ってしまうので、木片などで少し持ち上げてから貼ります。
- GLボンドの団子の厚みは10～15mm程度、断熱材は30～35mm程度、石膏ボードは12.5mmですから、コンクリート面からボード表面まで60mm程度となります。

**Q** 石膏ボードで曲面の天井、壁をつくれる？

▼

**A** ガラス繊維不織布（ふしょくふ）入り石膏ボードなどを使えば可能です。

割れにくいように、ガラス繊維が入れられた石膏ボードが販売されています。曲面をつくる際は、下地の間柱や野縁を多めに入れて、それに曲面用石膏ボードを押し付けながら張っていきます。

- 普通の石膏ボードでも、カッターで溝を大量に付ければ、曲げることは可能です。
- 吉野石膏のガラス繊維不織布入り石膏ボード、商品名タイガーグラスボードには、厚み5mm、8mm、12.5mmがあります。

**Q** 岩綿吸音板とは？

▼

**A** 岩綿（ロックウール）でできた板で、不燃性、吸音性、断熱性があります。

表面が軟らかく、凹凸も付いているので、音をよく吸収します。厚みは12mm、15 mmなどがあり、石膏ボードを野縁に打った上に、接着して貼り付けるので、ビスの頭は見えません。

- 製品としては、吉野石膏のソーラトンが有名です。音が響きやすい食堂、講堂、オフィスなどの天井に使われます。
- 石綿（アスベスト）は発がん性があり、現在は使用できません。

**Q** ケイ酸カルシウム板とは？

▼

**A** 耐水性、耐火性のある無機質系の板です。

キッチン、洗面所の壁、浴室の天井など湿気の多い所に使い、ケイカル板とも呼ばれます。釘やネジが打てて、タイル、塗装、ビニールクロスによる仕上げが可能です。

- ケイ酸カルシウムとは、$CaSiO_3$の分子式を持つケイ素（Si）の化合物で、それにセメント（石灰質原料）と繊維などを合わせて板にしたものです。石膏ボードは表面が紙なので、塗装はそのままできますが、ケイ酸カルシウム板は表面にぶつぶつがあり、シーラーを塗って目をつぶす必要があります。化粧されたケイ酸カルシウム板もあります。
- 無機質系とは、木質系ではない、セメントなどを主原料とするという意味で、石膏ボードもその一種です。セメントを固めただけの板だと、すぐに割れてしまいます。繊維質などを入れて割れないようにしたのが繊維強化セメント板（スレート板）で、ケイ酸カルシウム板、フレキシブルボード、大平板などがあります。大平板はいかにもセメントという感じの灰色の板で、釘を打ったりネジで留めると割れてしまうので、ドリルで孔をあけてからネジで留めます。繊維強化セメント板は、外装では軒天井などに使われます。

**Q** 人工大理石とは？

▼

**A** アクリル樹脂やポリエステル樹脂を主成分とした大理石風の素材です。

耐水性、耐久性があり、キッチンや洗面台のカウンター材、バスタブ、テーブルの天板などに使われています。

- デュポンのコーリアン、クラレのノーブルライトなどの製品があります。丸鋸（まるのこ）での切断、ドリルでの孔あけなどが可能です。
- 大理石などの細かい粒をセメントで固めた素材はテラゾー（R215参照）、または「人造」大理石と呼ばれています。一方「人工」大理石は、大理石はまったく入っていない樹脂による固い素材です。「ジンダイ」と略称されることもあります。

**Q** フローリング（flooring）とは？

▼

**A** さねの付けられた床板のことです。

無垢（むく=天然）材の細長い板を、1枚1枚、**さね**（差し込むための凹凸）でつないで板敷きとすると、コストが掛かります。現在では、合板の表面に薄い化粧材（突き板）が張られた303 mm幅の板をさねでつないで板敷きとするのが一般的です。

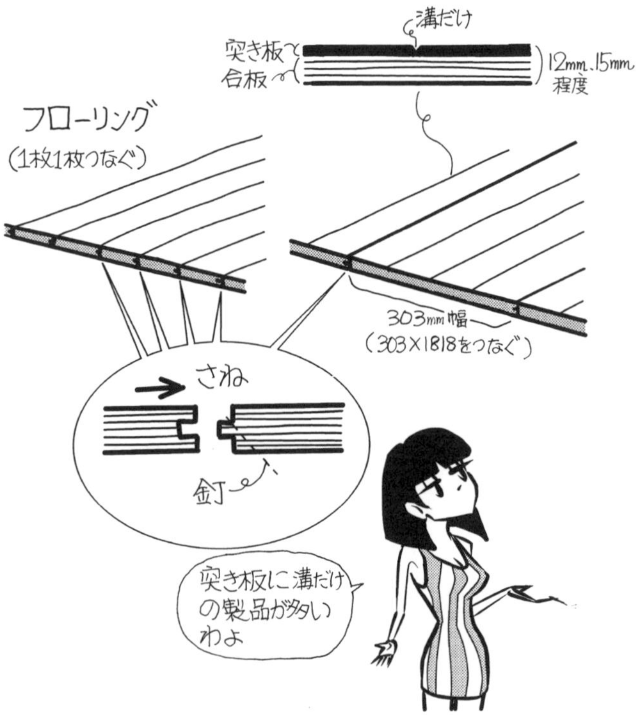


- 一般に303 mm×1818 mmが6枚でひと箱に納められて、1坪単位で売られています。安いものは1箱3000円弱から高いものは数万と、ピンからキリまであります。板厚は12 mm、15 mmが多いようです。

**Q** フローリングの下地には何を使う？

▼

**A** 合板の12mm厚、15mm厚などを使います。

約300mm間隔に置かれた根太（ねだ：床板を支える角材）の上に、コンパネ、構造用合板などの12mm厚、15mm厚を敷き、その上にフローリングを釘と接着剤を使って貼ります。低コストの場合、根太の上に直接フローリングを貼ることもありますが、フローリングがたわみやすくなります。

- コンクリートの上に直に貼るフローリングもあります。その場合は、モルタルでならして上面を平らにしてから接着剤で貼ります。
- 2階の床で、根太を使わずに梁から梁へ合板を渡してしまう根太レス工法もあります。その場合、合板は24mm、28mmといった厚いものを使います。スパンを飛ばすため、合板がそらないように、床鳴りがしないようにする工夫も必要です。
- 1階、2階の根太、梁、大引（おおびき）などの木組みの仕方は、拙著『ゼロからはじめる［木造建築］入門』を参照してください。

**Q** クッションフロア（cushion floor）とは？

▼

**A** 模様が印刷された樹脂のシートにクッションが裏打ちされた床材です。

安価で水に強く、キッチン、洗面所、トイレの床などによく使われます。Cushion Floorの頭文字から、**CFシート**とも呼ばれます。家具のへこみが残るのが欠点です。

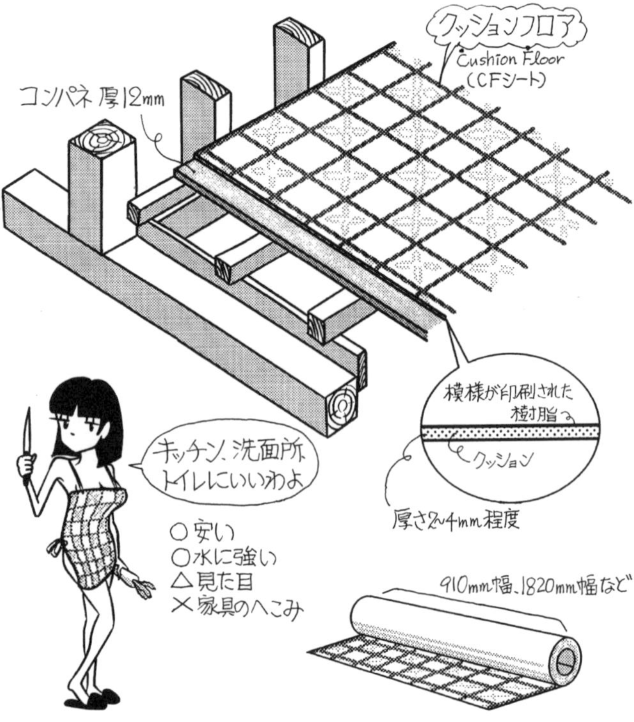


- 12mm厚程度の合板の上に、両面テープなどで接着します。カッターで切れるので、工事が楽です。厚みは1.8 mm、2.3 mm、3.5mmなどがあります。

**Q** 畳の厚みは？

**A** 稲わらの畳床（たたみどこ）で55mm、60mm程度、ポリスチレンフォームで30～50mm程度です。

畳床とは畳の台となる部分で、その上にい草などの畳表を張ります。ポリスチレンフォームを畳床とする畳で、**スタイロフォーム**（商品名）を畳床とする場合は**スタイロ畳**と呼ばれることもあります。

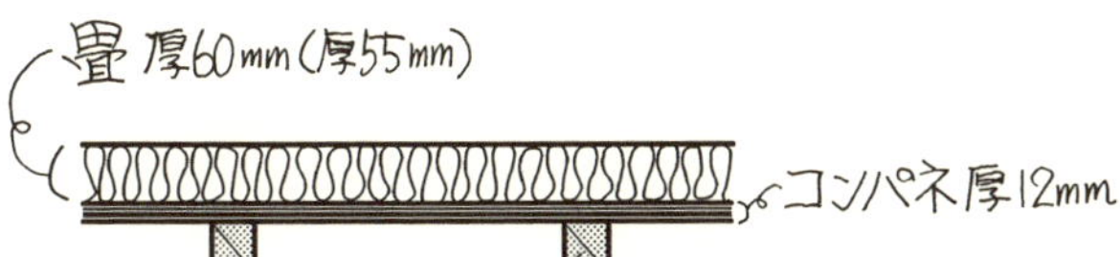


- 畳を敷いた床の間や畳の上に直に寝ることを畳床ということもあります。フローリング、クッションフロア、畳が、住宅の3大床材です。
- スタイロ畳は稲わらの畳に比べて低価格で軽く、湿気を吸わず、かびやダニが発生せず、断熱性もあります。さらに厚みも半分の薄さでつくれるので、スタイロ畳が普及するのも無理はありません。

**Q** 長尺塩化ビニールシートとは？

**A** ロールで売られている、塩化ビニール製の床材です。

厚さは2mm程度で、表面に色や模様が印刷されています。耐久性、耐水性があり、学校、病院、オフィス、工場などの床仕上げに多く使われています。**長尺塩ビシート**、**塩ビ床シート**、**ビニル床シート**などとも呼ばれます。

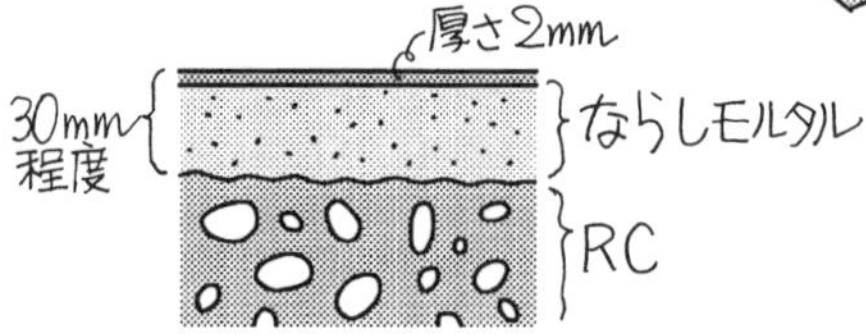


- 長尺とは長い尺、長い寸法ということで、ロール状で納入されるものをいいます。1820mm（1間）幅で、長さが20mとか9mなどの寸法です。
- RC造の床に貼る場合は、デコボコしないように、モルタルで平らにならしてから貼ります。その場合は、RC面から仕上げまで30mm程度となります。
- 住宅用のクッションフロアとは別のものですが、クッションフロアを指して塩ビシートと呼ぶこともあります。長尺塩ビシートは、住宅に使うには硬すぎます。マンションの共用廊下、共用階段に貼るために、クッションが裏打ちされた塩ビシートもあります。クッションがあるので、靴音が響きにくくなります。

**Q** ビニール床タイルとは？

▼

**A** タイル状に切られた塩化ビニールの板で、表面に色、凹凸などが付けられた床材です。

長尺塩化ビニールシートと同様に、耐久性、耐水性があります。プラスチック（plastic：合成樹脂）の一種なので、頭文字を取って**Pタイル**と呼ばれたり、床（floor）に貼るので**フロアタイル**と呼ばれたりします。

- 表面に木目が印刷され凹凸が付けられたビニール床タイルもあります。フローリングよりも傷が付きにくく、水にも強いので、キッチンやダイニングの床にフローリングの代わりに貼られたりします。リフォーム時にフローリングの上に貼ることもあります。印刷技術の向上により、遠目では木製なのか樹脂製なのか区別が付きません。
- 床には接着剤で貼る製品が多いですが、シートの裏面に最初から両面テープが付けられていて、すぐに貼れる製品もあります。厚みは2mm、3mm程度です。

**Q** タイルカーペットとは？

▼

**A** 500mm角程度にタイル状に切られたカーペットです。

オフィス、店舗などでよく使われ、厚みは6mm程度です。滑り止めのゴムが裏面にあり、接着の必要がなく、コンクリートの上に敷くだけでOKです。

- 汚れたらその部分だけはがして取り替えることができます。カーペットは通常巻いた状態のロールカーペットとして搬入されます。ロールカーペットを部屋全体に敷き詰めた場合、一部分が汚れても全体を取り替えなければなりません。
- 床下を浮かして配線類を納めるOAフロア（フリーアクセスフロア）の場合、タイルカーペットをはがし、ユニット状の床板を上げるだけで、配線のメンテナンスができます。
- カーペットの毛の部分はパイルと呼ばれます。タイルカーペットのパイルは、輪（ループ）になっているループパイルで長さは3 mm程度です。

**Q** グリッパー工法とは？

▼

**A** 釘の先を上向きにして出した木（グリッパー）を壁際に打ってカーペットを留める工法です。

カーペットを部屋全体に敷き詰めるには、グリッパー工法を使うのが一般的です。

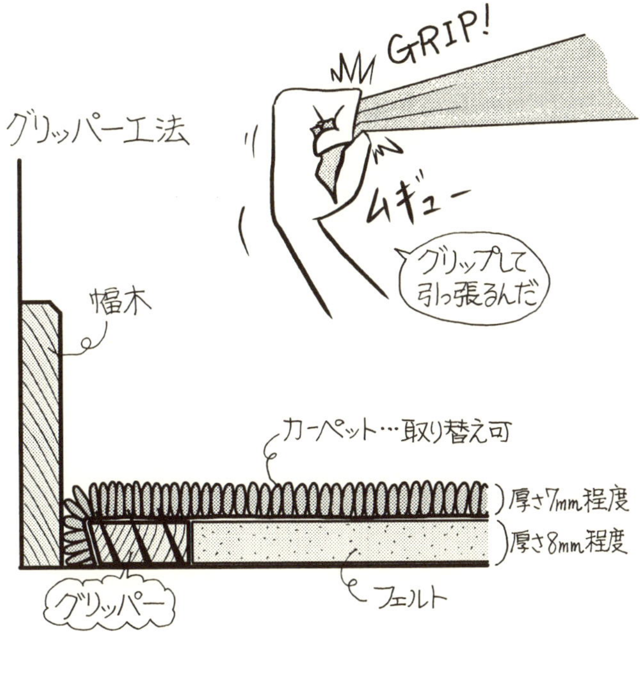


- グリップ（grip）は、ゴルフクラブやテニスラケットのグリップのように、しっかりとつかむこと、あるいはつかむ部分を指します。グリッパー（gripper）とはつかむものという意味です。
- 住宅ではカーペットを敷き詰めるよりも、フローリングの上に部分的にカーペットを敷くことが多くなりました。ホテルでは靴音対策のために、カーペットの敷き込みはよく行われます。

**Q** カーペットのパイルの形にはどんなものがある？

▼

**A** カット（**cut**）とループ（**loop**）があります。

文字どおり、カットは先を切られた形、ループは輪状の形です。

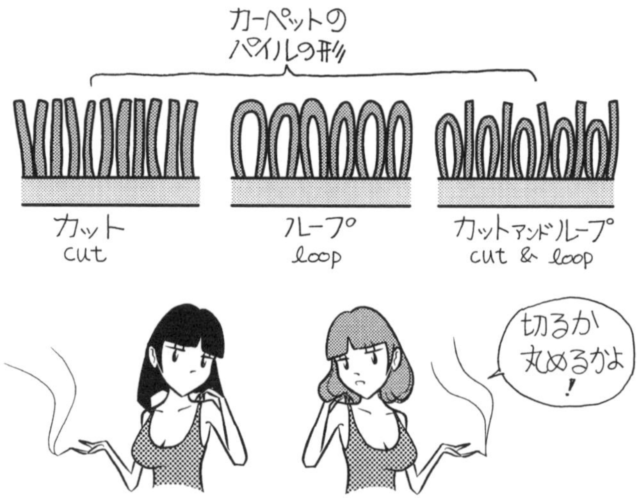


- カットとループを混ぜた、カットアンドループもあります。ブラシの刃先のように切りそろえられたカットを、ブラッシュ（**brush**）と呼びます。また、高さの異なるループパイルを並べたものが、マルチレベルループです。

**Q** シャギーカーペット（shaggy carpet）とは？

▼

**A** パイルが太くて長いカーペットです。

もこもこした感じのカーペットで、小さなラグ（rug）によく使われます。

［スーパー記憶術］
はしゃぎすぎて　長い髪がめちゃくちゃ
シャギー

シャギーカーペット
太くて長い
もこもこしたやつか
髪のシャギーは違うわよ


- shaggyとは毛むくじゃらの、けば立ったという意味が原義で、そこから毛足の太くて長いカーペットをシャギーカーペットと呼ぶようになりました。パイルの長さは30mm以上が多いです。髪型でシャギーとは、毛先をそろえずにすいてボリュームを徐々に落とし、パラパラ感、サラサラ感を出すことをいいます。
- ラグとは、床の一部に敷く敷物のことです。シャギーの小さなカーペットをシャギーラグと呼ぶこともあります。

**Q** ニードルパンチカーペット（needle punch carpet）とは？

▼

**A** 繊維を重ね、機械針で突き刺してからみ合わせてフェルト状にしたカーペットです。

パイルがなく、ザラザラして固い手触りの安価な敷物で、商業施設やオフィスなどに使われます。

• パイルがないので、カーペット特有の柔らかいふかふかした感じはありません。筆者の設計事務所の床に敷いていたことがありますが、耐久性は高く、荒い使い方でも破れたりしませんでした。

**Q** 部屋の大きさに対するカーペットの敷き方は？

▼

**A** 下図のように、敷き詰め、中敷き、部分敷きがあります。

グリッパー工法（R194参照）などを使って部屋全体に敷き詰めるのが敷き詰め、部屋の広さよりやや小さめのカーペットを部屋の真ん中あたりに敷くのが中敷き、部屋のごく一部に敷くのが部分敷きです。

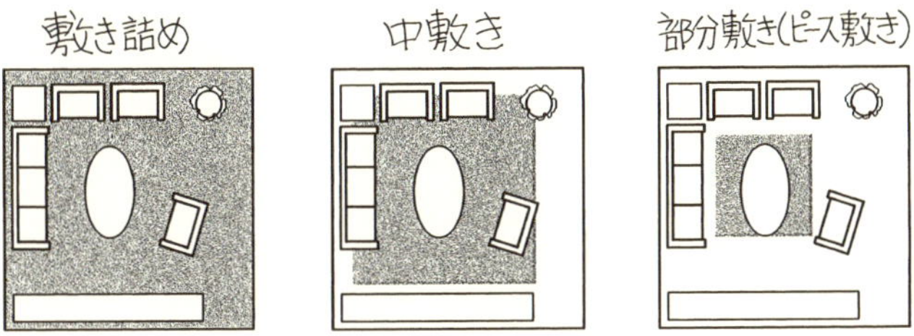

ラグはデザインに使えるわよ！
rug
部分敷き


- 掃除や交換のしやすさ、コスト安などの理由により、住宅では敷き詰めは減り、部屋はフローリングにして、カーペットは中敷きか部分敷きにする例が多いです。
- ラグ（rug）とは、床の一部に敷くカーペットなどの敷物のことです。

**Q** 磁器質タイルと陶器質タイルの違いは？

▼

**A** 陶器質は磁器質に比べて吸水性があり、 汚れが付きやすいです。

磁器と陶器の違いは、 粘土の量、 珪石と長石の量、 焼成温度の違いです。 磁器は石のもの、 陶器は土のものといわれるのは、 その性質を表しています。 一般に茶碗は磁器が多いようです。

- タイルのカタログには、床用、壁用、浴室床用、玄関床用、内部用、外部用などと指定されています。床には、滑りにくく割れにくいタイルが使われます。それでもヒールの高い靴や雨の日の濡れたタイル面は滑りやすく、店舗や玄関の床では滑りにくさを優先して材料を選ぶ必要があります。
- 磁器より若干吸水率の劣るものをせっ器（炻器）といいます。吸水率は磁器で1%以下、せっ器で5%以下、陶器で22%以下です。赤茶色のクリンカータイルは、せっ器質タイルの一種です。

**Q** 釉（ゆう）とは？

▼

**A** タイルを焼く前に塗る上薬（うわぐすり）のことです。

釉薬（ゆうやく）ともいい、「釉薬」や「釉」を「うわぐすり」と読むこともあります。タイル表面のガラス質を強化して強度を増し、色や光沢を付けます。

●釉薬を施すことを施釉（せゆう）といいます。

**Q** 素焼きタイルとは？

**A** 釉薬を掛けずに低温で焼いたタイルです。

赤茶色、こげ茶色、薄茶色などの土に近い色で、表面がザラザラしたタイルです。赤茶色の植木鉢も素焼きです。**テラコッタタイル**（terracotta tile）とも呼ばれます。土間に敷くと、土っぽい素朴なデザインとなります。

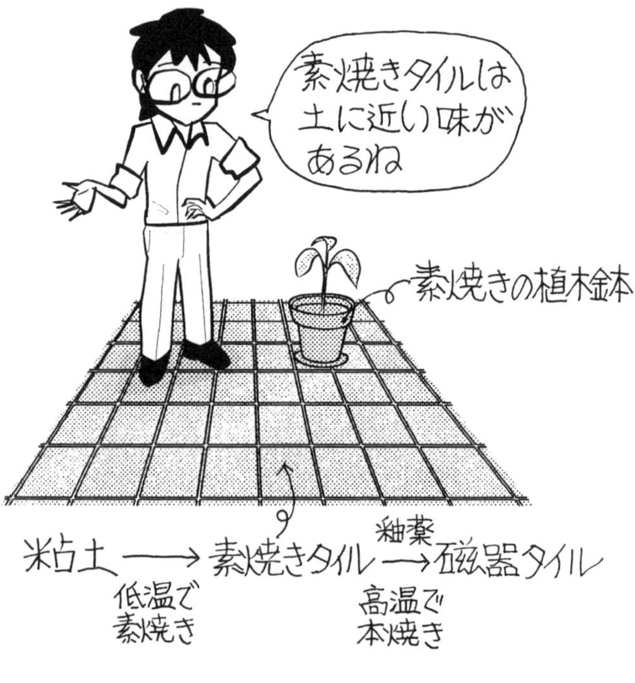


- 低温で素焼きした後に釉薬を掛け、次に高温で本焼きしたのが磁器です。素焼きは本焼き前の状態です。吸水性があるので、外に使う場合はクリア塗装します。製品によっては最初から透明な塗膜が付けられていることもあります。
- テラコッタのテラはイタリア語で土、コッタは焼くという意味で、焼いた土が原義です。

**Q** タイルの役物（やくもの）とは？

▼

**A** コーナーに貼るL形のような特殊な形のタイルのことです。

平らなタイルは平物（ひらもの）、L形のタイルは役物です。出隅のコーナーを平物で貼ると、小口（こぐち：厚みの部分）が見えて格好が悪くなります。

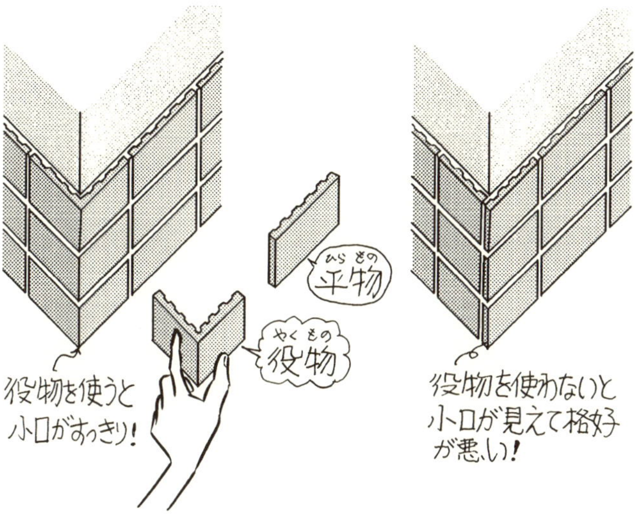


- たとえば柱にタイルを貼る場合、コーナーには役物を使うと指定しておかないと、平物を使われてしまうことがあります。役物は立体的な分、材料のコストが掛かります。平物だけでコーナーをきれいに納めようとする場合、平物の小口を45度にカットして合わせる「留め（とめ）」（R231参照）にしなければなりません。

**Q** モザイクタイル（mosaic tile）とは？

▼

**A** 50mm角以下の小型のタイルのことです。

色彩豊かな25mm角のモザイクタイルは、商業建築のインテリアでよく使われており、磁器質のほかにガラス質もあります。

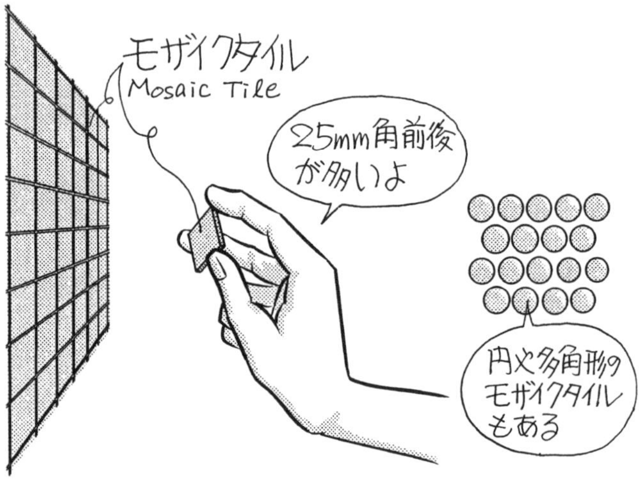


- 円形、多角形のモザイクタイルもあります。目地を縦横に通すイモ目地（通し目地）や互い違いのウマ目地のほかに、ランダムに貼る方法もあります。小さなタイルなので、曲面を覆うときにも使えます。洗面台にモザイクタイルを使う場合もありますが、目地が汚れるという欠点があります。
- 複数のタイルが30cm角程度の台紙に貼られたユニット（単位）で搬入され、壁に紙ごと貼った後に、水を掛けて台紙をはがすユニット工法（ユニットタイル圧着貼り工法）で貼っていきます。

**Q** イモ目地、ウマ目地とは？

▼

**A** イモ目地は縦横に目地が通る目地、ウマ目地は縦目地だけ互い違いにした目地です。

イモ目地は、通し目地ともいいます。

- 芋の根は縦横にそろっているからイモ目地、レンガを馬乗りに重ねたときの形だからウマ目地となったともいわれています。
- タイルはレンガ積みを簡略化するところから来ています。ですから、レンガの積み方がタイル目地に影響しています。目地を通してレンガを積むと重さが横に広がらず、割れが入りやすいのでやりません。ただタイルの場合は重さは関係ないので、小さなタイルではイモ目地に貼ることが多いです。小さなタイルを互い違いに貼ると、見た目がゴチャゴチャしてしまうからです。ウマ目地に貼るのは、一般に大きめのタイルです。

**Q** ねむり目地とは？

▼

**A** 目地幅をまったくとらない目地のことです。

タイルや石を貼る場合、通常は目地にセメントやモルタルを詰めます。外部ではそうしないと目地から水が浸入してしまうからですが、インテリアでは目地幅をとらない方法も多く用いられます。

普通の目地
ねむり目地
水が入りやすい
寸法の逃げが効かない
目を閉じた目地よ！

- 目地幅があると、そこでタイル割りを調整することができます。たとえば5mm横幅が足りないといった場合、10本の目地があるときは0.5mmずつ目地幅を広げて調整するなどができます。ねむり目地の場合は、タイルを切って調整するしかありません。寸法の逃げが効かないということです。

## ★ R206　石材　その1

**Q** 花崗岩（かこうがん）とは？

**A** マグマが固まってできた火成岩の一種で、耐久性、耐水性、耐摩耗性に優れた石です。

**御影石**（みかげいし）ともいい、外装に使う石のほとんどは花崗岩です。インテリアの床、壁にも多く使われます。床に使う場合は、滑らないように表面をザラザラに加工する必要があります。

- 国会議事堂にも花崗岩は使われています。城の石垣や、墓石も多くは花崗岩です。

**Q** 大理石とは?

▼

**A** 既存の岩が高温、高圧によって変化して再結晶してできる変成岩の一種で、白くて美しい反面、酸に弱いという欠点もあります。

ギリシャのパルテノン神殿、インドのタージマハールは大理石でできています。彫刻にもよく使われた美しい大理石ですが、カルシウムを含むアルカリ性で酸に弱く、酸性雨で黒ずんでしまいます。

パルテノン神殿は
大理石を積んでいる
タージマハールは
大理石を張っている
大理石を
彫った彫像
白くて光沢
のある肌が
大人気よ!

- パルテノン、タージマハールともに必見の建物です。タージマハールは、色の付いた石が白い大理石の壁面に象嵌され、偶像のない抽象的な装飾が実に美しく、筆者が1カ月近くインド建築をめぐる旅行をした際にもっとも感動した建物でした。ヨーロッパ建築史の原点として、またコルビュジエの礼賛した建物としてパルテノンを訪れる人は多くいますが、タージマハールはただの観光地と勘違いしている学生も多くいます。インドではサンチーのストゥーパとともに、ぜひ訪れてください。

**Q** トラバーチンとは？

**A** 縞状の模様と構造を持つ石灰石の一種です。

大理石に模様は似ていますが、大理石ほど硬くなく、光沢もありません。

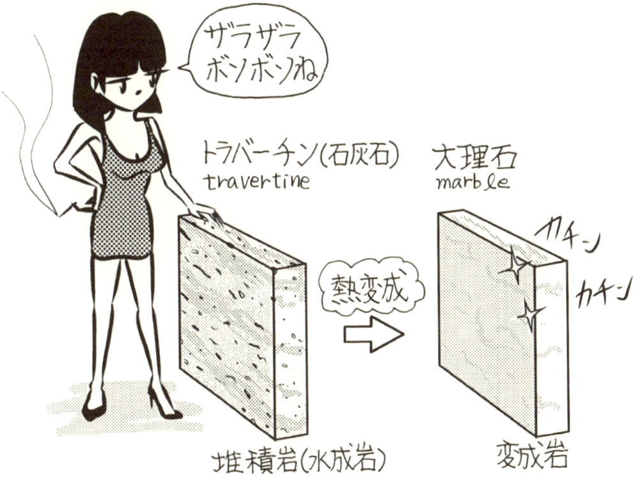


- 堆積岩（=水成岩）である石灰石が熱変成して再結晶したのが、変成岩である大理石です。
- トラバーチンは大理石と同様、主成分は炭酸カルシウムで、アルカリ性です。酸に弱く、酸性雨で黒ずんでしまいます。大理石とともに外部は利用不可で、内装に使われます。日本で使われるトラバーチンの多くは、イタリアなどからの輸入材です。

**Q** 蛇紋岩（じゃもんがん）とは？

**A** 蛇の表皮のような模様（≒紋様：もんよう）を持つ濃い緑色の石です。

濃い緑色に白っぽい部分を含んだ蛇の表皮のような模様を持ち、光沢もあるので、渋めのインテリアに使われます。床、壁、カウンタートップ（天板）などに使います。

- 模様の部分から吸水しやすいので、外部には適しません。
- 蛇紋岩は、カンラン岩（火成岩）が変成して生成された変成岩です。

**Q** 砂岩とは？

**A** 砂が水中に堆積して固まった堆積岩（水成岩）で、表面はザラザラしています。

表面がサンドペーパー（紙ヤスリ）のようにザラザラしていて、水がしみ込みやすく、汚れやカビも付きやすいので外部の使用は不可。耐火性、耐酸性に優れているので、内装の壁材として使われます。

それが固まった
のが砂岩よ
砂岩
sandstone

・火成岩：花崗岩など
・堆積岩(水成岩)：トラバーチン(石灰石)、砂岩など
・変成岩：大理石、蛇紋岩など

● 火成岩、堆積岩（＝水成岩）が何らかの変成作用を受けて変成岩となります。

**Q** 石の表面をツルツルにする仕上げは？

▼

**A** 本磨きなどです。

粗磨き→水磨き→本磨きの順に磨いて、表面を光沢のあるツルツルの肌にします。それぞれの段階で、粗い研磨具から細かい研磨具へと替えていき、最後は**バフ仕上げ**となります。バフとはフェルト、ウレタンなどでできた輪状の研磨具です。

- ディスクグラインダーという円盤を回す機械にバフを付けて、回転させて研磨します。バフは石のほかに金属や木を磨くときにも使います。本磨きされた石はデコボコが少なく、水もたまりにくく、壁や天板などに使われます。滑りやすいので、床には使わない方が無難です。

**Q** ジェットバーナー（jet burner）仕上げとは？

▼

**A** 石の表面をジェットバーナーで焼いて、表面に細かい凹凸を出す仕上げのことです。

石の成分によって、融点や膨張率が違うため、溶けて飛ばされる部分と残る部分ができて、表面に細かい凹凸をつくることができます。花崗岩などに使われます。

- サンドブラスト（sandblast）仕上げとは、石表面に細かい鉄砂を噴射して、細かい傷を付けてザラザラにする仕上げです。きめ細かさは本磨きが一番細かく、次いでサンドブラスト、ジェットバーナーの順となります。
- 床にツルツルの石を張ると、ぬれたときなど滑って危ないため、ジェットバーナーかサンドブラストを使って、表面をザラザラにします。本磨きされた石を建物に貼った後に、後からジェットバーナーやサンドブラストを掛けてザラザラにすることもあります。

**Q** コブ出し仕上げとは？

▼

**A** 表面に大きな凹凸を出す石の仕上げです。

石を割っただけの割り肌仕上げよりも、さらに大きな凹凸を出します。

- 石をダイヤモンドカッターで切った場合は、切断面に刃の細い線が残ります。割り肌はくさびを打ち込んで割るので、きれいな凹凸が残ります。
- デコボコの付いたハンマーで叩く小叩き仕上げや、ビシャン仕上げよりも大きな凹凸が付くのが割り肌仕上げ、コブ出し仕上げです。コブ出し仕上げは、自然の岩に近い風情が出ます。

**Q** 内装に使われる石の厚みは？

**A** 壁用として**5mm**程度からありますが、通常は**30mm**程度です。

厚みは石の強度上、大理石、花崗岩＜砂岩となります。切断された石（ひき石）の場合は薄く、割り肌の石（割り石）の場合は厚くなります。

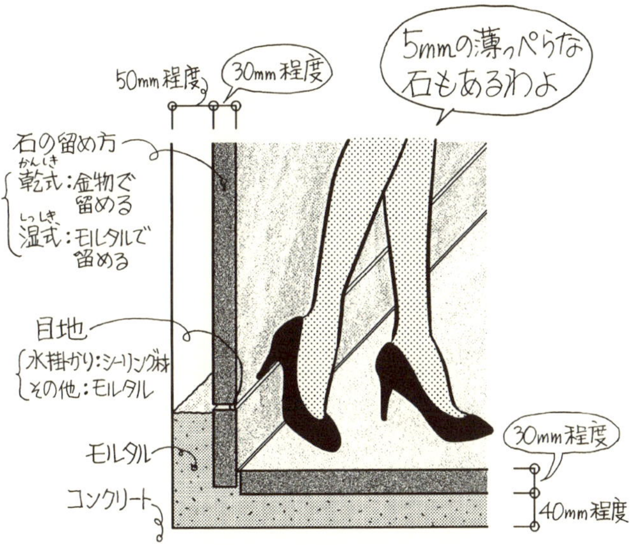


- 床はモルタルで接着し、壁は金物で引っ掛けた後に隙間にモルタルを充填します（裏込めモルタルといいます）。金物（ファスナー）だけで支える工法もあります。モルタルで埋めるのを湿式、モルタルを使わずに金物だけで支えるのを乾式と呼びます。
- 水の掛かる所（水掛かり）の目地にはシーリング材（弾力のあるゴム状になる充填材）を打ち、それ以外の目地はモルタルで埋めたり、ねむり目地とします。
- 壁仕上げ用に、**5mm**程度の薄い石も発売されています。軽いので接着剤や両面テープでも留められます。

**Q** テラゾー（ブロック）とは？

**A** 細かく砕いた石を白セメントなどで固めた人造石の板です。

大きな石の板は高価なため、小さな石を集めて固めて安い人造石の板とします。テラゾーブロックは主にインテリアに使われ、浴室、トイレの床や間仕切り、腰壁や手すりの笠木などに多用されます。

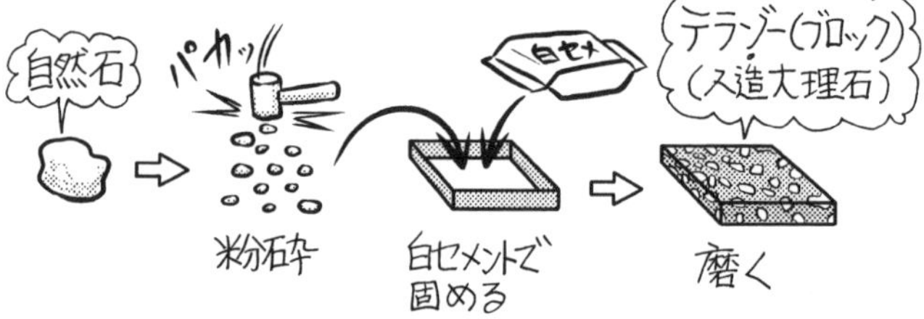


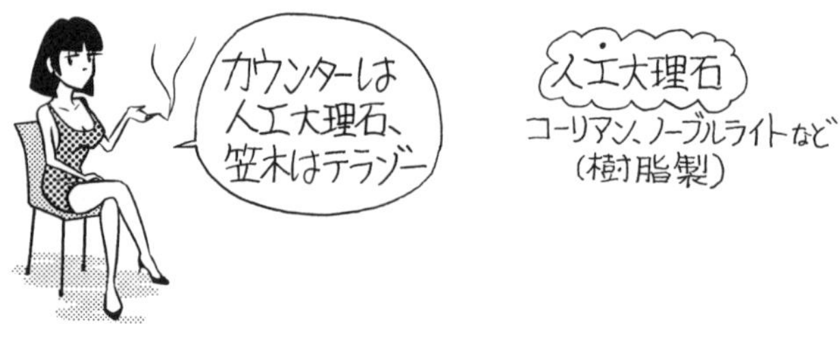

カウンターは人工大理石、笠木はテラゾー
人工大理石
コーリアン、ノーブルライトなど（樹脂製）


- テラゾー（terrazzo）とは、イタリア語で、自然石を細かく砕いて床などに敷き詰めるモザイク仕上げのことです。
- テラゾーブロックは人造大理石とも呼ばれますが、樹脂製の人工大理石（R186参照）とは別のものです。

**Q** フロートガラスとは？

▼

**A** 溶融金属に浮かせて（フロートさせて）つくる透明板ガラスです。

ガラス面が少しでもデコボコすると不透明になってしまいます。そこで平滑な溶融金属（スズ）の上に溶けたガラスを浮かせて、厳密に平滑な面をつくり、透明なガラス板とします。

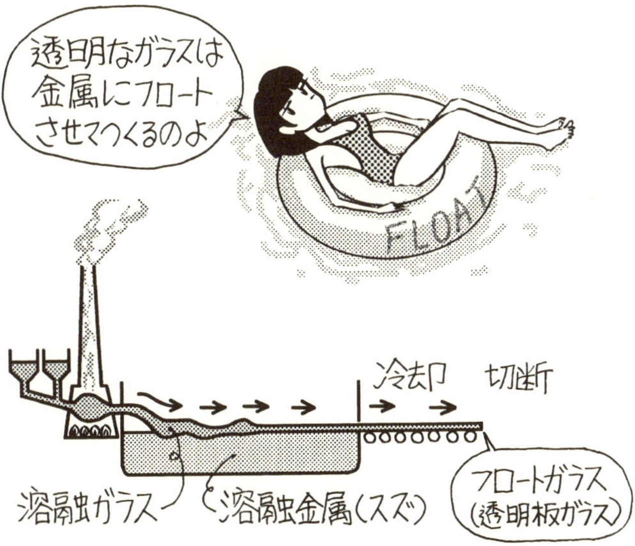


- フロートガラスの厚みは、2 mm、3 mm、4 mm、5 mm、6 mm、8 mm、10 mm、12mmなどがあります。住宅やマンションの窓ガラスに使われるのは、多くが5mm厚のフロートガラスです。

**Q** 型ガラスとは？

▼

**A** 片面に凹凸の型が付けられた不透明なガラスです。

溶融金属から出てきたガラスをロールに通しますが、ロールの片方を型付きのものとして、デコボコを付けます。**型板ガラス**ともいいます。

型ガラスは
見えない
ガラスよ！
型ガラス
凹凸の型
フロストガラス
も見えないよ
フロスト加工
（サンドブラスト加工）

- 数は少ないですが不透明なガラスとして、フロストガラス（すりガラス、曇りガラス）も使われます。砂や研磨材を吹き付けて（サンドブラストして）ガラス表面に細かい傷を付けて、不透明にします。部分的にフロスト加工することもでき、模様を付けるなどの応用も可能です。

**Q** 複層ガラス（ペアガラス）、合わせガラスとは？

▼

**A** 複層ガラスは中に空気を閉じ込めた断熱のためのガラスで、合わせガラスは樹脂をガラスでサンドイッチした防犯のためのガラスです。

空気は熱を通しにくいので、乾燥した空気やアルゴンガスをガラスの間に封じ込めて、断熱性能を上げます。樹脂は割れにくいので、ガラスでサンドイッチして防犯性を上げます。

［スーパー記憶術］

服装　は　ペアルック

複層ガラス　ペアガラス

● ペアガラスと合わせガラスはよく間違われるので注意しましょう。

**Q** 強化ガラスとは？

▼

**A** フロートガラスの数倍の衝撃強度があるガラスです。

大型のガラス面、ガラス製の手すり、ガラスの床などに使われます。ガラスのテーブルや棚、床下に設置された埋蔵遺跡や都市模型を見せるためのガラスの床などにも使われます。

- フロートガラスを加熱後に急冷すると、強化ガラスができます。割れるときは、ガラス特有の鋭角的な破片にならず、粉々になって安全です。車のフロントガラスは、強化ガラスでフィルムをサンドイッチした合わせガラスで、さらに安全につくられています。
- 強化ガラスの英訳は**tempered glass**ですが、**temper**は鋼やガラスを焼き戻して強化するという意味があります。

**Q** ガラスを留めるにはどうする？

▼

**A** ガラスを溝に差し込んでゴムやシーリング材で留める、孔をあけてボルトなどの金物で留めるなどの方法があります。

ガラスを溝に差し込んで、隙間をシーリング材やゴムで埋めるのが通常の方法です。1本のゴムで留める場合は、そのゴムはガスケット、細いゴムを両側に入れる場合はビードと呼ばれます。

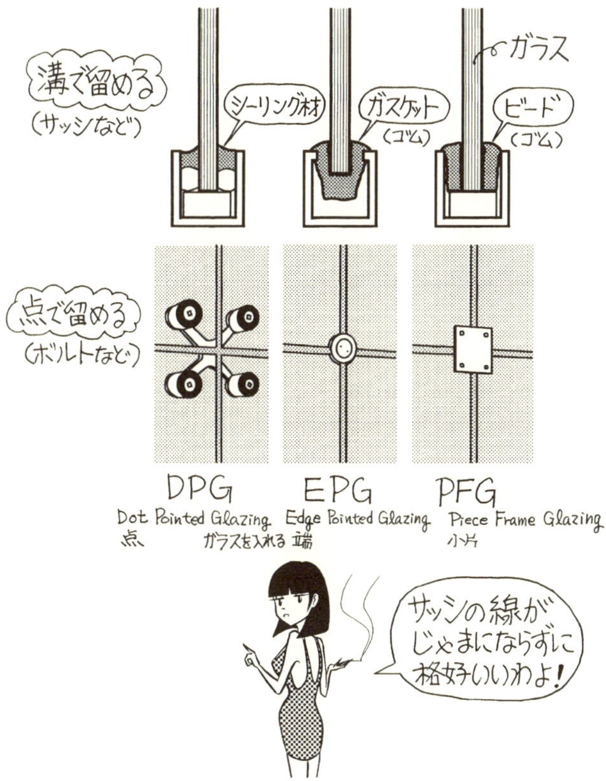


- DPG、EPG、PFGは外装の際に使う構法ですが、内装で手すりをつくるなどの場合にも使うことができます。ガラスをサッシなどの枠に入れると、枠が目障りになりますが、金物などにより点で留める場合は、すっきりと見せることができます。
- glazingのglazeとは、ガラスをはめるという意味です。

**Q** ポリカーボネート板とは？

▼

**A** 衝撃強度の高い樹脂（プラスチック）の一種です。

ガレージの屋根、ひさし、ベランダの手すり壁によく使われ、インテリアでは框戸（かまちど：框と呼ばれる枠で板、ガラスなどを囲う戸）にも使われます。ガラスは重い、割れやすいという欠点がありますが、ポリカーボネートは軽くて、割れにくい素材です。

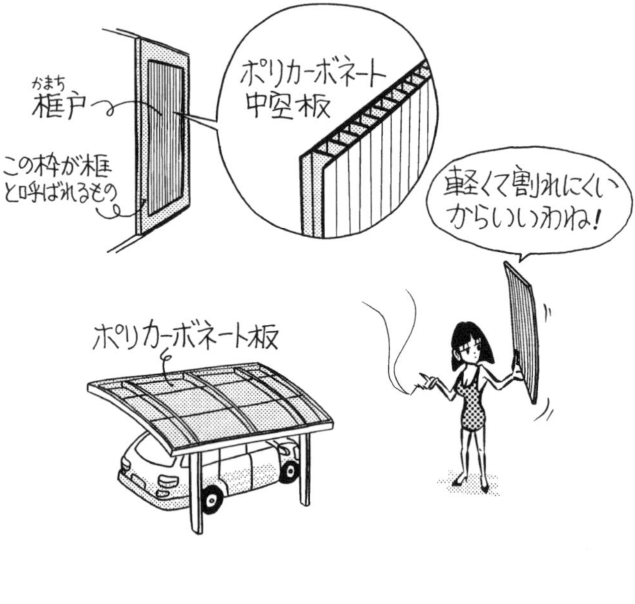


- ポリカーボネートは割れにくい反面、軟らかいので表面に傷が付きやすく、燃えやすいのが短所です。ポリカ、ポリカーボなどとも呼ばれます。
- ダンボールのように中に空洞のある板にすると、曲がりにくいわりに軽い板ができます。ポリカーボネート中空板（ツインカーボ）といいます。中空板はインテリアの框戸や間仕切りなどにも使われています。

**Q** 幅木を付けるのは何のため？

▼

**A** 壁と床の納まりをよく見せるため、壁の下を補強するため、汚れを目立たなくするためなどです。

幅木とは、壁の一番下に付ける細長い板です。幅木を付けないと、床板や壁板の端部がそのまま露出します。両者がきれいに切られていなかったり、隙間なくぴったりと合わさっていないと、見た目が悪くなります。また壁の下部は、掃除機やスリッパ、靴などが当たり、傷や汚れが付きやすい所なので、幅木で保護します。また濃いめの色の幅木を付けることで、汚れを目立たなくすることもできます。

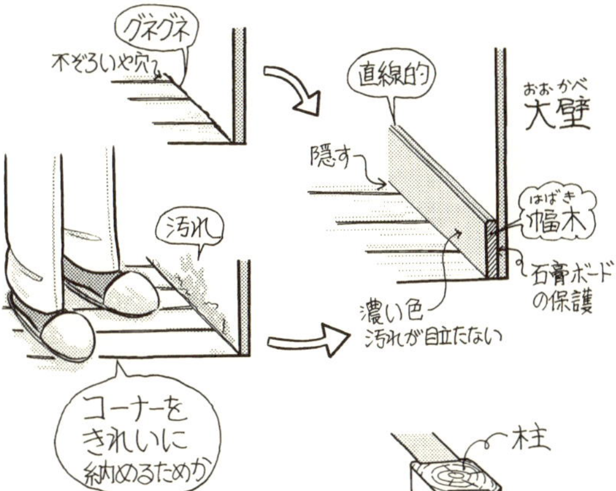


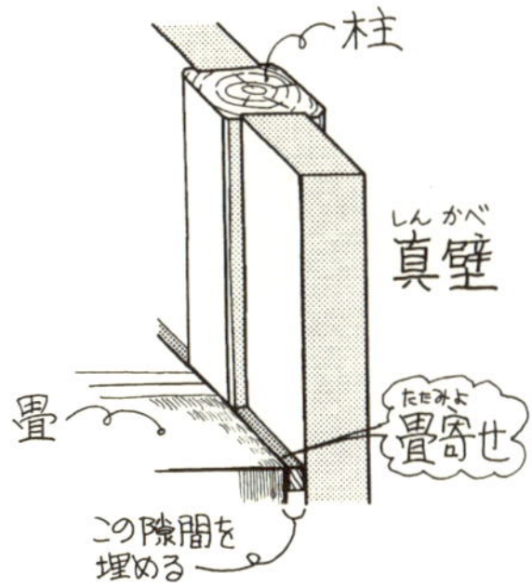


- 木製幅木は6mm×60mm程度で、既製品も多数あります。樹脂製のソフト幅木は1mm×60mm程度で、カッターでも切れるので工事が楽で、コストも掛かりません。
- 床面、壁面、天井面などの平面の端部に入れる棒状のものは、「見切り」とも呼ばれ、納まりをよく見せる基本的な手法です。板を切断した小口（切断面の板厚の部分）を隠す役割も担います。
- 畳敷きの真壁の部屋では、幅木は使わずに畳寄せを使います（R128参照）。

**Q** 出幅木、入り幅木、平幅木とは？

▼

**A** 壁面に対して幅木が出ているのが出幅木、入っているのが入り幅木、同面（どうづら）なのが平幅木です。

出幅木が一般的です。入り幅木、平幅木はコストアップにはなりますが、壁の足元をすっきりと見せることができます。

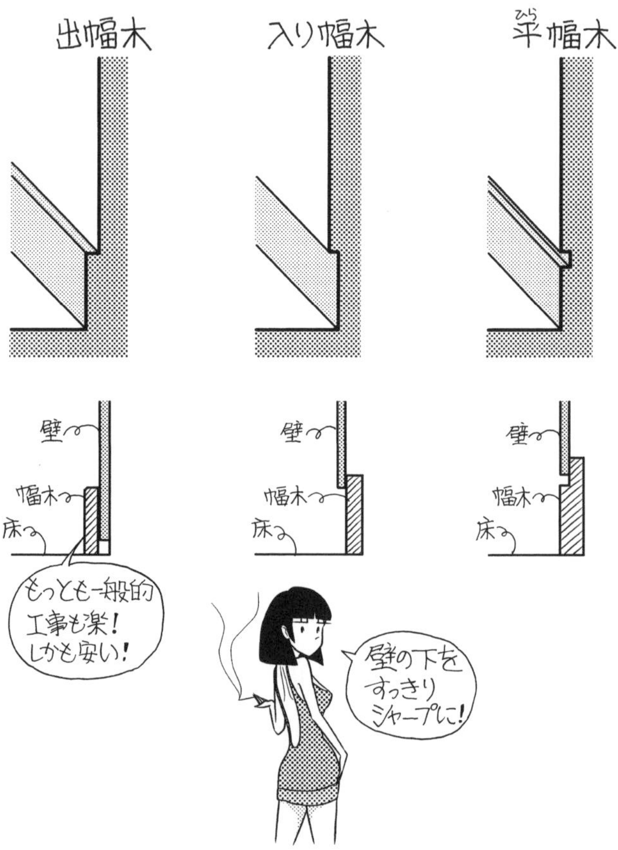


- 建築家は同面、面一（つらいち、めんいち）、揃（ぞろ）を好む傾向にあって、板厚分程度の目地を透かして面材を張る納まりはよく見かけます。
- 入り幅木、平幅木にして壁紙を貼る場合、目地の厚み分の小さな折り込みがあるので、その部分がはがれやすくなります。

**Q** ドア枠の壁からの出（散り）と幅木の厚み、どちらを大きくする？

▼

**A** 下図のようにドア枠の出の方を大きくして、幅木がドア枠から外に出ないようにします。

平行な**2**平面間の小さな距離を散りといいます。枠は壁から少し出して、小さな散りを取って納めます。ドア枠の散りが**10mm**で幅木の厚みが**15mm**ならば、幅木が**5mm**外に出てしまいます。厚みが**6mm**とすればうまく納まります。

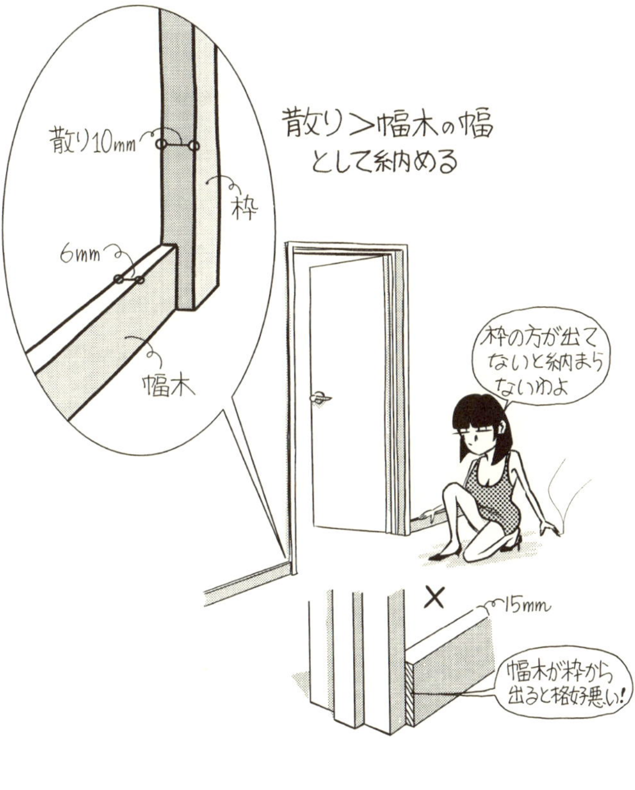


- ドア枠、窓枠の散りは、**10mm**程度が一般的です。設計側が詳細図で散り寸法を指定しなくても、施工側は納まりのいいように散りを取って工事してくれます。

**Q** 回り縁（まわりぶち）を付けるのは何のため？

▼

**A** 壁と天井の出合うコーナーの納まりをよく見せるため、天井板を載せる工事を楽にするためなどです。

壁と天井のコーナーに付ける細い棒を、回り縁といいます。天井板のギザギザの切り口を隠すため、コーナーをすっきりと直線的に見せるために入れる棒です。

- 板の端部（縁）に入れる細い棒のことを縁（ふち）と呼びます。天井の縁をグルリと回る細い棒だから回り縁です。天井面、壁面を見切る線として入れるので、見切り材、見切り縁（ぶち）ともいわれます。
- 回り縁を入れずに、壁と天井を同じクロスや塗装で納めることもあります。デザイン的にはすっきりしますが、きれいに納めるには目透し（R228参照）を入れるなどの工夫が必要です。

**Q** 二重回り縁とは？

**A** 下図のような、2段に組まれた回り縁です。

真壁の和室で、さお縁天井（R125参照）のさお縁を納める材の下にもう1本材を入れて、2段にした回り縁です。下の段の材は、天井長押（てんじょうなげし、R132参照）と呼ばれることがあります。

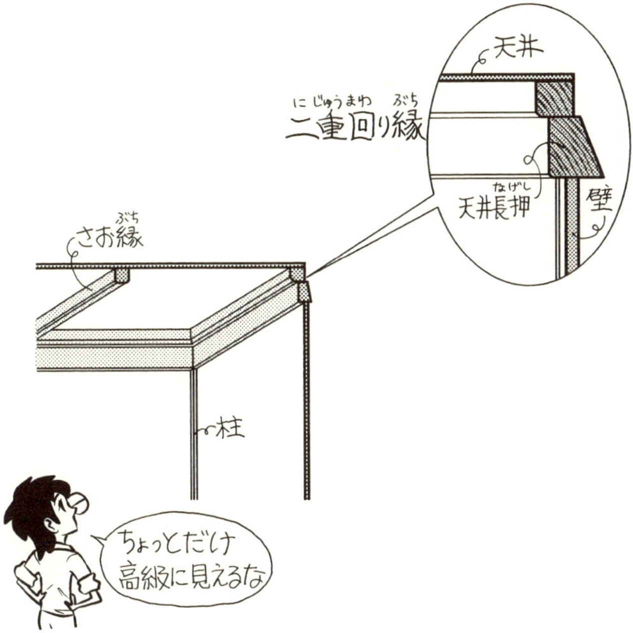


• 1本の回り縁よりもコストは掛かりますが、高級な納まりに見せることができます。

**Q** 天井見切り材とは？

▼

**A** 下図のような、天井の石膏ボードなどを簡単に納める、回り縁に代わる製品です。

プラスチック製、アルミ製などの製品があります。回り縁のような太い棒を使わずに、すっきりと天井を納めたい、コストを下げたい場合に使われます。小さな見切り材も、広義には回り縁の一種といえます。

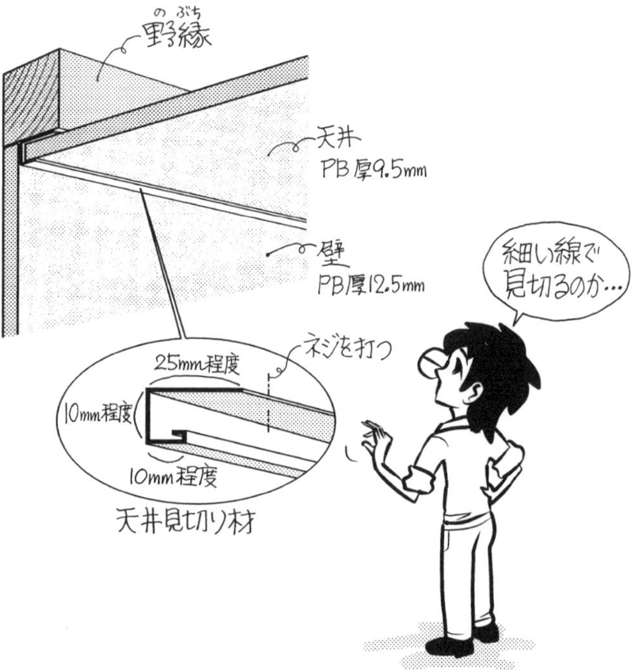


● 最初に、天井の板を留めるための骨組み（野縁：のぶち）に、見切り材をネジで留めます。次に、天井板を差し込んで留めていけるので、工事も楽です。

**Q** 目透し回り縁とは？

▼

**A** 回り縁をなくして、天井と壁がぶつかるところに少し隙間をあけて張る方法です。

板どうしをくっ付けずに、隙間をあけて張る方法を目透し張りといいます。天井と壁とがぶつかるコーナーも、回り縁をなくして目透し張りにすることがあります。棒がなくなって、すっきりとしたデザインとなります。

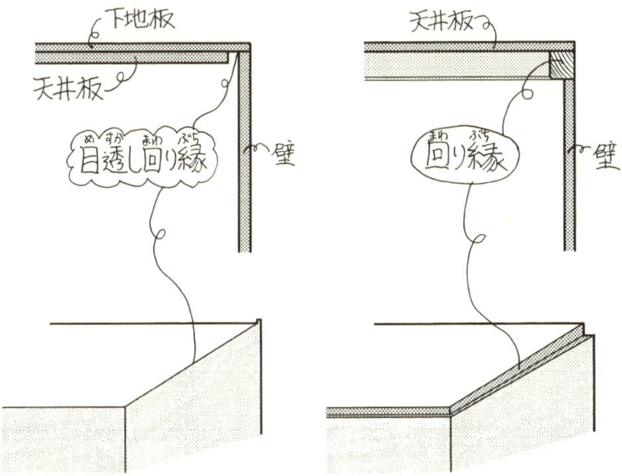

- 目透しを壁の方に入れることもあります。

**Q** 回り縁、見切り材なし、目透しなしで天井端部を処理するには？

**A** 下図のように、内装用のシーリング材などを打つことがあります。

もっとも安くて簡単な仕上げは、回り縁や見切り材を付けずに、壁、天井とも壁紙（クロス）を貼ったり、塗装をしてしまうことです。コーナーの部分に隙間ができた場合や、壁紙をはがれにくくしたいときなどには、シーリング材を打つことがよくあります。

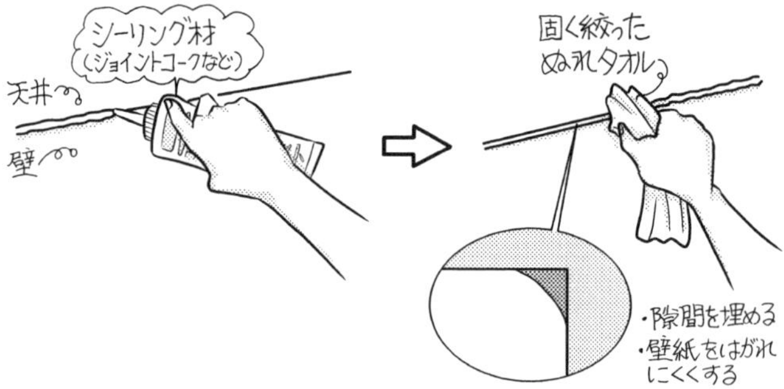

- 壁紙をコーナーでカットした場合、はがれやすくなり、また隙間もできやすくなります。シーリング材を打つと、はがれにくく、隙間も隠すことができます。隙間の修正用、目隠し用としてもシーリング材はよく使われます。
- ヤヨイ化学工業のジョイントコークがもっとも多く使われています。ジョイントコークを角に当ててシールを打ち、固く絞ったぬれタオルで拭き取るときれいに仕上がります。筆者は築古木造のセルフリフォームをよく手がけますが、ジョイントコークは修正用に必需品です。
- シーリング（sealing）材は、コーキング（caulking）材ともいいます。ジョイントコークのコークはそこからとっています。

**Q** 回り縁は柱より、出ている？ 入っている？

**A** 出ています。

回り縁の面内で柱を納めることもありますが、一般には、柱よりも外に回り縁を出して納めます。回り縁よりも柱が出ていたら、回り縁がブツブツと切れるばかりか、天井板に柱の欠き込みもできてしまいます。

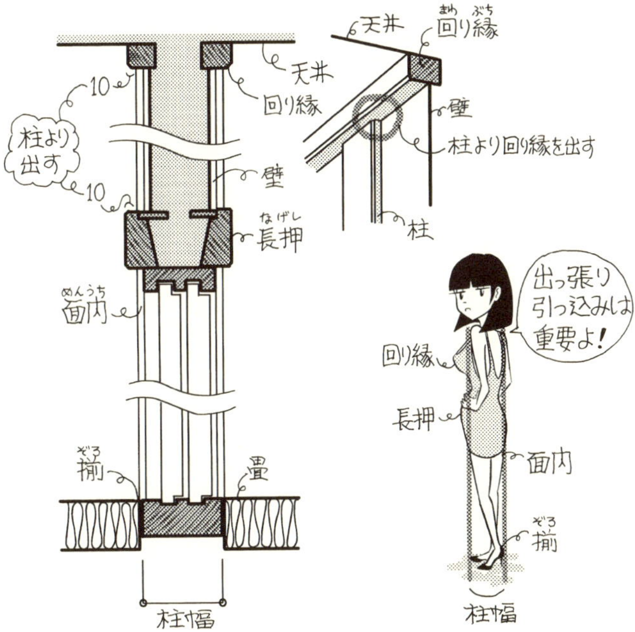


- 基本的には敷居幅=柱幅ですが、片側が縁側や、板の間で段差があって敷居が床より浮いている場合、室内側だけ面内で納めるなどします。

**Q** 留め（とめ）とは？

**A** 出隅、入り隅で2枚の部材を、互いに45度などに切って、小口を見せずに接合する方法です。

小口（切断面）を見せずに合わせられるので、見た目がきれいです。ドア枠、窓枠、幅木、長押、回り縁などの出隅、入り隅で使います。

- 部材の大きさが違う場合は、45度ではないこともあります。ドア枠などの高い所では縦材を勝たせて（通して）も、小口が見えないので、留めにしないことも多いです。一方を勝たせる納め方は、やり違いといいます。
- 留めは以前は、腕のいい大工さんが、ノコで45度に切って合わせていました。和室の留めの仕口（しぐち）で、工事をした大工さんの力量を知ることができました。現在では斜めに傾けられる丸ノコ（電動ノコ）で簡単に切れます。
- 仕口とは、部材どうしをある角度で継ぐ方法です。継手（つぎて）とは、同じ方向に継ぐ方法です。

**Q** 刃掛け（はっかけ）とは？

▼

**A** 見付けを細くシャープに見せるために、枠材を斜めにカットすることです。

刃のように細く見せる見切り材で、主に塗り壁の見切り材に使われます。全体を細い木材でつくろうとすると、欠けやすくなるので、見える所だけ細くするわけです。板壁でも、枠を刃掛けにして、板の小口を斜めにカットして枠にぶつければ、見付けを細い枠とすることができます。

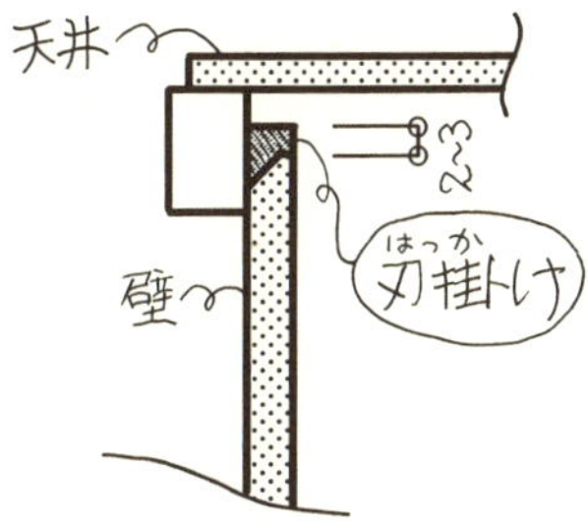


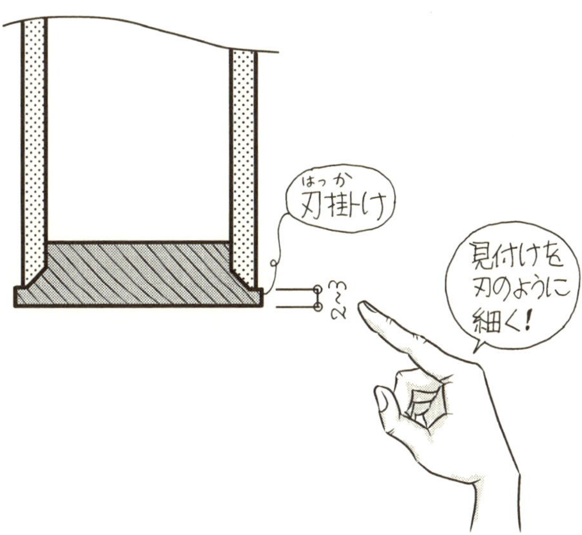


- 刃先の見付けは通常2～3mm程度にしますが、見付けをつくらず、刃先を完全に尖らせてしまうこともあります。いずれにしろ硬い木材を使います。
- 自分から見える側の寸法を見付け、奥行き寸法を見込みといいます。現場でよく出てくる用語なので覚えてしまいましょう。

**Q** 塗り回しとは？

**A** 下図のように、壁の角や開口部分に柱を出したり枠を付けたりせずに、塗り壁で処理することです。

枠を付ける処理は、壁の角が丈夫になる反面、枠が目立ってデザインがシンプルにならない、当たり前の納まりになるなどの欠点があります。塗り回しにすると、素朴さが強調できます。

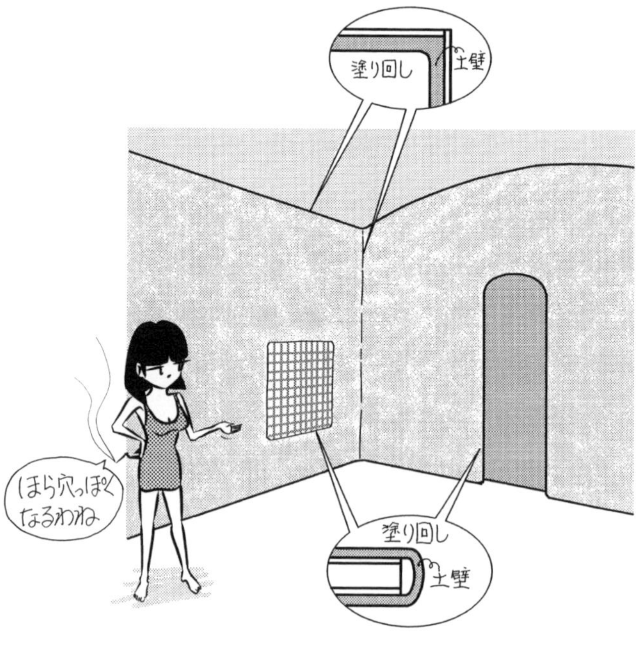


- 塗り回し床（どこ）とは、柱も壁と同じ壁土で塗り回して、洞窟のようにした床の間のことです。洞床（ほらどこ）ともいいます。
- 草庵風に見せたい茶室（R140参照）で、塗り回しはよく使われます。

**Q** 面内（めんうち）、揃（ぞろ）とは？

▼

**A** 一方の部材が面の内側になる納まりと、表面がそろう納まりです。

柱、回り縁などの木造の部材は、角が欠けないように、手を怪我しないように、またデザイン上の理由で角をカットする、面（めん）を取るのが普通です。部材どうしを合わせるのに、面の内側にするのか外側にするのかが問題となります。揃は、**同面**（どうづら）、**面一**（つらいち、めんいち）などともいいます。

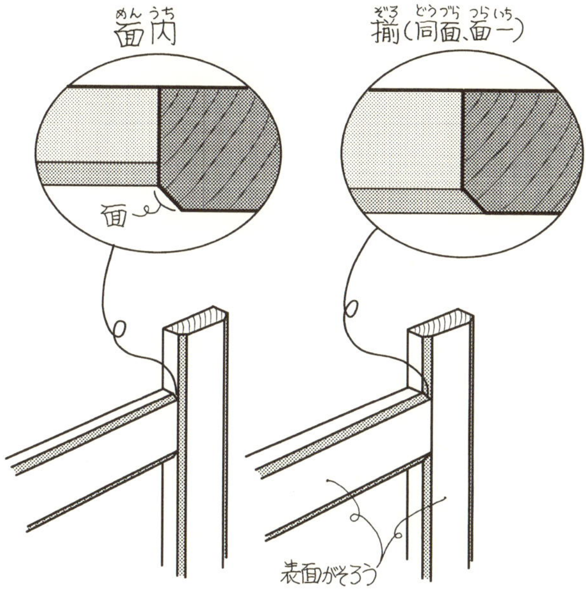

● 部材の表面どうしを段差なしの同じ平面に納めるのは難しいので、表面に段差を付ける方が工事は一般に楽です。

**Q** 和室の敷居（しきい）は柱に対して、面内で納める？　揃で納める？

▼

**A** 揃です。

柱が敷居よりも出っ張ると、畳を欠き込まなければなりません。また、畳寄せ側の畳と敷居側の畳の大きさが、違ってしまいます。敷居と柱の表面はそろえて、揃にして納めるのが一般的です。

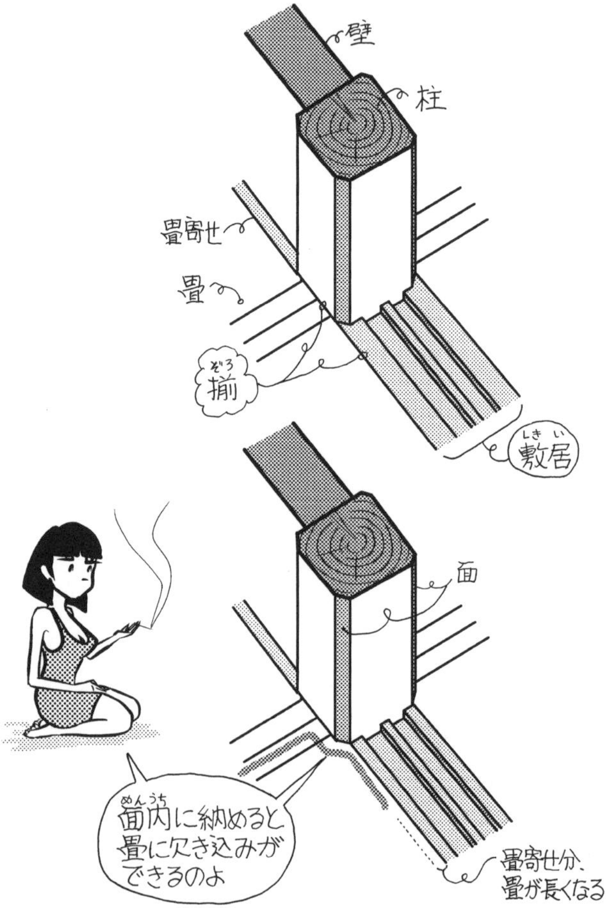


・サイコロの目がそろう意味の「ゾロ目」のゾロも、同じ「揃」という字です。

**Q** 和室の鴨居（かもい）は柱に対して面内で納める？　揃で納める？

**A** 面内です。

鴨居や欄間（らんま）の敷居は、柱の面内で納めるのが一般的です。

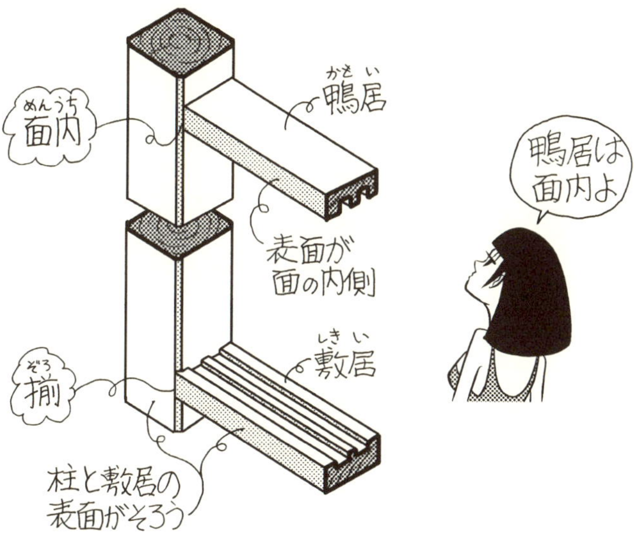


- 柱はものがぶつかりやすいため、面を取って傷付かないようにします。面があるために、表面を合わせて揃にする加工は大変です。表面のちょっとしたずれが目立ちますし、木は動くので竣工時にずれていなくても、年月とともにずれてくる可能性があります。面内でできるならば、その方が無難な納まりとなります。
- 柱の面の中間に当てるのが「面なか」です。面なかは面内に比べて加工が難しく、最近はあまり採用されていません。

**Q** 敷居では木表（きおもて）をどちら側にする？

▼

**A** 上側にします。

木の表に近い方を木表、芯に近い方を木裏（きうら）といいます。木は下図のように木裏の方を凸にしてそるので、そる側を下地の側に押し付けて留めます。逆に留めると、上にそってしまいます。鴨居も下地の側を木裏とします。

［スーパー記憶術］
木表を表側に、木裏を裏側にする

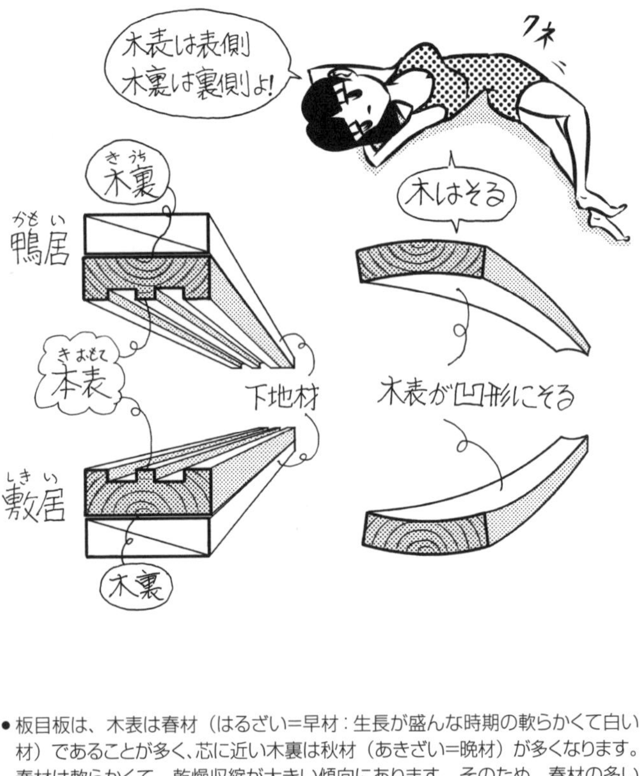


- 板目板は、木表は春材（はるざい＝早材：生長が盛んな時期の軟らかくて白い材）であることが多く、芯に近い木裏は秋材（あきざい＝晩材）が多くなります。春材は軟らかくて、乾燥収縮が大きい傾向にあります。そのため、春材の多い木表側が、収縮して凹形にそることになります。

**Q** 笠木（かさぎ）とは？

**A** 手すりの腰壁上部などに付ける仕上げ材を笠木といいます。

壁最上部の壁の厚みの部分（小口）に付けるのが笠木です。壁の下部に化粧として板を張る腰羽目板張りの上部の見切り材（ボーダー）も、笠木と呼ばれます。

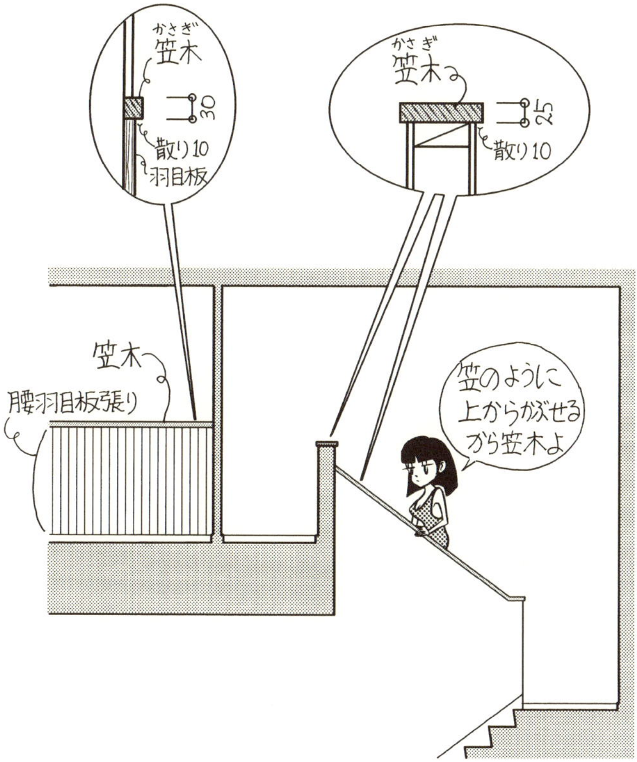


- 幅の狭い板を連続して張ったものを羽目板張りといいます。板を縦に張るのが縦羽目板、横に張るのが横羽目板です。羽目板上部は板の切断面（小口:こぐち）が出るので、それを隠す化粧材として棒を付けますが、その棒を笠木と呼びます。
- 陸屋根（ろくやね：フラットルーフ）端部、外壁の頂部を陸屋根よりも突出した部分をパラペットといいますが、その上部に付けるのも笠木です。パラペットの笠木は化粧としての仕上げ材であるほか、壁内部への雨水の浸入を防ぐ役割もあります。

**Q** 下がり壁の下端はどうする？

▼

**A** 下図のように、枠を付けて納めるのが一般的です。

天井から下がって途中で止まっている壁を、下がり壁（さがりかべ）とか**垂れ壁**（たれかべ）といいます。笠木は壁の上から蓋をする形ですが、こちらは壁の下から蓋をする形となります。

• 床の間の垂れ壁の下に入れる材、落とし掛け（R127、134参照）も垂れ壁端部を留める枠の一種といえます。

**Q** 窓枠、ドア枠、笠木、下がり壁端部の枠などにボードを差し込む溝を付けるのは？

▼

**A** 枠がそったりボードが動いたりうねったりした場合でも、隙間ができないようにするためです。

隙間ができにくいうえに、ボードを差し込んで留められるので工事も楽です。溝がないと、ボードをピッタリに切らねばならず、逃げがありません。

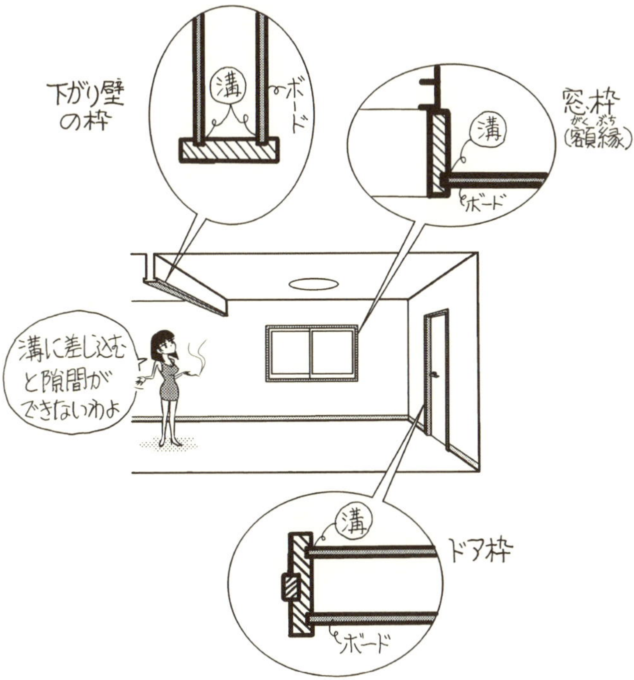


- 枠が薄い板だったりコストが安い場合、ボードを枠に当てるだけの納まりもあります。溝がないと、工事には神経を使ううえ、後々隙間ができやすくなります。
- 塗り壁が回り縁、鴨居、畳寄せとぶつかる所を彫り込んで（しゃくって）、塗り壁分を少し中に入れて、隙間ができないようにすることがあります。散り部分につくるしゃくり（凹部）なので、散りじゃくりと呼ばれます。
- しゃくる（杓る、決る）とは、細長い溝を彫ること、細長く欠き取ることです。

**Q** 床の板と板を継ぐには？

▼

**A** 下図のように、本実（ほんざね）、雇い実（やといざね）などによります。

凹凸（メスとオス）を合わせる**実継ぎ**（さねつぎ）が一般的です。実（さね）のうち、もともと板に付けられているのが**本実**、後から差し込むのが**雇い実**です。

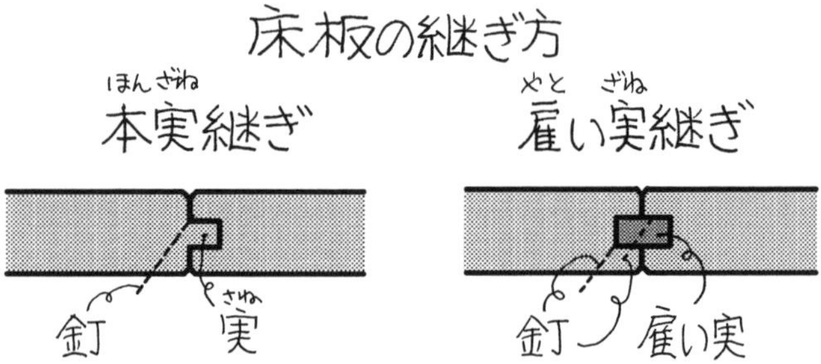

- 市販のフローリング材には、最初から実が付けられているのがほとんどです。床は重みや振動が掛かるので、突き付けだけで留めると、板どうしが離れてしまいやすいからです。
- 実継ぎのことを、実はぎともいいます。はぎは「接ぎ」「矧ぎ」という字です。実は突出部の方を指し、実ほぞともいいます。突出部を雄実（おざね）、溝を雌実（めざね）ということもあります。

**Q** 壁の板と板を平面方向に継ぐには？

▼

**A** 下図のように、相じゃくり、本実（ほんざね）、雇い実（やといざね）、突き付け、目透し、ジョイナーなどによります。

突き付ける場合は、両方の板の面を取って、V 溝などとします。目透しは板厚程度にあけて、目地底には**敷き目板**と呼ばれる板を張り、下地が見えないようにします。ジョイナーとは接合する（join）ための細長い材で、プラスチック製、金属製などが売られています。

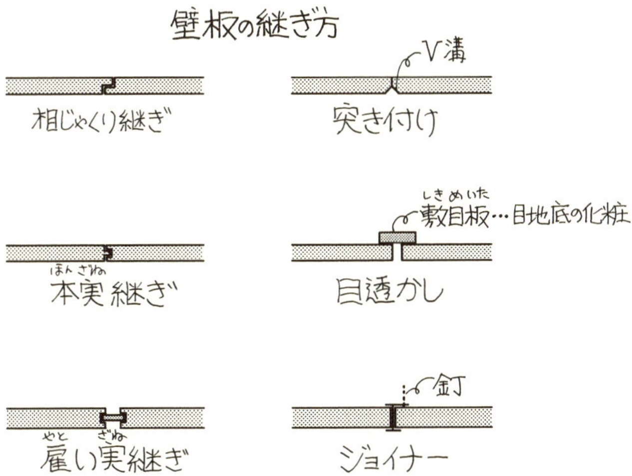

壁には床のように
重さが掛からないから
継手は簡単！


- 石膏ボードジョイント構法のような一体の平滑な面にならないため、溝や目地をつくってつなぎ目の線をきれいに見せるわけです。

**Q** 壁の板と板の出隅（ですみ）での納まりは？

**A** 下図のように、留めによる突き付け、木製見切り材、コーナー用ジョイナーなどによります。

板が硬くて厚い場合は、45度の留めにカットして突き付ければ、きれいに納まります。留めの部分に、実、雇い実を使うこともあります。見切り材を入れるのが無難な納まりですが、目透かしで目地を入れることもできます。コーナー用ジョイナーを使えば簡単に納められますが、ジョイナーの品質によって見映えが決まってきます。

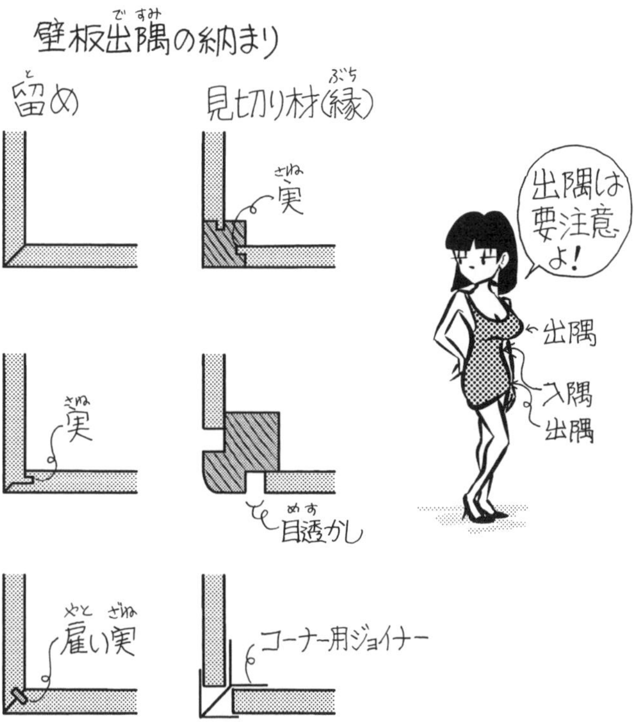


- 入り隅（いりすみ）の場合は、出隅よりも納まりは楽です。突き付けだけでコーナーを回すこともできます。
- 石膏ボードを角に回す場合は、欠けるのを防ぐためにL形の補強材を入れて、メッシュテープを張り、パテでならした上に塗装したり壁紙を貼ったりします。

## ★ R244　天井板の継ぎ方

**Q** 天井の板と板を継ぐには？

▼

**A** 相じゃくり、実、目透し、羽重ねなどによります。

相じゃくりの一方を伸ばして目透し風の**箱目地**（溝状に凹んだ目地）にする、天井板を交互に重ねて**大和張り**にするなど、さまざまな方法があります。

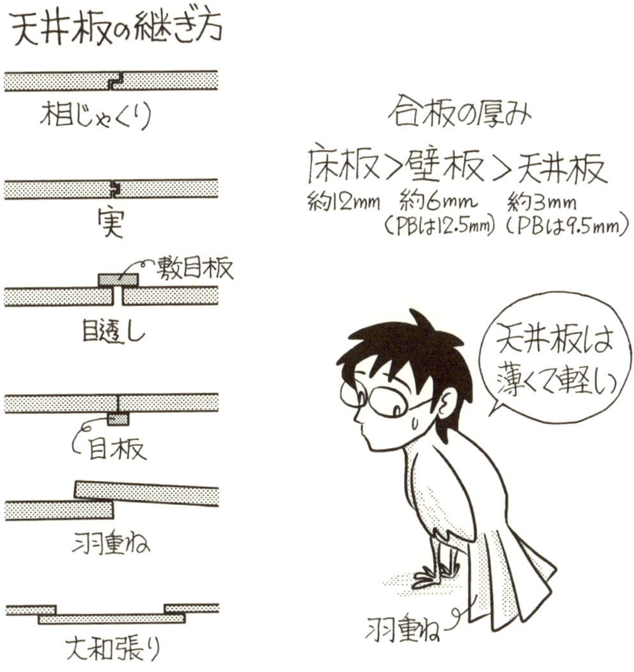


- 目透しと敷き目板による継ぎ方は、敷き目板張りと呼ばれることがあります。目透しでできた箱目地の中に、竹を入れる和風のデザインもあります。さお縁天井では、さお縁の上で天井板を羽重ねとするのが一般的です。
- 合板の厚みは、床板は12mm程度、壁板は6mm程度、天井板は3mm程度と、上にいくほど板は薄くできます。重みも上にいくほど掛からなくなるので、継ぎ方は、下は頑丈に、上は簡単になります。

**Q** 床下地の根太、合板はどうやって組む？

▼

**A** 下図のように、45mm×45 mm程度の根太を303 mm間隔に置いて、その上に12 mm厚の合板を敷くのが一般的です。

合板は、**コンクリートパネル**（コンパネ）や**構造用合板**を使います。その下地合板の上に、フローリングやフロアタイルなどを貼ります。

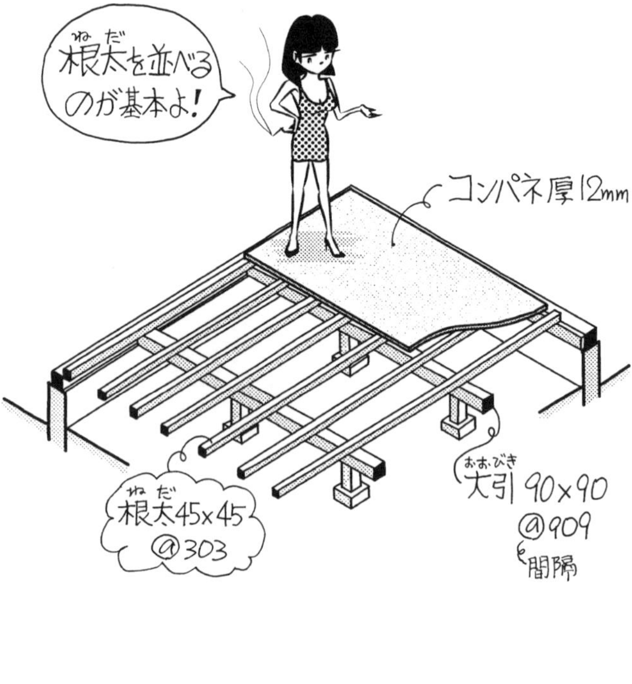


- 鉄筋コンクリートスラブ（版）の上に、少し持ち上げて床を組む場合も、木造で組むことが多いです。
- 303 mm間隔のことを、図面表記では@303と書きます。@は間隔とか単価といった意味で使われる記号です。
- 図面表記では3尺＝909 mmの1/3の303 mmを間隔としますが、現場では壁の内ー内の寸法を割った間隔になるので、ちょうど303 mmになるとは限りません。

**Q** 木造の壁下地はどうやって組む？

▼

**A** 下図のように、33mm×105 mm 程度の間柱を455 mm 間隔に立てます。

間柱の上に水平に、18 mm×45 mm、24 mm×45 mm 程度の胴縁（どうぶち）と呼ばれる細い棒を455 mm 間隔に打つこともあります。

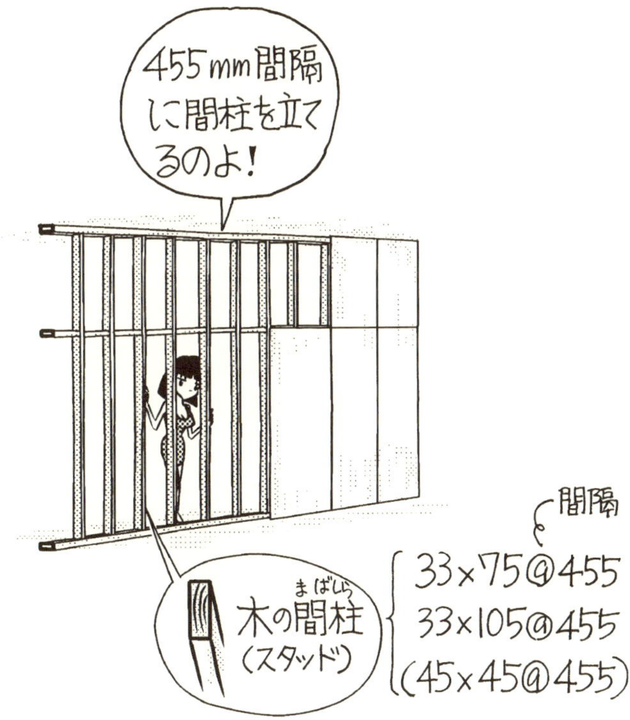


- 木の間柱は33 mm×75 mm、33 mm×105 mmなどを使います。高さが低い場合は、45 mm×45 mmでも意外ともちます。ドアなどの開口部分には、間柱を二重に入れるなどして補強します。

**Q** 軽量鉄骨の壁下地はどうやって組む？

▼

**A** 下図のように、45 mm×65 mmのスタッド（stud：間柱）を303～455 mm間隔に立てます。

薄い鋼板を曲げてつくった軽量鉄骨は、内装の壁や天井の下地材としてよく使われています。「軽鉄下地（けいてつしたじ）」と呼ばれることもあります。

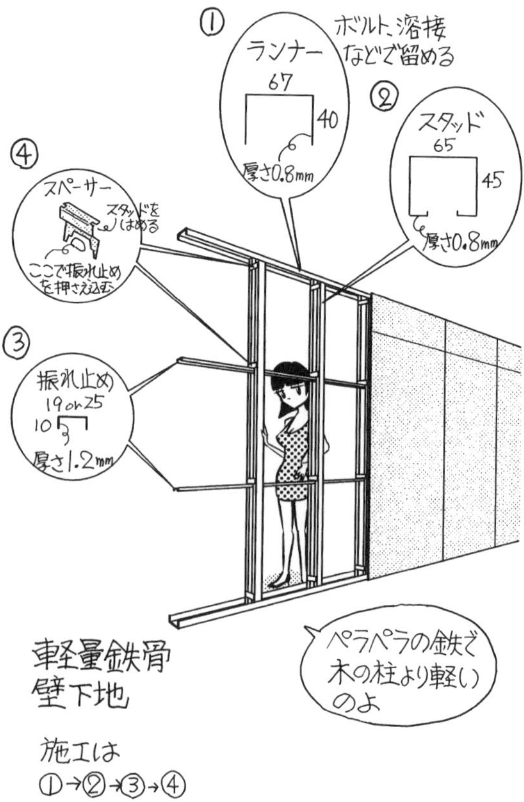


- 床にランナー（runner：敷居、溝のあるレール）を鋲（びょう、ピン）などで打ち付け、それにスタッドを差し込んで留めます。さらに、スペーサーと振れ止めで補強します。
- 天井が高い場合は、幅75mm、90mm、100mmなどのスタッドを使います。ドアなどの開口部分は、Cチャンネル（リップ溝形鋼）などで補強します。

**Q** 木造の天井下地はどうやって組む？

▼

**A** 下図のように、45 mm×45 mm 程度の野縁（のぶち）を455 mm 間隔に並べます。

野縁とは、天井の下地に使う棒のことです。野縁受けで野縁を受ける二段に組む方法のほかに、野縁を同一平面に格子状に組む方法もあります。

● 45 mm×45 mm 程度の吊り木を梁などに付け、それによって野縁を吊ります。

**Q** 軽量鉄骨の天井下地はどうやって組む？

▼

**A** 下図のように、野縁を303 mm間隔に並べて、それを909 mm間隔に直交して並べた野縁受けで受けます。

軽量鉄骨天井下地は、「軽天（けいてん）」と略称されることがあります。

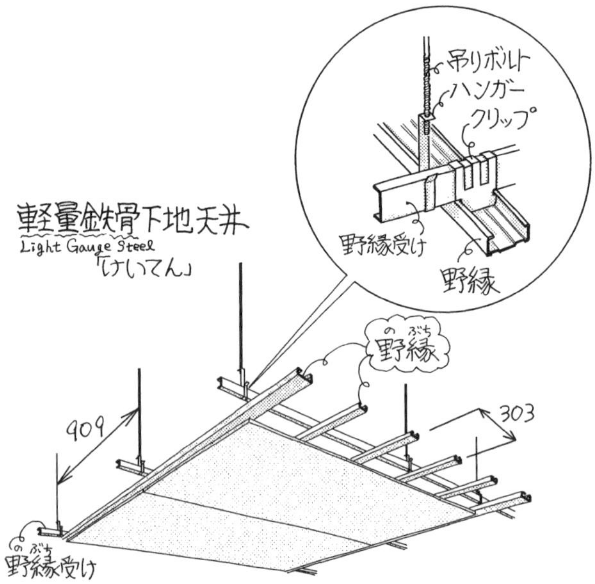

- 吊りボルトとハンガーで野縁受けを吊ります。吊りボルトは、コンクリートなどに事前に埋め込まれたインサート金物にねじ込みます。吊りボルトが長い場合は、振れ止めを入れる必要があります。大きな地震で、軽量鉄骨下地の天井が落ちた例がかなりあります。
- 軽量鉄骨のことをLGSとも呼びます。LGSはLight Gauge Steel（軽い規格の鋼）の略です。

**Q** 網代（あじろ）、よしずとは？

▼

**A** 竹などの薄板を互い違いに編んだのが網代で、葦（あし）などの茎を並べたのがよしずです。

数寄屋風書院造（R141 参照）や茶室などの天井材に使われます。普通、天井には杉板などが張られますが、竹や葦のような素朴な材料を使うことで、侘びた草庵の雰囲気を出すことができます。

［スーパー記憶術］
素朴な味　よし
あじろ　よしず

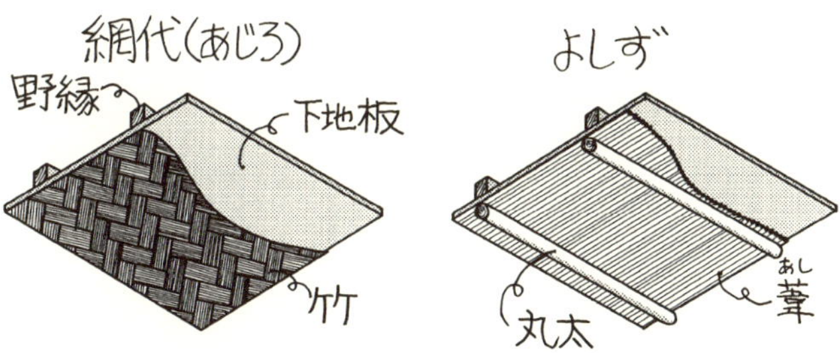

**Q** 壁下地と床下地、どちらを勝たせる？

▼

**A** 壁下地を勝たせるのが一般的です。

壁下地を下から上に通してしっかり留めてから、それに当てるように床下地、天井下地をつくります。

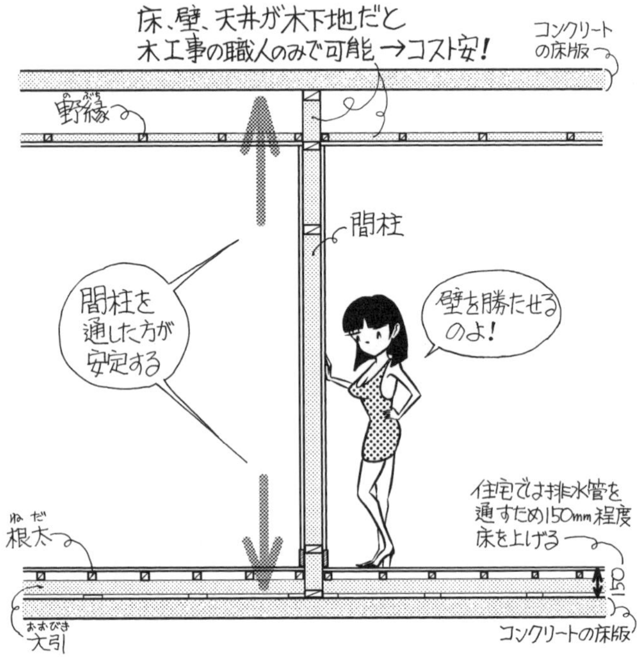
床、壁、天井が木下地だと
木工事の職人のみで可能 →コスト安！
コンクリートの床版
野縁
間柱
間柱を通した方が安定する
壁を勝たせるのよ！
住宅では排水管を通すため150mm程度床を上げる
根太
大引
150
コンクリートの床版

- まれに、床下地を先行させる場合もあります。
- マンションの場合、トイレの排水管（内径75mm程度）やキッチン、洗面、風呂の雑排水管（内径50mm程度）を床下に入れなければなりません。コンクリート面より上で配管しないと、水漏れがあった場合、下の住居の天井から工事しなければならないからです。そこで床をコンクリート面から150mm程度は上げる必要があります。
- 床を木でつくって、壁と天井を軽量鉄骨でつくるよりも、すべて木でつくった方が職人が同じでコストが安くすみます。

**Q** 壁に遮音性能を持たせるには？

▼

**A** 壁の石膏ボードを二重にして、天井裏、床下まで通します。

天井でボードを止めてしまうと、天井裏から音が伝わってしまいます。12.5mm 厚の石膏ボードを二重に張り、軽量鉄骨の 65mm 幅のスタッドを使うと、12.5×2＋65＋12.5×2＝115mm 厚の壁となります。

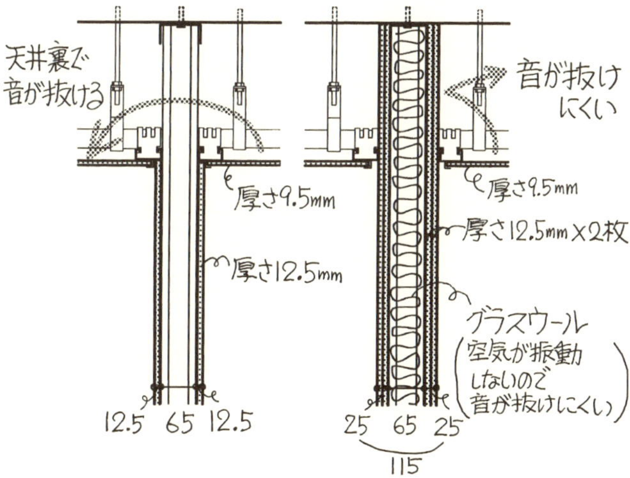


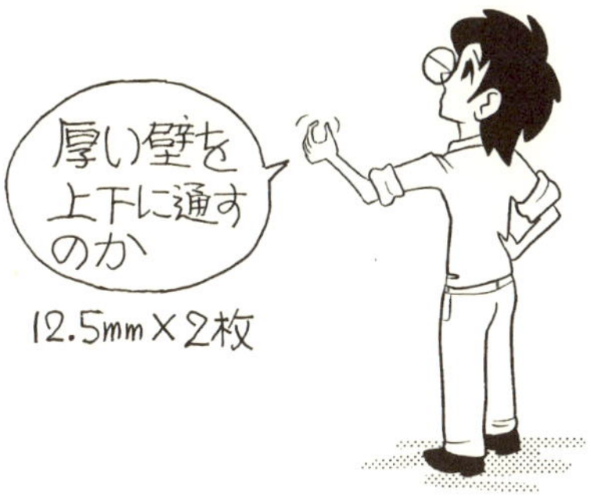


- さらに、壁内部にグラスウールを詰めると、空気の振動を防いで、遮音性能が増します。壁は重いほど振動しにくく、音のエネルギーが通りにくくなります。

**Q** ドア枠の断面が凸型をしているのはなぜ？

▼

**A** 戸当たりを出して凸型とするからです。

内装ドアを付けるための枠は、左右と上に枠を付ける3方枠（さんぽうわく）が一般的です。下の枠は沓ずり（くつずり）といいますが、ドアの所で床の仕上げ材が変わったり段差があるとき以外は、省略される傾向にあります。ドア枠は壁から散りを10mmほど取って、取り付けます。枠の幅（見付け）は25mm程度が普通です。

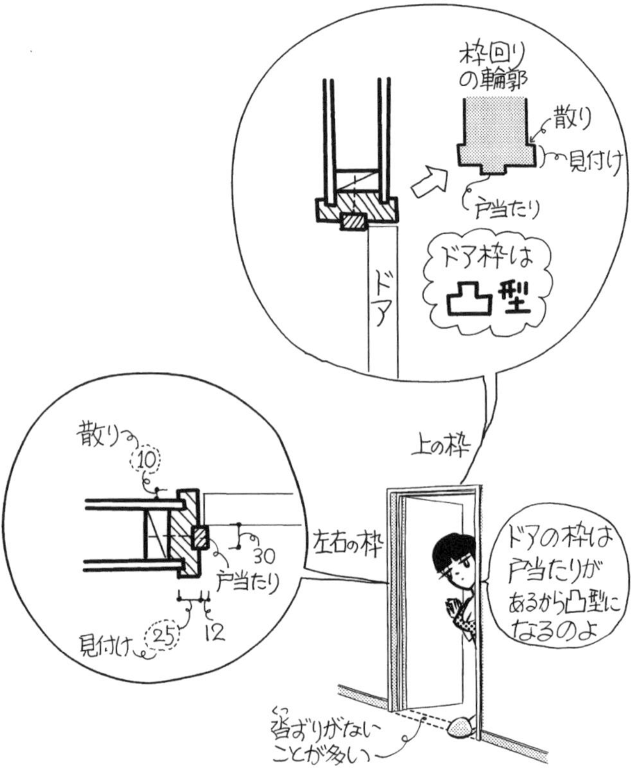


- 戸当たりを埋め込む溝から下地の柱に向かってネジやボルトを打ち込み、その後に戸当たりを埋め込んでネジ、ボルトの頭を隠します。

**Q** サッシの内側に木製枠やアルミ枠などを付けるのは？

▼

**A** サッシを付けた残りの壁厚分、 柱や石膏ボードの小口などを隠すためです。

サッシだけでは壁厚の断面をふさぐことができません。②のように石膏ボードを壁のコーナーに回すと、角が欠けやすくなります。簡単に欠けないように、L形のプラスチック製の棒（コーナービード）を張って補強します。①のように25mm厚の板で枠を付ければ、家具がぶつかっても簡単には壊れません。



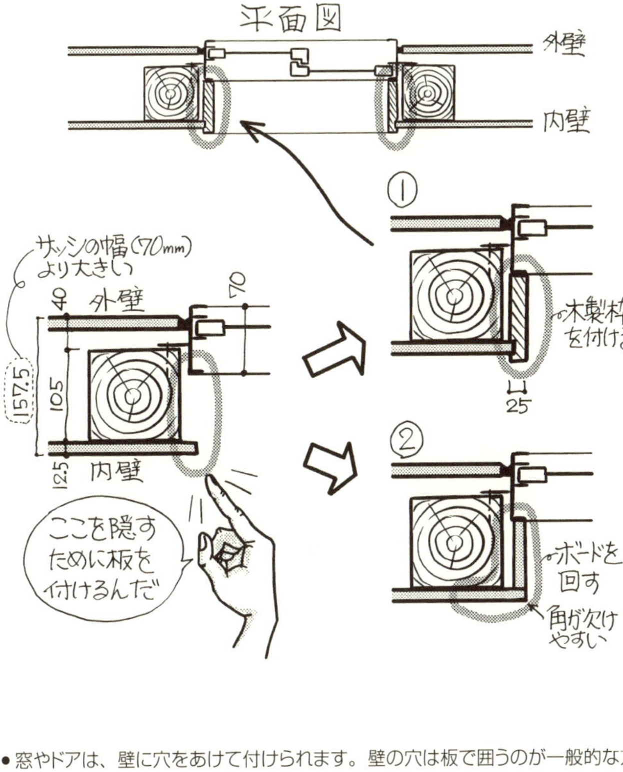


- 窓やドアは、壁に穴をあけて付けられます。壁の穴は板で囲うのが一般的な方法です。またドアは、開け閉め頻繁なので、しっかりした枠が必要となります。サッシは構造体に取り付けますが、ドアは構造体に取り付けた枠にヒンジ（丁番）で留めます。

**Q** ドア枠、窓枠を壁面から散りを取って出すのは？

▼

**A** 石膏ボードなどが枠に当たって留まるように、納まりをきれいにするためです。

枠は壁面よりも10mm程度散りを取って、外に出します。平行な平面間の距離を散りといいますが、納まりを考えるうえで重要な寸法です。石膏ボードと同面（どうづら）で枠を納めようとすると、少しでもボードがうねれば、枠よりもはみ出てしまって汚く見えてしまいます。

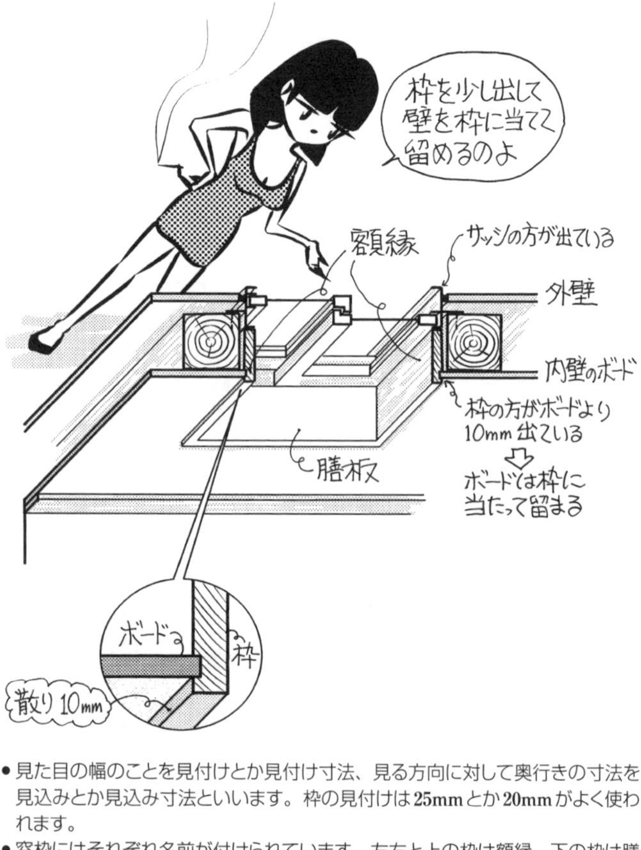

枠を少し出して
壁を枠に当てて
留めるのよ
額縁
サッシの方が出ている
外壁
内壁のボード
枠の方がボードより
10mm出ている
ボードは枠に
当たって留まる
膳板
ボード
枠
散り 10mm

- 見た目の幅のことを見付けとか見付け寸法、見る方向に対して奥行きの寸法を見込みとか見込み寸法といいます。枠の見付けは25mmとか20mmがよく使われます。
- 窓枠にはそれぞれ名前が付けられています。左右と上の枠は額縁、下の枠は膳板といいます。下の枠の上にはものを置いたりするので、違う名称が付けられています。窓枠でも通じます。

**Q** 開口部に枠を付けずに、石膏ボードを角に回すには？

▼

**A** コーナービードで補強した上にメッシュテープを貼り、パテを塗ってから塗装や壁紙貼りなどを行います。

石膏は燃えないけれど、欠けやすいという欠点があります。壁の出隅部分はものが当たりやすく、欠けやすい部分です。そこで、**コーナービード**というL形断面の長い材を付け、その上にメッシュテープ（網状のテープ）を貼り、パテを塗って平らにします。

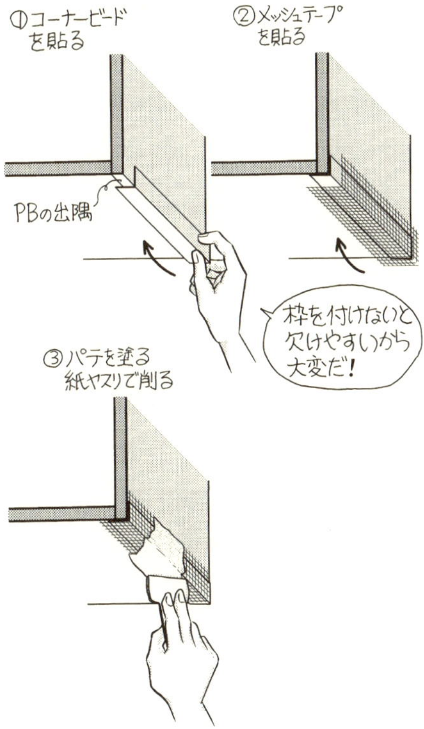
①コーナービード
を貼る
②メッシュテープ
を貼る
PBの出隅
枠を付けないと
欠けやすいから
大変だ！
③パテを塗る
紙ヤスリで削る

- コーナー（corner）とは角、ビード（bead）とは凸型の繰形です。石膏ボード用のコーナービードは、プラスチック製で両面テープで貼るもの、金属製でネジで留めるものなどがあります。パテとは石膏やセメントなどでできた充填剤で、粘土のような状態で、乾くと固ります。パテを塗って乾いた後に、紙ヤスリで平らにならします。
- 何も言わないと業者さんは枠を付けるので、図面だけでなく、この出隅は必ず枠なしで、コーナービードを張って……と念を押して指示しておきましょう。

**Q** 内装の木製ドアを1/20、1/50、1/100で平面図に描くと？

▼

**A** 下図のように、1/20で戸当たり、散り、ボード厚が描け、1/50では簡略化したドア枠とボード厚が描け、1/100では枠、ドア枠、ボード厚などは省略されます。

手の大きさと比べてみてください。1/100がいかに小さい図面かがわかります。CADで1/20の精度で1/100の図面を描くと、プリントしたら真っ黒につぶれてしまいます。それぞれの縮尺に合わせた描き方をします。

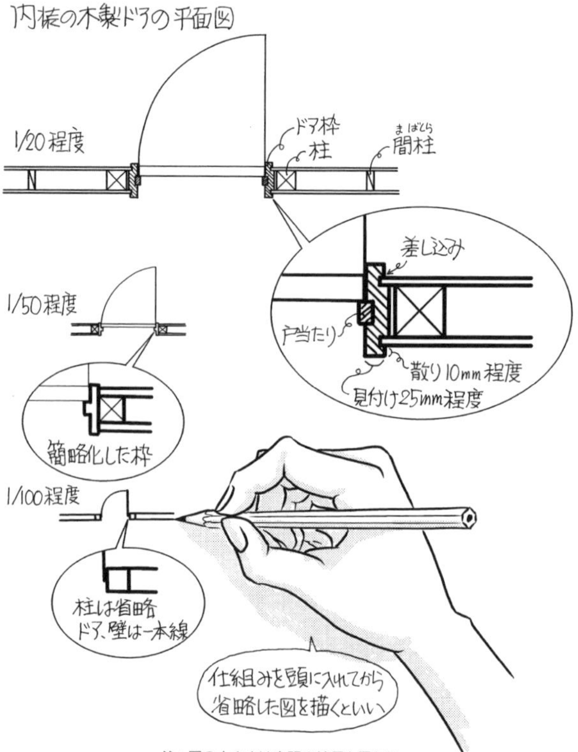


注：図の大きさは表記の縮尺と異なる。

- 学生に図面を教えるとき、枠まわりの描き方が難しくてわからないと言われます。まず枠まわりの基本的な納まりを、実物を見て、あるいはイラストでイメージしながら理解して、それから1/20 → 1/50 → 1/100と描いてみるといいでしょう。枠まわりの理解がなされずに、詳細図面を描き写しても仕方ありません。

**Q** 引き違いサッシを1/20、 1/50、 1/100で平面図に描くと？

**A** 下図のように、1/20で窓枠の散り、ボード厚が描け、1/50では簡略化した窓枠とボード厚が描け、1/100では窓枠、ボード厚、サッシの厚みなどは省略されます。

窓枠まわりの納まりは、1/20の図面でギリギリ描ける程度です。1/50の図面では、サッシや枠の厚みは単純化しなければなりません。

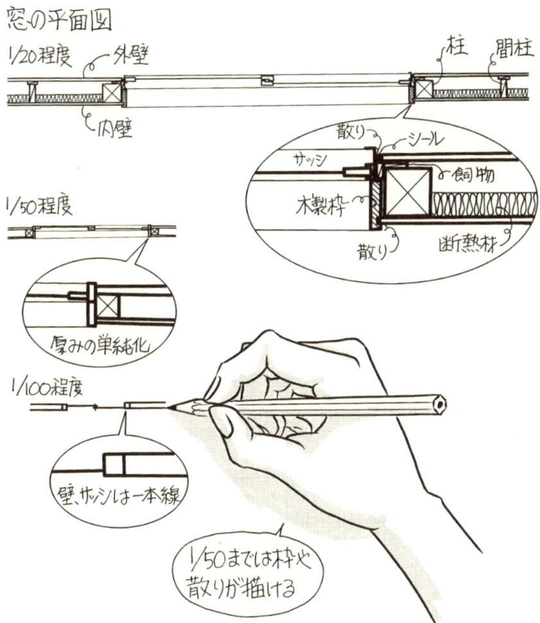


注：図の大きさは表記の縮尺と異なる。

- ドア枠と同様に、詳細を描くのに学生が手こずる部分です。サッシの断面もある程度は知っておく必要があります。
- 木造用サッシにはみみ（フランジ）が付いていて、外側から柱にネジなどで固定します。サッシを固定した後に外装材を張り、その後、内部の木製枠を取り付けます。枠が付いたら、それを基準としてボードなどを張って内壁をつくります。筆者は築古木造にサッシを取り付けたことがありますが、サッシのアルミ製外枠を付ける際、水平、垂直を取るのに苦労しました。水平、垂直がちょっとでもずれると（平行四辺形になると）、クレセント錠（三日月形の鍵）が閉まらなくなります。飼物（かいもの、小さな木）を入れたり、ネジをはずして微調整しながら、水平、垂直を合わせていくわけです。サッシが付いてしまえば、木製枠を付けるのはさほど難しくありません。

**Q** 片引き戸の場合、壁の厚みの内側に納めることはできる？

▼

**A** 可能ですが、壁厚が必要です。

下図のように、壁内に入れると、戸のメンテナンスや掃除が難しくなります。戸は外に出して、壁の厚みを引き込みの部分のみ薄くする方が無難です。壁の厚みをそのままにして、戸を壁の外に持ち出す方法もあります。その場合は戸当たり、敷居、吊りレールを隠す枠や鴨居なども、壁の外に出てきます。

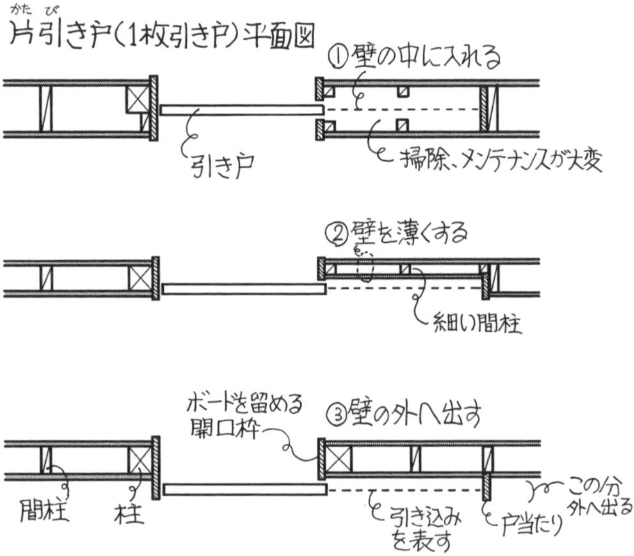

- 同じスライドドアでも、片引き戸は引き違い戸のように簡単には納まらないことを覚えておきましょう。
- 引き込みできる片引き戸は、ドアがじゃまにならないので、洗面所やキッチンによく使われます。

**Q** 角柄（つのがら）とは？

▼

**A** 2つの部材を直角に合わせるとき、一方を突き出して、角（つの）のようにすることです。

**角出し**（つのだし）とも呼ばれます。ぴったりに角を納めるだけではつまらないので、一方を出して、そちら側を強調しようとしたものです。水平の側を出せば水平性を強調でき、垂直の側を出せば垂直性を強調できます。

枠でつのを出したら和風ね
つのがら
角柄
つのだ
（角出し）
小口が見える
どちらかを勝たせる

- 枠材を角柄にすると、和風になるので、全体のデザインとの調和を考える必要があります。出窓のカウンター材を角の壁で留めずに、水平に伸ばして左右の壁に少し差し込んで留めるのも、角柄と同じような発想です。

**Q** 框戸(かまちど)の竪框(たてがまち)と横桟(よこざん)、どちらを勝たせる?

▼

**A** 竪框を勝たせます。

框戸とは、縦横に枠となる材を回して、内部に板やガラスなどを入れた扉です。縦枠は框、横枠は框とか桟といいます。横桟を勝たせると、横桟の断面が見えてしまいます。竪框の断面は、床のすぐ上とドア最上部なので見えません。

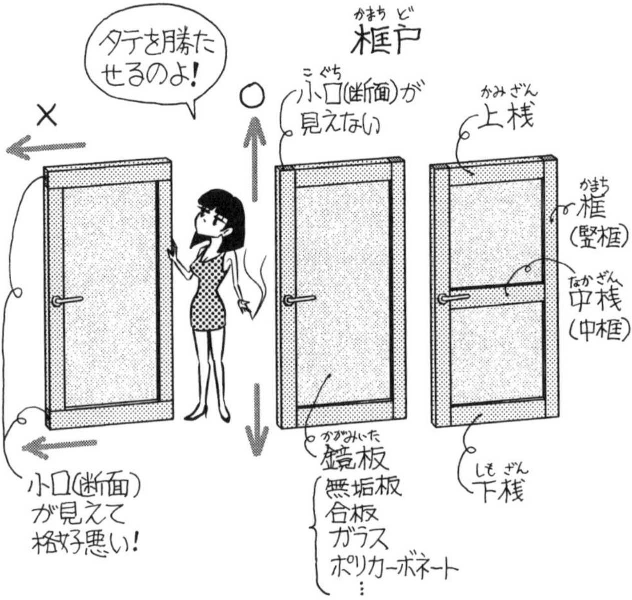


- 框断面が見えることはないので、留めに加工することはあまりありません。また、框に囲まれた化粧板のことを、鏡板といいます。

**Q** 障子、襖の框と桟は、竪と横、どちらを勝たせる？

**A** 竪を勝たせます。

框戸と同様に、竪を勝たせます。横を勝たせると、横桟の小口が見えてしまいます。

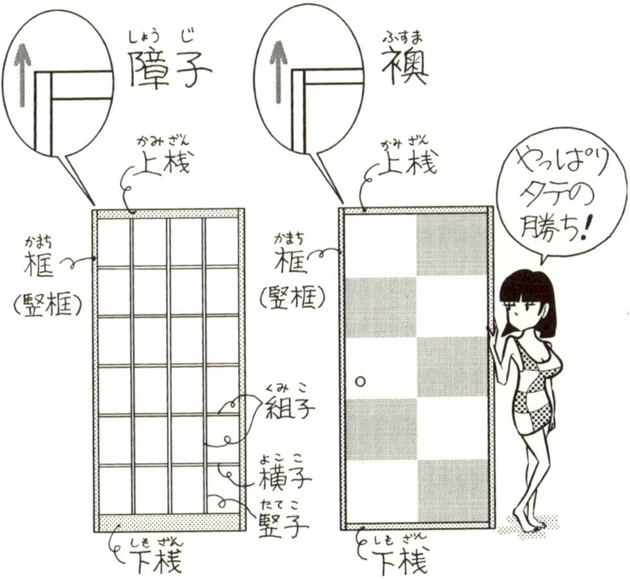


- 框戸と同様に、竪枠を框、横枠を桟と呼びます。襖の枠は黒く塗るので小口は目立ちませんが、障子は塗らないことが多いので、横桟を勝たせると小口が目立ってしまいます。
- 右図の襖に貼られた市松模様は、桂離宮の松琴亭で使われたものです。色は薄青です。

**Q** フラッシュ戸の小口はどうする？

▼

**A** 薄い化粧縁（ぶち）で押さえて、板の小口（断面）を隠します。

フラッシュ戸とは、両面に板を太鼓張りにしてつくられた扉のことです。板の内側は、角材や**ハニカムコア**（紙や金属でできた六角形の蜂の巣状の芯材）で補強されています。板の小口が見えては格好が悪いので、小口を隠す**大手**（おおて）と呼ばれる化粧縁を張ります。

- フラッシュ（**flush**）とは、同一平面のという意味です。框戸のように、鏡板を框の内側に納めるのではなく、同じ平面に納める戸です。
- フラッシュ戸の両面には、ラワン合板、シナ合板、ポリ合板などを張ります。

**Q** 木製本棚の棚板の長さ（スパン）はどれくらい？

▼

**A** 400～600 mm程度です。

20 mm厚程度の合板で本棚をつくる場合、スパンが750 mmとか900 mmの長さだと、本は重いのでたわんでしまいます。400 mm程度の長さが妥当です。

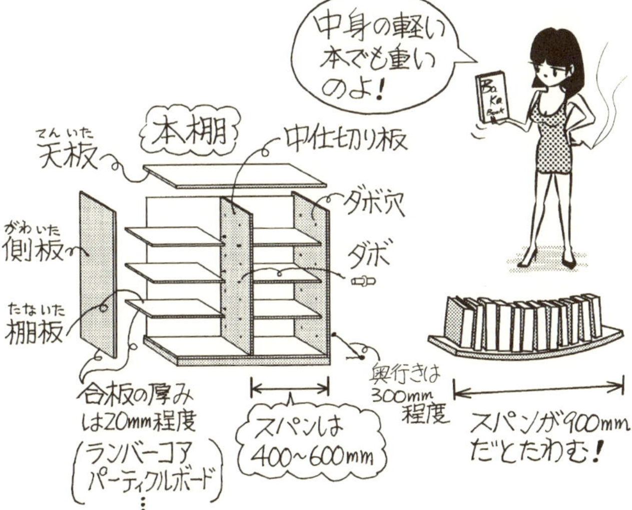


- よく売られている汎用の棚付きボックスは、約20 mm厚のパーティクルボードで、スパンは約400 mmです。スパンが短いので、重い本を載せてもたわみません。筆者は本棚の造り付けで、スパンを900 mmとか700 mmにしてみましたが、本の重みですぐにたわんでしまい、何度も失敗しました。市販の本棚でも、スパンの長いものは要注意です。棚の途中で持ち出しの金物（棚受け金物）で補強をすればなんとかなりますが、短いスパンで竪に板を入れる方が無難です。
- 側板に50 mm間隔程度に孔をあけて、円筒形の金物を差して棚板を支えると、棚の高さの調整が可能です。円筒形の小さな金物をダボ、ダボを使った棚をダボ棚といいます。

**Q** 洋服を吊るハンガーパイプの長さ（スパン）は？

▼

**A** 900～1200mm程度です。

25φ（ファイ：直径）のパイプで1m程度の長さが無難です。1800mmを両端だけで支えようとすると、洋服をたくさん吊ると、たわんできてしまいます。パイプの長さが1200mm以上になるときは、途中にパイプを吊る金具を入れておくのがいいでしょう。

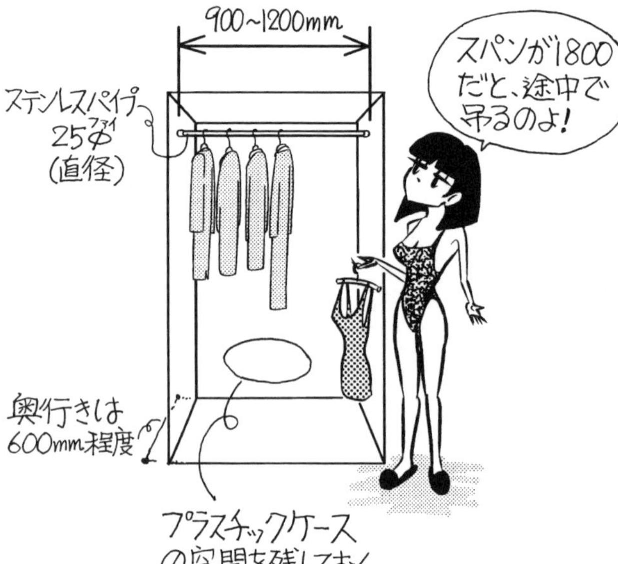
900～1200mm
スパンが1800だと、途中で吊るのよ！
ステンレスパイプ 25φ(ファイ) (直径)
奥行きは600mm程度
プラスチックケースの空間を残しておく

- 住宅の収納は、ハンガーパイプだけなどの大ざっぱな造りにして、引き出しなどを造り付けない方がいいように思います。最近は安価でいろいろな寸法のプラスチック製の引き出し収納が売られていて、それを積み重ねた方が、耐久性もあり、メンテナンスも楽で、引っ越しや部屋の交換などもスムーズです。ギリギリの寸法で引き出しを多く造り付けてしまうと、コスト高なばかりでなく、後からの模様替えにも対応しづらく、お勧めできません。

**Q** キッチンの流し台、洗面台の天板（カウンタートップ）の水返しとは？

**A** 水が壁との隙間に落ちないように天板から50mm程度立ち上げた部分のことです。

天板には必ず水返しの立ち上がりが付いていて、水が壁との間に落ちないようにしています。キッチン各部の寸法はイラストの通りです。

- キッチンの流し台の裏に作業カウンターをつくる場合、最低でも800mm程度、流し台から離します。冷蔵庫と流し台との距離も800mmは必要です。キッチンの作業カウンターの上には、炊飯器、電子レンジ、オーブントースター、電気ポットなど、数多くの電化製品が並ぶので、奥行きは400mm程度、幅は1200～1500mm程度はほしいところです。
- キッチンの流し台などの箱もの家具の下の台は、台輪（だいわ）といいます。また、箱上部と天井との隙間に埋める化粧板のことは、支輪（しりん、元来は折り上げ天井の折り上げ部）とか幕板（横長の板のこと）と呼ばれます。

**Q** 椅子とテーブルの高さは？

▼

**A** 椅子は約400mm、テーブルは約700mmでその差は300mmです。

カウンターで高さが950mmの場合、950－300＝650mmが椅子の高さになります。そのようなカウンター用の椅子は、エアスプリングで高さ調整できるものが市販されています。

- 食卓のテーブルも事務用のテーブルも高さは約700mm、椅子も約400mmと共通です。座る人の足の長さや座高で最適寸法が多少は変わるので、気になる場合は高さ調整できる椅子を選ぶか特注するしかありません。

**Q** 1 内装用扉の厚みは？
2 収納用扉の厚みは？

▼

**A** 1 30～40mm程度です。
2 15～30mm程度です。

扉の厚みは大きさや仕様、グレードによって若干異なりますが、おおむね40mm程度です。収納では高さが2000mmで厚みは30mm程度、高さが600mmの小さい戸で20mm程度です。

30mm厚
40mm厚
20mm厚
場所や大きさによって扉の厚みは変えるのよ！

- シックハウス対策として24時間換気が義務づけられてから、ドアの下を切る（アンダーカット）、がらりを付けるなどがされるようになりました。
- 開き戸の場合は戸当たりを付けて、内部が見えないように、空気や音が遮断できるようにしています。
- 障子の厚みは30mm程度、襖の厚みは18mm程度です。

**Q** 家具の扉の枠を隠すことは可能？

▼

**A** 扉を上にかぶせて隠せます。

出入り口のドアは枠にはめて、枠の中に扉があるのが普通です。家具の扉を同じ納まりにすると、枠や板が目立って見た目が悪くなります。現在では枠や板の前に扉を付けて、枠や板を扉の裏に隠す納まりが一般的です。

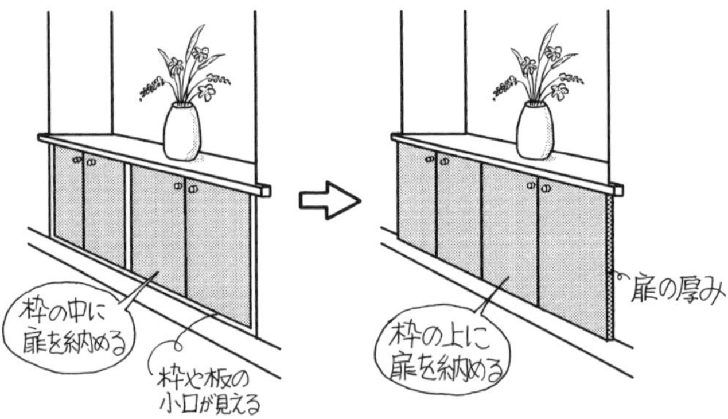


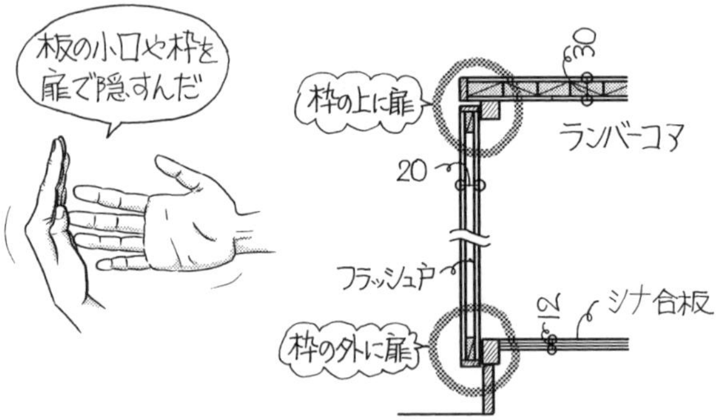


- キッチンの流し台下の収納扉、洗面台下の収納扉ともに、内部の枠や板を見せずに納めています。近くにある流し台、洗面台で確認してみてください。
- 普通のドアのように枠内に扉を納めることをインセット（in-set）、上記のように枠外に納めることをアウトセット（out-set）といいます。

**Q** 前項のような、扉を枠や板の外に付けるための丁番は？

▼

**A** スライド丁番です。

前後にスライドすることで、枠や板と扉がぶつからずにすみます。普通の丁番では、扉が枠に当たって開けなかったり、外側に金具が見えてしまったりしてしまいますが、スライドして持ち出せるので開くことができます。

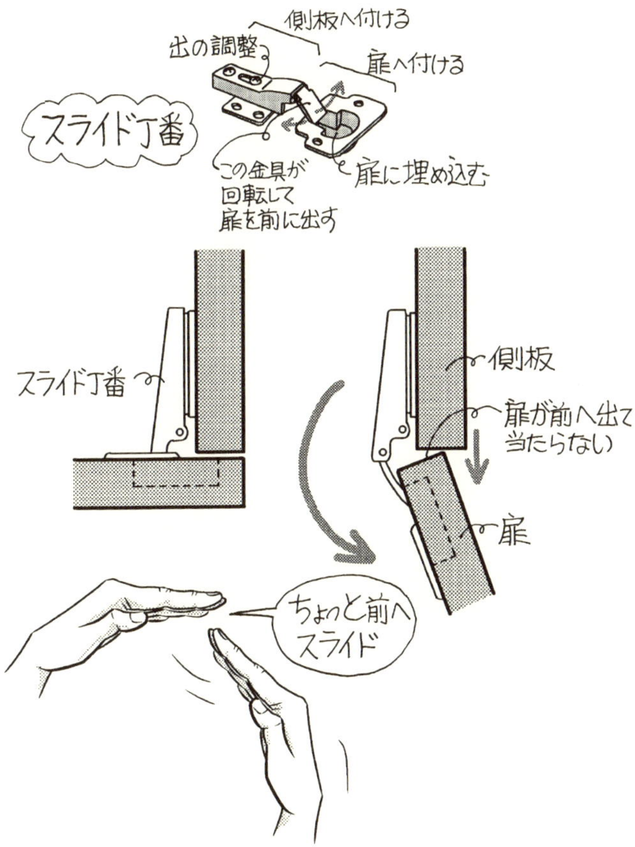


- 既製品のキッチンの流し台下、洗面台下の収納扉にも、スライド丁番が付けられているので、開いてみてください。
- 扉に彫り込みを入れて片方の金具を納めますが、扉がガラスの場合は、片方の金具は外に出ることになります。

**Q** 家具の側板、天板、扉の厚みのすべてを隠すことは可能？

▼

**A** 板や扉の端部をすべて刃掛け（はっかけ）とすれば可能です。

板端部を斜めにカットして、角を留め（とめ）のように納めれば、どちらの厚みも隠すことができます。

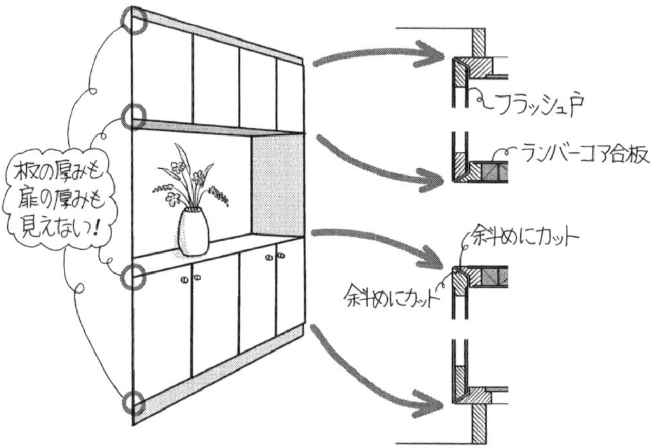

板の厚みも
扉の厚みも
見えない！
フラッシュ戸
ランバーコア合板
斜めにカット
斜めにカット

両方の厚みを
隠せるんだ

- 板端部を斜めにカットして、その先端が欠けないようにするためには、その部分にだけ硬い木を使う必要があります。
- フラッシュ戸の表面材は、化粧のための薄い板（単板、突き板）を合板に練り付けた（接着した）板が一般に使われています。樹脂板を練り付けたポリ合板は汚れが付きにくいですが、安っぽく見えます。

**Q** 内装の木製ドアに取り付ける丁番の枚数は？

▼

**A** 高さ2m未満のフラッシュ戸で2枚、2m以上のフラッシュ戸やガラス入りの重い框戸などは3枚付けます。

高さ2m未満の軽いフラッシュ戸なら100mm×100 mmの普通丁番が2枚で十分ですが、ガラスを入れた重い框戸の場合は、3枚必要となります。枠の厚みは、丁番を留めるネジがしっかりと留まる25 mmとか30 mm程度必要となります。

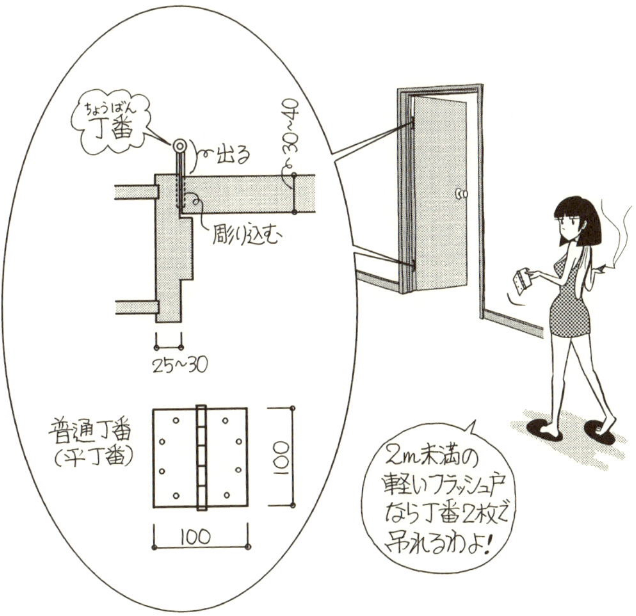


• スチール製のフラッシュ戸では、高さ2m未満のドアでも重くなるので丁番は3枚付けます。

**Q** ピボットヒンジ（pivot hinge）とは？

**A** 下図のような、扉の上下端に留めて回転軸をつくる丁番のことです。

普通丁番は扉の途中で回転軸を外側に張り出して、蝶の羽のように開閉する金具です。一方、ピボットヒンジは、上下端で軸を外側に張り出して扉を回転させます。

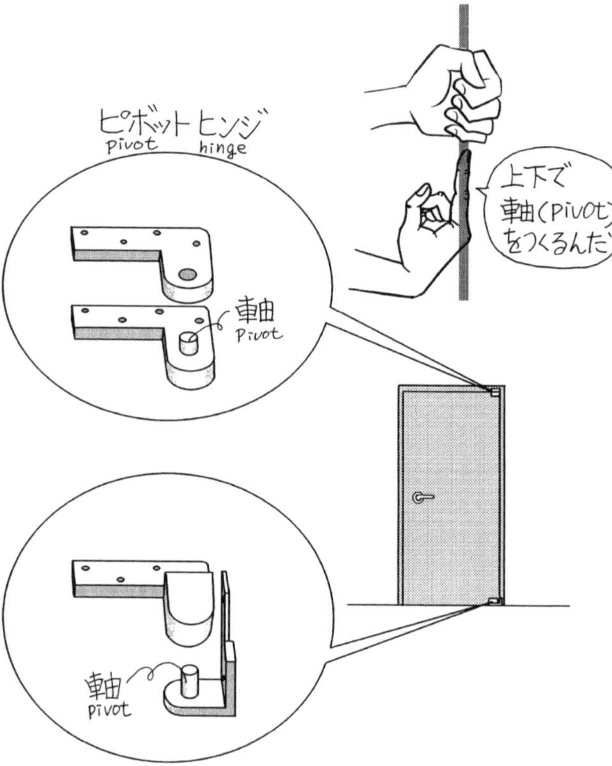


- ピボット（pivot）とは軸、ヒンジ（hinge）とは回転する金物のことです。丁番にはすべて回転軸がありますが、ピボットヒンジは上下で軸を設定しているので軸がわかりやすい形となっています。
- 下の金具がしっかりと重みを支える形なので、重い扉を支えることができます。高さ2m未満の扉では上下2個で支えますが、2m以上になると中吊り金物が必要となります。

**Q** フロアヒンジとは？

▼

**A** 扉を閉める機構を床に埋め込んだ丁番です。

**ドアクローザー**機能のボックス部分を床に埋め込み、上には軸だけ出ています。上枠にも軸を受ける金物を埋め込んで、外にヒンジは見えません。

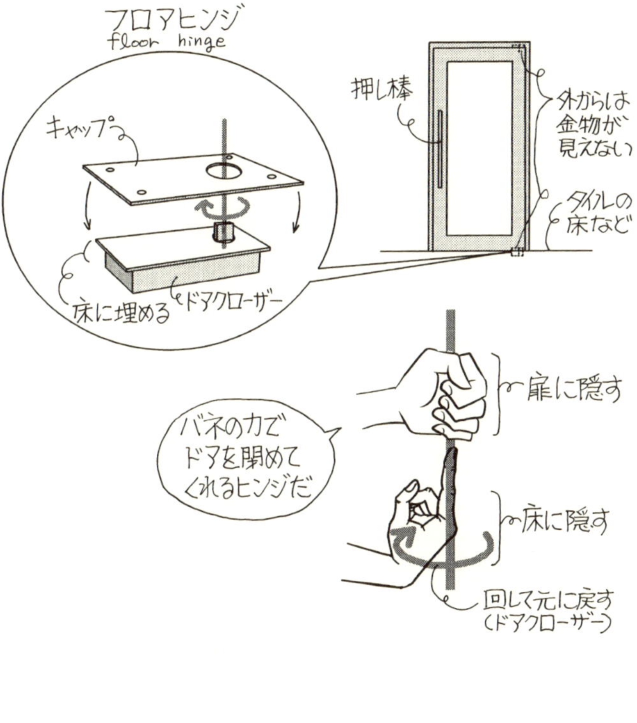


- 店舗やマンションの入り口ドアなどの、コンクリート床面に埋め込んで使うことが多いです。ドアクローザーを付けると目立つので、すっきりしたデザインにしたい場合に使います。

**Q** ドアに使える丁番は、普通丁番（平丁番）のほかにどんなものがある？

▼

**A** 下図のように、擬宝珠（ぎぼし）丁番、旗丁番、フランス丁番などがあります。

擬宝珠とは丸い飾りのことで、橋の欄干などに使われています。擬宝珠丁番は擬宝珠付き丁番ともいわれます。旗丁番は旗のような形、フランス丁番は軸の部分が卵形をしています。

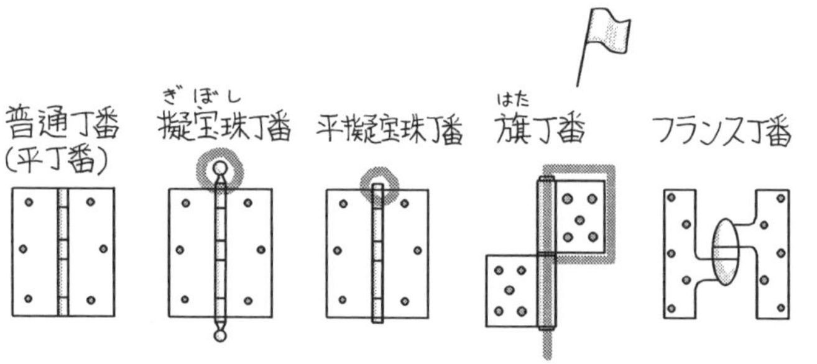

- 上記のほかに、両方に開くことのできる自由丁番（両開き丁番）、締めたときに丁番の見えない隠し丁番、重いドアを吊る長いロングヒンジなど多数あります。

**Q** ドアクローザー（door closer）とは？

▼

**A** ドア上部に付けて、開いたドアを自動的に閉める装置です。

ドアクローザーはドアチェック（door check）ともいいます。ドアを閉める途中では素早く動きますが、閉まる瞬間にはゆっくりと動くように工夫されています。

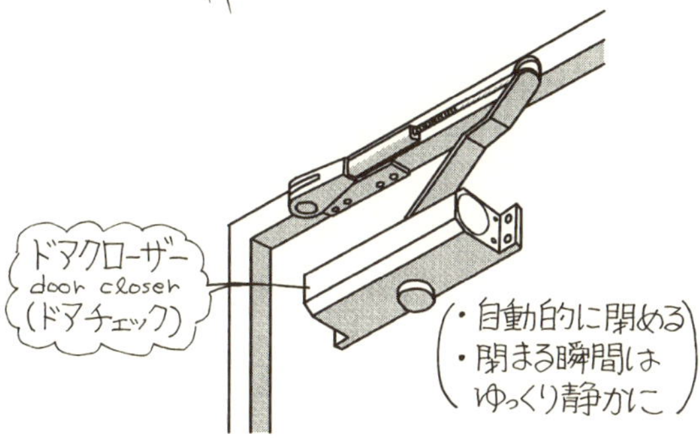


- バネ、油圧などを使って閉めたり、開閉スピードの調整をします。

**Q** 締り金物（しまりか（が）なもの）とは？

**A** 下図のような、フランス落とし、南京（なんきん）落とし、クレモンボルトなどの、扉を枠や床などに拘束しておくための金物です。

親子のドアで、片方は常時閉めておきたい場合などに使います。大きな家具を通すとき、多人数を通すときだけ開けるなどが可能となります。

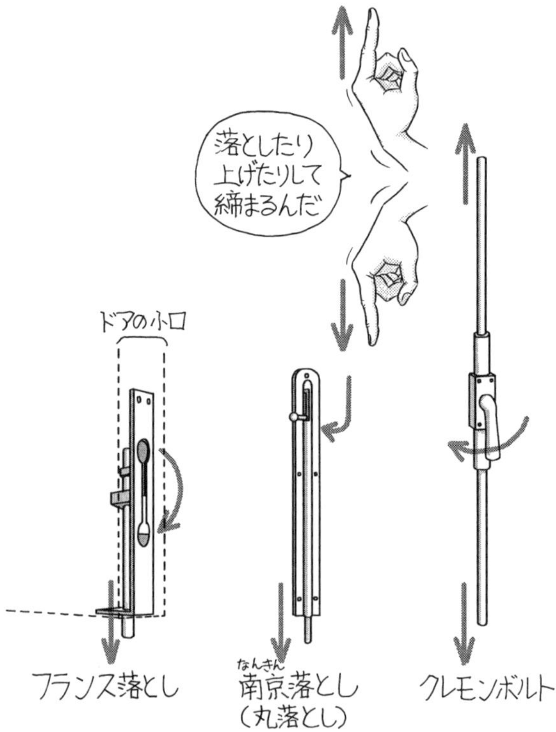


- フランス落とし、南京落としを扉の上下に付けた場合は、別々に操作しなければなりませんが、クレモンボルトではレバーひとつで上下の操作が同時にできます。
- フランス落としは扉の小口に彫り込んで、見えなくなります。南京落としは扉表面の上下に、クレモンボルトは扉表面の中央付近に出ます。すっきりしたドアに見せたい場合は、フランス落としです。
- 昔、引き違い戸でよく使われたネジで締める錠=ネジ締りや、トイレの開き扉によく使われる横にスライドして締めるスライドボルトなども、締り金物の一種です。

**Q** ラッチ（latch）、デッドボルト（dead bolt）とは？

▼

**A** 扉が開かないように穴に引っ掛けるのがラッチで、鍵を閉めるためにスライドして穴に差し込むのがデッドボルトです。

ラッチは**ラッチボルト**、**ラッチヘッド**ともいいます。ラッチ、デッドボルトを受ける穴は、**受け座**（ストライク）と呼ばれます。

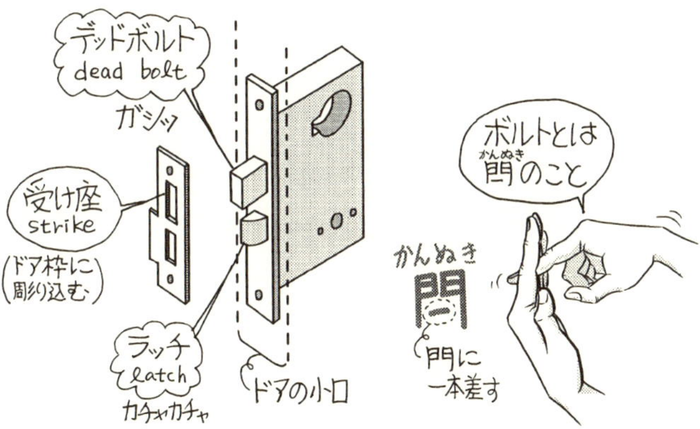


- 受け座は1枚の金属に穴があけられただけのもので、木製枠を金属1枚分の深さに彫って入れ込みます。ラッチ、デッドボルトの部分は、それが入るだけの穴を枠に彫り込みます。
- ボルト（bolt）とは閂（かんぬき）のことで、スライドして穴などに入れて締めるための棒です。

**Q** シリンダー錠とは？

**A** シリンダー（**cylinder**：円筒形）内部にスプリングとピンタンブラー（**pin tumbler)** が並び、それによって開け閉めする錠です。

現在、もっとも多く使われている錠で、**円筒錠**、**ピンタンブラー錠**ともいいます。外側の円筒の内側に円筒が入っていて、その間にタンブラーが納められています。鍵の凹凸でピン端部をそろえると、内側の円筒が回転する仕組みです。

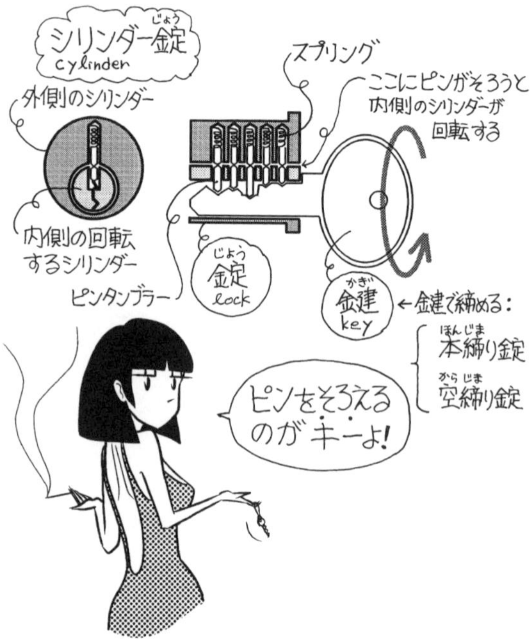


- 鍵を使って開閉する錠は本締り錠（ほんじまりじょう）、鍵を使わずに開閉する錠は空締り錠（そらしまりじょう、からじまりじょう）または空錠（そらじょう）といいます。空締り錠は、レバーや握り玉でラッチを操作する、開くのを防ぐだけの防犯を必要としない錠です。
- タンブラー（**tumbler**）は、銃器、歯車、錠の掛け金、つめ金を意味します。錠（じょう）は**lock**、鍵（かぎ）は**key**ですが、日本語で鍵は両方を意味することもあります。
- 防犯上グレードの高いディンプルキー（鍵表面にデコボコ）、ナンバーキー、カードキーなどもあります。

**Q** モノロックとは？

▼

**A** 握り玉の中にシリンダー錠が仕込まれた金具です。

外側は鍵の差し込み口、内側は指で回せる**サムターン**か**ボタン錠**（釦錠）となっています。開閉と鍵を一緒にした、アパートや裏口のドアなど、グレードの低いドアに使います。

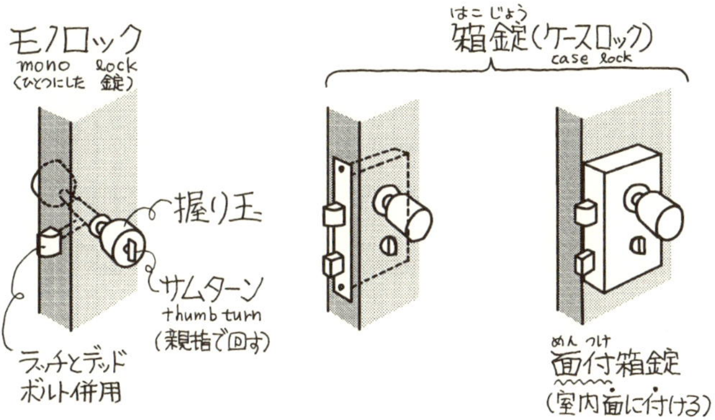


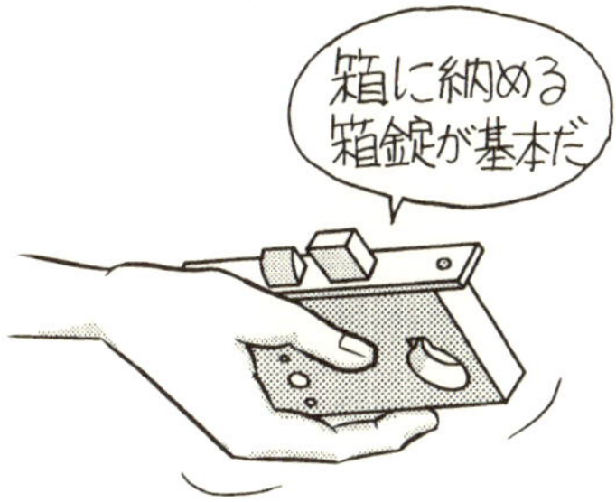


- 錠と握りが別になっている一般の錠は、箱錠（ケースロック：case lock）といいます。箱錠にはドアの中に納めるものと、ドアの室内側表面に付ける面付け箱錠があります。
- モノロック（mono lock）は、直訳するとひとつの錠、ひとつにした錠で、握りと錠を一体化した金具を指します。サムターン（thumbturn）は、直訳すると親指で回すもの、ボタン錠（釦錠）は、ボタンを押すだけで締まります。

**Q** クレセント錠とは？

**A** 引き戸に付ける三日月状の錠のことです。

回すと、もう一方の金具を引き寄せるので、気密性、水密性も上がります。アルミサッシの引き違い窓によく使われます。

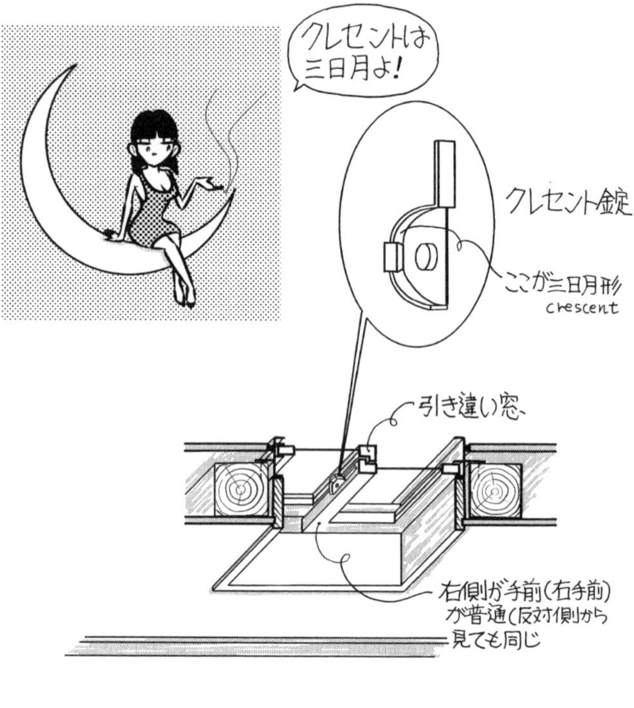
クレセントは
三日月よ！
クレセント錠
ここが三日月形
crescent
引き違い窓
右側が手前(右手前)
が普通(反対側から
見ても同じ

- クレセント（crescent）とは三日月のことで、円弧状の形がその名の由来です。
- 引き戸を鍵による錠で締めようとする場合、デッドボルトの代わりに鎌（かま）形の引っ掛ける金具が使われます。また、引き違い戸用の錠もあります。
- 引き違い戸では、右側を手前にする右手前（みぎてまえ）が普通です。反対側から見ても右が手前となっています。

**Q** レバーハンドルとは？

▼

**A** 下図のような、レバー（てこ）を使って開閉できるドア金具です。

回転する力、モーメントは、力×腕の長さで決まります。握り玉に比べてレバーハンドルは軸の外側で回すので、子供や老人でも楽に回すことができます。

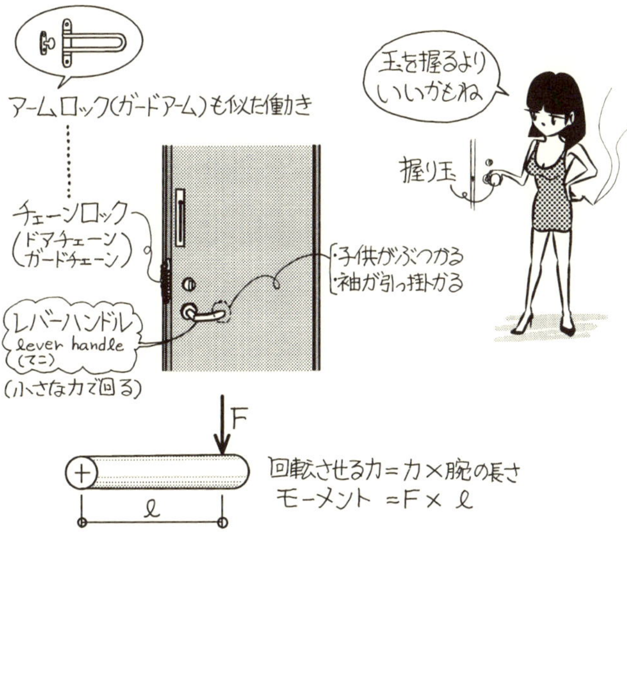


- レバーハンドルの先端は、子供が衝突した際に怪我をしないように、丸く加工されたものがいいでしょう。また、レバーに袖口が引っ掛かるという欠点もあるので注意しましょう。
- ハンドル（**handle**）はノブ（**knob**）ともいいます。

**Q** Vレールとは？

**A** 引き戸の戸車を受けるための、V形の溝の付いた金属製のレールです。

以前よく使われた丸形のレールでは、足を引っ掛ける可能性があります。そこで普及したのがVレールです。戸車はVレールに対応させてV形を使います。ほかに平形やU形のレールもあります。

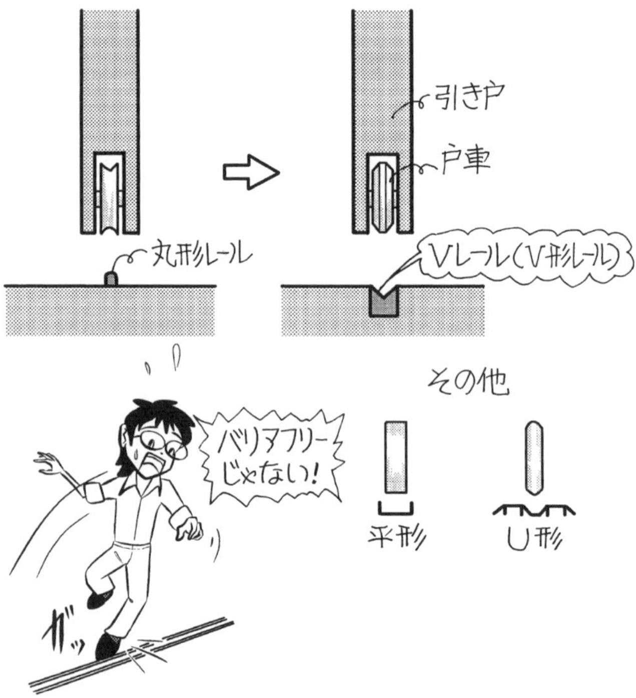


• Vレールを床に埋め込む際には、下地をしっかりとした硬い材でつくっておきます。下地がたわむとレールもたわんで、建具がうまくスライドしません。

**Q** 引き戸を吊るにはどうする？

▼

**A** 吊り金物とそのためのレールを使います。

吊り金物には車が付いていて、それをレールに滑らせて、引き戸をスライドさせます。重みが床に掛からないので、スムーズに動かすことができます。軽く引けるので、病院や高齢者施設の引き戸、収納の折り戸でも使われます。

- 引き戸が前後に傾かないように、床にも突起（ガイド）を付けます。折り戸の場合は下にもレールを付けることが多いです。

**Q** 住宅用のカーテンボックスの大きさは？

**A** 下図のように、幅150mm、高さ100mm程度です。

レースと遮光カーテンの2本のレールを付けるので、120～150mm程度の幅が必要です。またレールなどを隠すのに、50～100mm程度の高さが必要です。

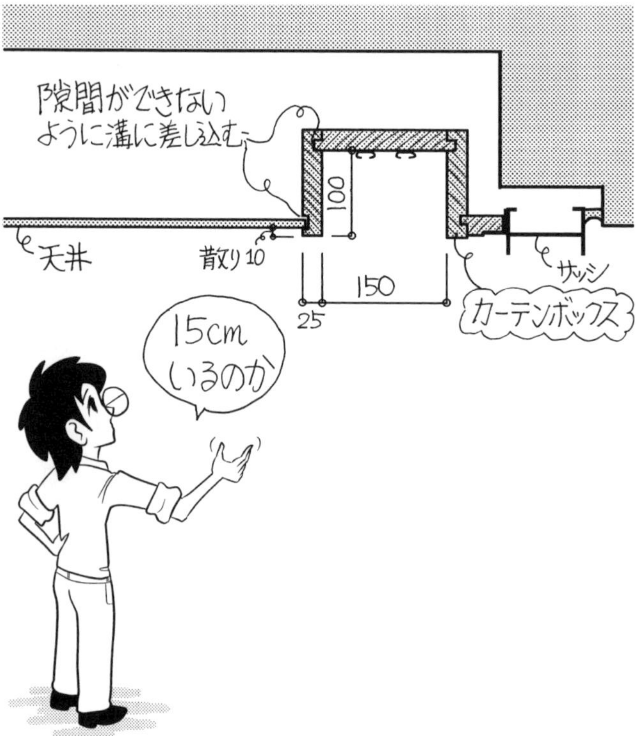


- 厚手のカーテン（ドレープカーテン）などを吊るす場合は、幅が180mm程度必要となります。
- 木製でつくるにはドア枠、窓枠と同様に25mm厚程度の板を使います。ほかにアルミ製の既製品もあります。
- 木製の場合、OSCL（オイルステインクリアラッカー）仕上げとして木目を生かすのか、SOP（合成樹脂調合ペイント）仕上げとして色を付けて木目を隠すのか選択する必要があります。

**Q** ドレープカーテン（drape curtain）とは？

▼

**A** 厚手の生地のカーテンのことです。

厚くて重い生地のカーテンをドレープカーテンといいますが、どのくらい厚いかの定義はありません。日本ではレースカーテン（lace curtain）以外をドレープカーテンという傾向にあります。

- ドレープは布を垂らしてできるゆるやかなひだを指すこともあります。
- シアーカーテン、ケースメントカーテンとは、レースのような編み物でなく、透過性の高い薄い織物でつくられたものです。シアー（sheer）は薄手の、ケースメント（casement）は窓という意味です。

**Q** カーテンのプリーツ（pleats）とは？

▼

**A** ひだ、折り目のことです。

さまざまなプリーツがありますが、2本プリーツ（ダブルプリーツ）がもっとも一般的です。プリーツにフック（hook）を掛けて、レールのランナー（runner）に留めます。

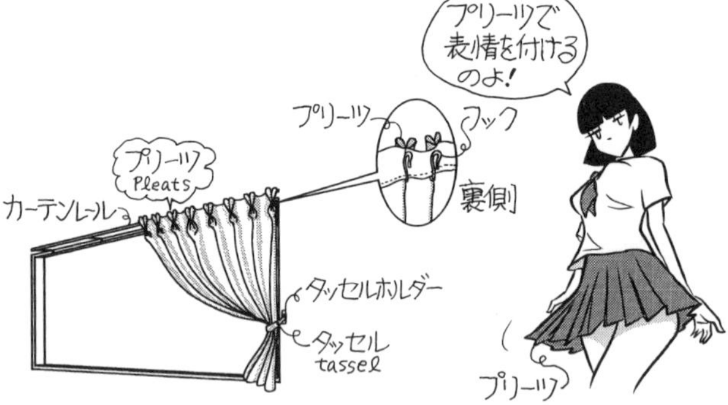


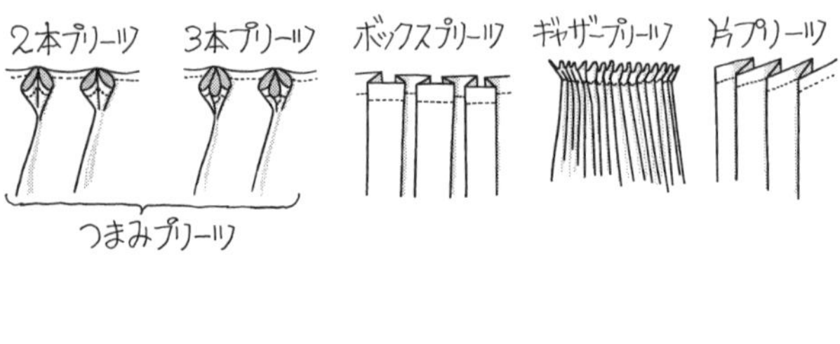


- 2本プリーツ、3本プリーツがつまみプリーツで、箱形にしたのがボックスプリーツ、カーテン全体で集めて（gather）プリーツにしたのがギャザープリーツ、片方向だけひだをつくったのが片プリーツです。
- カーテンを引き寄せて房（ふさ）にしたとき、それを束ねるのがタッセル（tassel）、タッセルを掛けるフックがタッセルホルダー（房掛け）です。
- カーテンのレールには、一般的なC形の溝のレールのほかに、丸い断面の棒（ロッド:rod、ポール:pole）も使われます。ロッドにはリングランナーが使われます。

**Q** カーテンの開閉方法は？

▼

**A** 両開き、片開き、中央交差、全体交差などがあります。

一般的な両開き、片開きのほかに、上部を交差させてそのままにしておく装飾的な使い方もあります。カーテン上部に、バランスという短い装飾を付けることもあります。

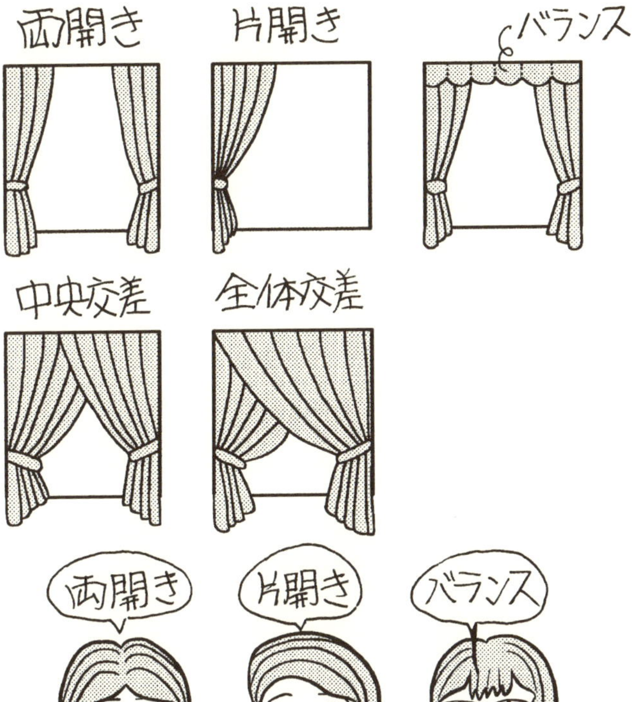

• カーテンの生地やプリーツの取り方によって、遮光カーテン、遮音カーテン、吸音カーテンなどの機能性も持たせられます。

**Q** ローマンシェードとは？

**A** 下図のような、布地を折り畳みながら上下に昇降させて開閉させるシェード（shade）のことです。

折り畳み方によって、**シャープ**、**プレーン**、**バルーン**、**オーストリアン**、**プレーリー**、**ピーコック**などのスタイルがあります。

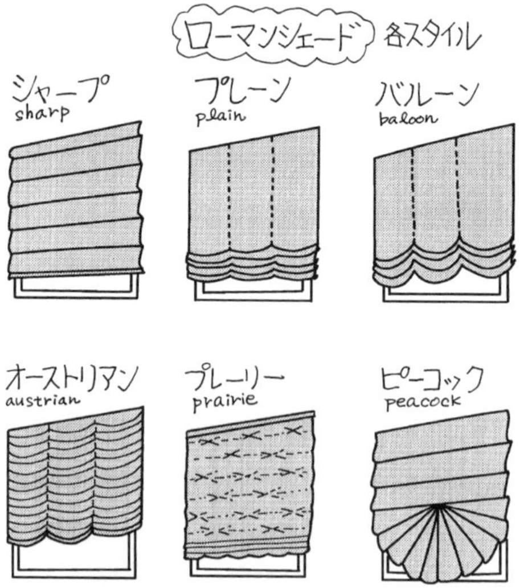

- シェード（shade）は、元は日除けの意味ですが、目隠しや窓の装飾の役割も持ちます。プレーリー（prairie）はアメリカの大草原のことで、草原のさざ波のような起伏を布地に表現したものです。ピーコック（peacock）はくじゃくで、くじゃくの広げた羽根を逆にした形のものです。
- ひもを引くことで昇降する仕組みです。大きい窓では開閉が大変なので、小型の窓に使われる傾向にあります。

**Q** ブラインドにはどんな種類がある？

▼

**A** スラット（slat：羽根）が水平なベネシャンブラインド（Venetian blind、横型ブラインド）、垂直なバーチカルブラインド（vertical blind、縦型ブラインド）、布地を巻き上げるロールブラインド（roll blind）などがあります。

スラットが水平なベネシャンブラインドの方が日射の調整はしやすいです。

［スーパー記憶術］
すらっとした羽根　ベニスは水の都
スラット　ベネシャン　水平

- blindは盲目の、目隠しのが原義、Venetianはベニスの、verticalは垂直の、rollは丸めるという意味です。インテリア産業界では、カタカナ語が多く使われています。内装というよりもインテリアといった方が、意匠よりもデザインといった方がおしゃれに感じられます。

**Q** ペンダントライトとは？

▼

**A** 天井から吊す照明器具です。

ペンダント（pendant）とは首から吊す飾りが原義ですが、照明でペンダントといえば、天井から吊すライトのことです。

- ペンダントを吊す場合は、引っ掛けシーリングといって、カチっと回して留めるだけの金具が多いですが、直接電源ケーブルから配線することもあります。ダイニングテーブルなどの上では床から1500mm程度の高さに吊しますが、家具がない場合は頭をぶつけてしまうので2000mm以上に吊します。
- シーリングライト（ceiling light）は天井直付け照明器具を指し、ペンダントライトのことは指さないのが普通です。シーリングとは天井のことです。

**Q** 天井や壁に付ける照明器具にはどんなものがある？

▼

**A** 下図のように、天井埋め込み照明、天井直付け照明（シーリングライト）、ダウンライト、ブラケットライトなどがあります。

ダウンライトとは円筒形の電球を内蔵する器具を埋め込む照明器具で、広く普及しています。

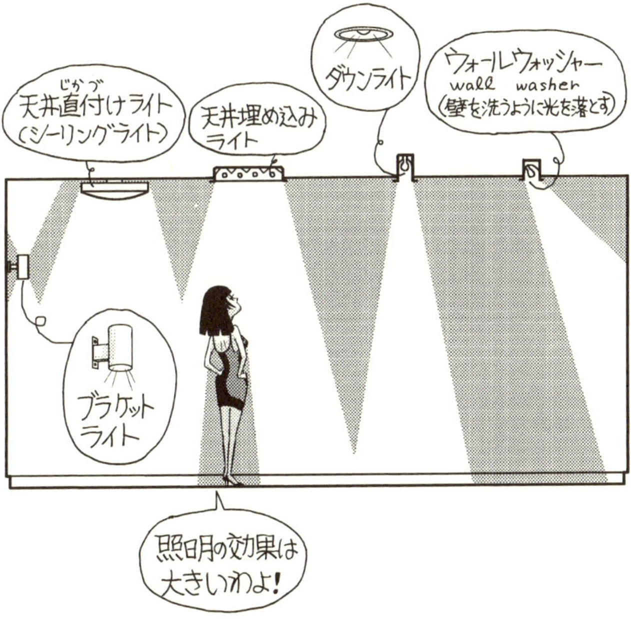


- ダウンライトで光の方向を壁側に傾けたのがウォールウォッシャーで、壁を洗うように光を落とす照明です。壁やカーテンなどの垂直面が明るくなるので、見かけの明るさが増し、デザイン効果もあります。
- ブラケット(bracket)とは、壁から張り出す腕木、持ち送りが原義で、ブラケットライトは壁から突き出す照明器具をいいます。
- 普通球の場合はスイッチ部分で電流を変えて調光機能を持たせることも可能です。蛍光灯とダウンライトの普通球を併用して、カクテル光線として、蛍光灯の明るさと電球の気持ちよさを併せ持たせるようにすることもよく行われています。
- ライティングレール（ライティングダクト、ダクトレール、配線ダクト）を天井や壁に設置して、スポットライトを取り付けることもよく行われます。ライトの数や位置が変えられて便利です。

**Q** 間接照明とは？

▼

**A** 光を壁や天井などにいったん反射させる照明方法です。

長押部分に照明器具を仕込んで天井を照らす方法がよく採用されていますが、壁を照らす、床を照らす、植木を照らす、植木の後ろの壁を照らして植木をシルエットにするなど、多くのデザインが試みられています。

壁を照らす
間接照明
天井を照らす
蛍光灯や電球が
見えないように
設計しなさいよ！
床を照らす

- 間接照明を設計する際には、仕込んだ電球や蛍光灯が見えないように注意する必要があります。
- 回り縁（コーニス）から下の壁を照らすことをコーニス照明、長押から上の壁を照らすことをコーブ（cove：繰形）照明と呼ぶこともあります。
- フロアスタンド、ペンダントライトなどの照明器具にも、天井を照らす、羽根を照らすなどの間接照明の考え方が取り入れられた器具もあります。

**Q** 天井埋め込み照明とボードの穴の隙間はどうする？

▼

**A** 器具に付けられている縁で隠します。

このような縁は**みみ**、**フランジ**（**flange**）、**つば**などとも呼ばれます。ダウンライト、天井埋め込み型蛍光灯、天井埋め込み型換気扇、天井埋め込み型空調機などはみな、天井との接点の部分に縁が付いていて、大きめにあけた穴の隙間やボードの小口を隠せるように工夫されています。

ダウンライト
ボードをピッタリに切れない
縁がないと隙間が見えてしまう
天井のボード
縁(ふち)（みみ、フランジ、つば）で隙間を隠す
大きめの穴でもOK
穴やボードの小口に蓋(ふた)をしてしまうのか

- ダウンライトとは、電球の入る円筒形状の天井埋め込み照明です。下向き（down）照明から来ていると思われますが、ダウンライトと言えばこのような照明器具です。天井には丸い穴があいていて、中に電球が見えます。
- 天井埋め込み形換気扇は、換気扇を取り付けた後に、換気扇よりも大きめのルーバー（格子状の穴）の付いた蓋（キャップ）を下から付けられるようになっています。

**Q** 住宅用クーラーや給気用スリーブとボードの隙間はどうやって隠す？

▼

**A** スリーブ用キャップの縁（みみ、フランジ）で隠します。

スリーブ（sleeve）とは洋服の袖が原義で、袖に腕を通すように空調用の冷媒管、電気ケーブル、ドレイン管などを通す穴のことを指します。住宅のクーラー用や給気用スリーブは60～100φ（直径60mm～100mm）程度で、専用の樹脂製やステンレス製のキャップがあります。キャップには縁が付いていて、それで円筒形の筒とボードの穴との隙間を隠す仕組みです。

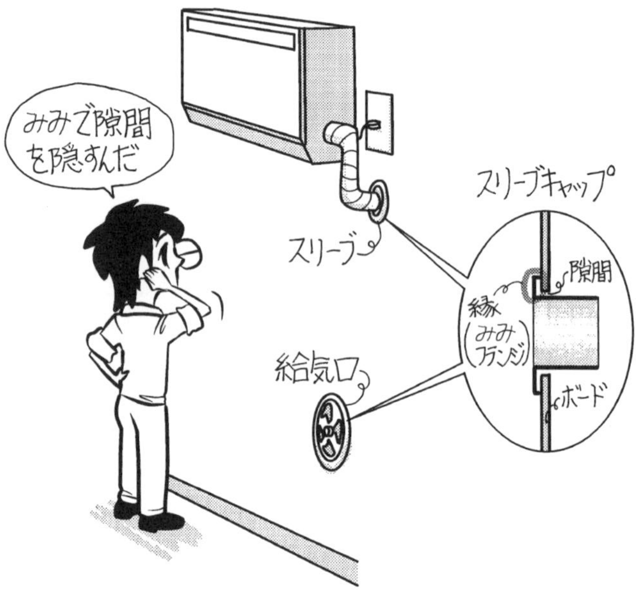


- ボードに穴をあけて納める器具では、ダウンライト、天井埋め込み照明、天井埋め込み換気扇、天井埋め込み形空調機、コンセント、スイッチ、スリーブなど、すべて縁（みみ、フランジ）が付いていて、それで蓋をするように穴の隙間を隠すことができるようになっています。

**Q** スイッチ、コンセントとボードの穴の隙間はどうする？

▼

**A** スイッチ、コンセントのプレートを、仕上げ工事の後にかぶせて隠します。

スイッチボックスを付けるときは、①ボードに穴をあけて張って、塗装、壁紙などの仕上げをする、②コンセント器具などの付いた取り付け枠を付ける、③プレートの枠を付ける、④プレートを付ける、という順で工事します。リフォームする場合は、プレートをはずしてから張り替え、塗装などを行い、施工後にカバーを付ければOKです。プレートがあらを隠してくれます。

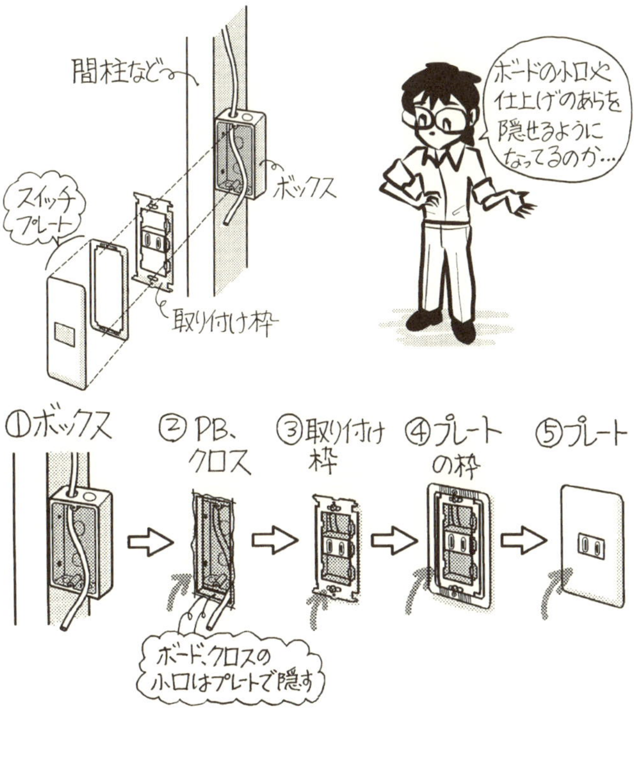


- スイッチプレートはプラスチック製が安価で一般的ですが、金属製、陶製、木製などもあります。また絵の付いたものもあります。コンセント、スイッチともに形は同じなので、プレートは共通で使えます。

**原口秀昭**（はらぐち　ひであき）
1959年東京都生まれ。1982年東京大学建築学科卒業、86年同大学修士課程修了、89年同大学院博士課程単位取得満期退学。大学院では鈴木博之研究室にてラッチェンス、ミース、カーンらの研究を行う。現在、東京家政学院大学生活デザイン学科教授。
著書に『20世紀の住宅－空間構成の比較分析』（鹿島出版会）、『ルイス・カーンの空間構成　アクソメで読む20世紀の建築家たち』『1級建築士受験スーパー記憶術』『2級建築士受験スーパー記憶術』『構造力学スーパー解法術』『建築士受験　建築法規スーパー解読術』『マンガでわかる構造力学』『マンガでわかる環境工学』『ゼロからはじめる建築の［数学・物理］教室』『ゼロからはじめる［RC造建築］入門』『ゼロからはじめる［木造建築］入門』『ゼロからはじめる建築の［設備］教室』『ゼロからはじめる［S造建築］入門』『ゼロからはじめる建築の［法規］入門』『ゼロからはじめる建築の［構造］入門』『ゼロからはじめる［構造力学］演習』『ゼロからはじめる［RC＋S構造］演習』『ゼロからはじめる［環境工学］入門』『ゼロからはじめる［建築計画］入門』『ゼロからはじめる建築の［設備］演習』『ゼロからはじめる［RC造施工］入門』『ゼロからはじめる建築の［歴史］入門』（以上、彰国社）など多数。

ゼロからはじめる **建築の［インテリア］入門**

2012年8月10日　第1版発　行
2020年11月10日　第1版第4刷

著作権者との協定により検印省略

著　者　原　口　秀　昭
発行者　下　出　雅　徳
発行所　株式会社　**彰　国　社**

162-0067 東京都新宿区富久町8-21
電　話　03-3359-3231（大代表）
振替口座　00160-2-173401

自然科学書協会会員
工学書協会会員

Printed in Japan



印刷：三美印刷　製本：中尾製本

ISBN978-4-395-01032-5 C3052　https://www.shokokusha.co.jp